River Jordan

WAS ICH ERLEBTE, ALS ICH ANFING, FÜR FREMDE MENSCHEN ZU BETEN

Aus dem amerikanischen Englisch
von Doris C. Leisering

SCM Hänssler

SCM

Stiftung Christliche Medien

MIX
Papier aus verantwortungsvollen Quellen
FSC® C006701
FSC www.fsc.org

Übersetzung: Doris C. Leisering
Umschlaggestaltung: Kathrin Retter, Weil im Schönbuch
Titelbild: shutterstock.com
Autorenbild: © Chris Blanz
Satz: typoscript GmbH, Walddorfhäslach
Druck und Bindung: CPI – Ebner & Spiegel, Ulm
Gedruckt in Deutschland
ISBN 978-3-7751-5478-9
Bestell-Nr. 395.478

Der Entschluss

Die große Tragödie des Lebens sind nicht die unbeantworteten Gebete, sondern die ungebeteten.

F. B. Meyer

Meine Söhne ziehen in den Krieg. An etwas anderes kann ich in der Vorweihnachtszeit 2008 nicht denken. Meine beiden Söhne werden gleichzeitig im Ausland stationiert. Einer im Irak und einer in Afghanistan. Plötzlich scheint mir die Weihnachtszeit unendlich wichtig. Wir müssen zusammen sein. Alles muss perfekt sein. Denn – was, wenn …? Das geht mir durch den Kopf, und genau das wage ich nicht zu sagen. Was, wenn es unser letztes gemeinsames Weihnachten ist? Was, wenn es das letzte Mal ist, dass ich meine Söhne in diesem Leben sehe? Was, wenn es das letzte Mal ist, dass ich sie zusammen sehe?

Normalerweise habe ich, wenn ich auf das Ende des alten Jahres zugehe, das neue bereits im Kopf. Schon zu Thanksgiving[1] denke ich oft über meine Neujahrsvorsätze nach. Jedes Jahr betrachte ich sie als eine Möglichkeit, mich selbst zu vervollkommnen, all die Dinge aufzuholen, die ich mein Leben lang nicht erreicht habe, jetzt aber in einem Jahr schaffen kann. Ich werde vorwärtskommen, indem ich drei neue Sprachen lerne, Schach spiele oder für den Rest meines Lebens jeden Tag Sport treibe. Jedes Jahr versage ich, wenn man es überhaupt so nennen kann. Ich mache einfach nicht weiter, weil das Leben meiner Begeisterung, »wie ein Geheimagent« Italienisch sprechen zu lernen oder Quantenphysik zu verstehen, in die Quere kommt. Der Grund, dass diese Vorsätze sich ungeachtet meiner besten

[1] In den USA der vierte Donnerstag im November (Anm. d. Übers.).

Absichten in Wohlgefallen auflösen, liegt wohl letzten Endes darin, dass diese Dinge letztlich nicht viel mit meiner Lebenswelt, mit meinem Alltag zu tun haben. Ich treffe mich zum Mittagessen nicht mit italienischen Geheimagenten, gefolgt von einer erfrischenden Partie Schach, bei der wir über die Möglichkeiten diskutieren, die sich ergeben würden, wenn dieses Ding namens String-Theorie sich als zutreffend erweisen würde. Mein Leben muss zu meinem Alltag passen; es muss zu dem Bild passen, das mir morgens im Spiegel begegnet. Also lösen sich die Vorsätze, all die wunderbaren Herausforderungen, die das Leben bereichern, in Luft auf.

In diesem Jahr ist es anders. Die Vorsätze sind mir völlig egal. Das Einzige, woran ich denken kann, sind die Gesichter dieser beiden jungen Männer und dass sie wieder heimkommen. Nachts schlafe ich nicht gut. Ich glaube, ich habe angefangen, mit den Zähnen zu knirschen. Die Vorsätze sind den Bach runter. Es ist nicht das richtige Jahr für Vorsätze.

Dann, wie aus heiterem Himmel, landete ein Vorsatz in meiner Seele. Ich stand gerade in der Küche, als es passierte. Ich erstarrte einen Moment lang. Wahrscheinlich sah ich aus wie der Hund vor dem Grammophon in dieser alten Werbung, den Kopf auf die Seite gelegt. Ich dachte … *Hmmm.* Die Idee fiel mir direkt in die Seele, so wie sonst ein Titel für einen neuen Roman oder die Handlung für eine Geschichte.

Neujahrsvorsatz – Bete jeden Tag für einen Fremden.

Plötzlich hatte ich eine Inspiration, wie etwa, wenn mir eine neue Figur für eine Geschichte einfällt. Manchmal erhasche ich einen kurzen Blick auf das Gesicht einer Figur oder höre eine Dialogzeile, und dann stelle ich die Idee auf mein »Schreibregal«, bis ich beim Arbeiten wieder darauf zurückkommen kann. Ich stelle also das Beten für Fremde direkt neben die barfüßige Figur, die seit sieben Jahren auf ihrer Veranda sitzt und darauf wartet, dass ich anfange, ihre Geschichte zu erzählen. Ich schiebe den

Gedanken nicht weg, denn im gleichen Moment, in dem er mir kommt, muss ich an einen anderen Tag vor vier Jahren denken, als eine Fremde meinen Weg kreuzte. Ihr Name war Esther.

Ich lag auf einer Decke im Bicentennial-Park. Eine Frau mit unzähligen Tüten und Taschen kam auf mich zu. Zuerst sprach sie mit sich selbst, dann mit mir. Sie trat an mich heran und fragte, ob ich einen Dollar übrig hätte.

»Nein«, sagte ich, und das war die Wahrheit. Normalerweise habe ich immer einen Dollar übrig und es ist mir egal, wofür er ausgegeben wird. Es geht mich nichts an, ob der Dollar für Alkohol oder die Lotterie oder eine warme Suppe ausgegeben wird. Mich interessiert nur das Geben. Aber an diesem Tag hatte ich keinen Dollar dabei.

»Keinen Dollar«, sagte ich. »Nicht mal zehn Cent.«

Die Frau hielt inne. Sie schaute zu mir herunter. Ich hielt meine Hände über die Augen, um sie vor der Sonne zu schützen, und konzentrierte mich auf den Schatten der Frau. Sie stellte ihre Tüten und Taschen ab und wühlte in ihren Hosentaschen. »Hören Sie«, sagte sie, »Gott sei mir gnädig, wenn ich nicht etwas zu geben habe. Lassen Sie mich Ihnen aushelfen.« Und so zog sie einen abgewetzten Dollarschein aus ihren Jeans, einen Dollar, der wohl schon einiges gesehen hatte, und fischte einige Münzen aus einem halben Dutzend Taschen. »Für Sie«, sagte sie. Ich setzte zum Protest an, aber sie zog ihr Hosenbein hoch und zeigte mir ihr Metallbein, an dem ein Metallfuß angebracht war. »Hab ich bei einem Unfall verloren«, erklärte sie. »Ich muss den Leuten nur mein Bein zeigen und ihnen meine Geschichte erzählen. Ich bekomme schon wieder einen Dollar.«

Garantiert, dachte ich. Und warum auch nicht? Wenn das Metallbein nicht einen Dollar wert gewesen wäre, dann doch sicher seine Geschichte.

Schließlich fragte sie mich nach meinem Namen – der ihr sehr gefiel – und sagte mir ihren: Esther.

Dann riet Esther mir, den Bernsteinton in meinem Haar zu behalten und immer Erdtöne zu tragen. »Hören Sie gut zu, was ich jetzt sage.« Sie suchte nach einem Streichholz. »Und vergessen Sie nicht, zu Ihrer Haut sehen Erdtöne am besten aus. Sie rauchen nicht, oder?«

»Nicht mehr.«

»Vielleicht glauben Sie mir nicht, aber ich weiß, was ich sage. Mit Farben kenne ich mich aus.« Sie gab die Suche nach Feuer auf, schob die Zigarette zurück in die Packung und sagte dann: »Ich schätze, Gott sagt mir, dass ich die nicht brauche.«

Als Autorin ist mein Leben von Geschichten durchzogen. Geschichten, die ich schreibe, die ich als Kind gehört und die ich gelesen habe. Als ich Esther mit ihrer ausgestreckten Hand anschaute, musste ich sofort an die Geschichte von dem Mann denken, der an einem Bettler auf der Straße vorbeikam, der ihn immer wieder um eine Münze bat. Schließlich sagte der Mann zu ihm: »Ich habe keine Münzen für Sie. Ich habe nichts weiter als meine Gebete, aber die gebe ich Ihnen gern.« Also bot ich Esther an, für sie zu beten. Immerhin war und bin ich Christ. Was sonst konnte ich für eine obdachlose Frau mit nur einem Bein tun, wenn ich kein Essen oder Geld bei mir hatte?

Ehrlich gesagt weiß ich nicht mehr, ob ich in dem Moment für Esther betete, für ihr Metallbein oder für ihre (nicht vorhandenen) Reichtümer. Aber ich weiß noch, dass Esther für mich betete. Denn das tat sie wirklich. Ein autoritäres Ganz-sicher-hört-mich-jemand-Gebet. Ein Ich-habe-die-Bibel-gelesen-Gebet. Ein großzügiges Gebet. Aus ihrem vollen, obdachlosen Herzen betete Esther für mich Pilgerin.

Als sie ging, sagte sie noch: »Denken Sie in Ihren Gebeten an mich, River Jordan.« Dann lobte sie Gott für etwas, das ich nicht hören konnte, und hob ihre Hände zum Himmel empor. Nur einen Augenblick lang schaute ich ihr nach und dachte an die Geschichten über unerkannte himmlische Engel, die meine Großmutter mir erzählt hatte. Für sie konnte jeder Fremde, den sie auf der Straße traf, ein Engelswesen in Menschengestalt sein. Wie die Götter aus der griechischen Mythologie, die gesandt waren, um den menschlichen Geist auf die Probe zu stellen. Doch Esther sah ganz real aus. Eine ganz reale Frau, minus ein Bein.

Später fragte mein Mann mich ungläubig: »Du hast Geld von einer obdachlosen Frau angenommen?«

»Ja«, sagte ich, »und Süßigkeiten auch. Schau mal, sie hat mir noch mehr gegeben.« In der Tat. Pfefferminzbonbons und alte Kaugummis. Ich hob sie noch lange, lange Zeit auf, bevor ich sie schließlich wegwarf. Ich könnte nicht logisch erklären, warum ich das tat: Geld und Süßigkeiten von jemandem anzunehmen, der auf und zwischen den Straßen unserer Stadt lebt. Doch es hatte nichts mit Logik zu tun. Es waren nur Esther und ich in einem gemeinsamen Augenblick im Park. Ein schlichtes Stück Zeit, in dem ein menschliches Wesen einem anderen begegnete und es eine kleine Zeitblase gab – jenen Moment, in dem man von Fremder zu Fremder erkennt, dass wir beide am Leben und gleich waren, trotz allem. Dass wir Schwestern waren, die Geschichten zu erzählen hatten. Dass wir einige Minuten, oder sogar Stunden, in der Gesellschaft der jeweils anderen verbringen konnten und beide als bessere Menschen aus dieser Begegnung hervorgingen.

Später am gleichen Abend ging ich in eine Kirche und legte Esthers Geld in die Kollekte. Ich schrieb ihre Geschichte und ihren Namen hinten auf den Umschlag; dann hielt ich einen Moment inne, bevor ich mich zum Gehen wandte. Ich dachte darüber nach, wie das kleinste Geschenk als das größte gelten konnte. Darüber, wie es das größte Geschenk überhaupt sein konnte, wenn jemand alles opferte, was er hatte, auch wenn es nur so wenig war. Darüber, wie Esthers Dollar von reiner Selbstlosigkeit strotzte. Über offene Hände, die nicht zur Faust geballt waren. Und dann betete ich um ein Wunder für Esther. Als ich den zerknitterten Dollar auf den Opferteller legte, waren meine

Gebete von den stärksten Worten und Bildern erfüllt, die mir in den Sinn kamen.

In manchen Nächten klingen Esthers Abschiedsworte, »Beten Sie für mich, River Jordan«, wie ein Echo in meiner Seele nach. Nicht in jeder Nacht, aber in manchen. Besonders in kalten Nächten, wenn ich in meinem warmen Bett liege, denke ich kurz vor dem Einschlafen an sie und bete: »Herr, bitte gib, dass Esther es heute Nacht warm hat. Und gib ihr etwas zu essen, und beschütze sie.« Ich weiß nicht immer, ob mein Gebet etwas bewirkt hat, aber ich hoffe es zumindest.

Und all das fällt mir im Bruchteil einer Sekunde ein, als ich diesen Satz höre – *Bete jeden Tag für einen Fremden.* So sieht das also aus; ich verstehe. Ich weiß, wie es aussieht, wenn ein völlig Fremder, der einem über den Weg läuft, für einen betet.

Aber im Moment mache ich mir nicht so viele Gedanken um die Esthers der Welt. Viel mehr Gedanken mache ich mir um das Thanksgiving-Essen und den Weihnachtsurlaub, den wir alle zusammen in dieser großen Hütte in den Bergen verbringen wollen, und darum, dass auch jeder kommen kann.

Genau genommen bin ich wohl näher am Rand der Hysterie, als mir bewusst ist, denn ich sage immer wieder: »Kosten spielen keine Rolle! Geld spielt keine Rolle! Entfernung spielt keine Rolle! Wir müssen nur alle zusammen sein!« Fragen Sie einfach meine Familie; ich glaube, sie würde das mit der Hysterie bestätigen …

Für Fremde zu beten steht nicht, ich wiederhole: *nicht*!, ganz oben auf meiner Liste. Ganz oben auf meiner Liste steht nur eines: dass meine Söhne das Jahr überleben und wohlbehalten nach Hause kommen. Ganz und gar nicht herrlich und heilig. Im Moment sind mir alle anderen egal. Und ich bin auch ein bisschen wütend. Okay – *ein bisschen* ist untertrieben. Ich bin wütend über alle Kriege. Ich bin wütend, weil ich die Gedankengänge, aufgrund derer unsere Armee überhaupt an jene Orte gelangt ist, nicht hundertprozentig nachvollziehen kann. Ich bin wütend, dass unsere Freiwilligenarmee an den Grenzen ihrer Leistungsfähigkeit ist und dass die Mehrheit der Amerikaner dieser Situation emotional unbeteiligt gegenübersteht. Ich bin keine Pazifistin, und man kann mich auch keiner politischen Partei zuordnen, also ist das nicht der Grund. Ich bin einfach wütend. Ich will nicht, dass meine Söhne in ein Kriegsgebiet gehen. Darauf läuft es hinaus. Aber wie mein Vater, ihr großer »Opapa« vor ihnen, der in Korea und Vietnam diente, haben sie das Militär im Blut. Zumindest ist das der Momentanzustand. Wenn sie in den Spiegel schauen, sehen sie Soldaten. Ich nicht.

Ich sehe den Tag, als sie zum ersten Mal allein mit dem Schulbus fuhren. Ich sehe den Tag, an dem sie Fahrrad fahren lernten, als sie pfeifen, schwimmen und angeln lernten. In meinem Herzen liegen ihre gesamten Lebensgeschichten. Das ist es, was ich sehe – ihr ganzes Leben vor meinen Augen. Und der Gedanke, dass sie an einen Ort geschickt werden, der fremd und feindlich ist, im Krieg mit uns und mit sich selbst … o Mann! Und dann stehe ich hier mit der vagen Vorstellung von einem Neujahrsvorsatz im Hinterkopf, für Menschen zu beten, die ich nicht kenne und die mir egal sind.

Für 2009 habe ich eigentlich schon genug um die Ohren: zwei Söhne im Militär und im Auslandseinsatz, eine Familie, die ihre eigenen besonderen Bedürfnisse und Gebetsanliegen hat, einen neuen Roman, der erscheinen soll, bereits geplante Reisen und neue Termine, die ich einhalten muss. Ach, und habe ich bereits erwähnt, dass meine beiden Söhne im militärischen Auslandseinsatz sind? Natürlich. Aber ehrlich gesagt geht mir dieser Gedanke einfach so oft durch den Kopf. Im Moment mit jedem zweiten Atemzug. Für einen Fremden beten – *klar, logisch. Ich* brauche Gebet, und zwar jede Menge, nur um weiter atmen und arbeiten zu können, um mein Leben weiterführen und mich weiter um meine Lieben kümmern zu können. Ich fühle mich nicht wie Mutter Teresa, nicht besonders selbstlos und heilig.

Ich bin müde, überarbeitet und habe selbst eine doppelte Portion Sorgen.

Auf das neue Jahr gehe ich mit einem einzigen stillen Gedanken zu – es geht nur um die Familie, die Familie, die Familie. Ach ja, und dann versuche ich noch, das perfekte Fest zu organisieren. Eines, an das sich jeder buchstäblich ein Leben lang erinnert. Zum ersten Mal in unserem Familienleben treffen wir uns in einem Skigebiet in den Blue Ridge Mountains. Mein Cousin und bester Freund holt meine Mutter mit dem Auto aus Nordflorida ab. Meine Schwester hat sich Urlaub genommen und bringt Nichte und Neffe mit. Mein Ältester packt die Familie ins Auto und kommt ebenfalls in die Berge. Mein Jüngster, der bereits in Fort Dix antreten musste, bekommt für Weihnachten eine Freistellung und trifft sich mit uns in Nashville. Dort werden wir uns diesem seltsamen, verstreuten Konvoi anschließen und uns auf dem Berg in einem heiligen Moment seligen Zusammenseins versammeln.

Wenn ich sage, dass ich die Geschichten meiner Söhne in meinem Herzen trage, dann ist es bei mir genauso wie bei anderen Müttern. So sehen wir unsere Kinder nun einmal – nicht nur, wie sie sind, sondern auch, wie sie in den verschiedenen Phasen waren. Für Weihnachten habe ich sorgfältig alte Fotoalben durchforstet, Alben, die so alt sind, dass die Fotos darin aufgenommen wurden, als es noch Fotoapparate gab, in denen etwas namens Film enthalten war. Ich habe viele, viele dieser Bilder ausgesucht und von einem ganzen Sack Fotos Abzüge machen lassen. Das ist mein Weihnachtsgeschenk an meine Söhne. Bilderbücher davon, wie sie waren. Bilder von ihnen zusammen und wie sie aufgewachsen sind. Natürlich weiß ich genau, dass sie womöglich nur die Augen über ihre sentimentale Mutter verdrehen werden, aber ich bin fest entschlossen, dass sie ... ja, was? Sich erinnern. Situationen noch einmal erleben, wenn auch nur für einen Augenblick. Eine Verbindung von Bruder zu Bruder aufbauen, nicht wie Männer, sondern wie Jungen, die gemeinsam Hütten bauen,

Fahrrad fahren und im Schatten des jeweils anderen aufwachsen. Jungen, die mir und einander auf eine Art und Weise gehörten, wie sie heute nicht mehr möglich ist, weil sie jetzt Männer sind.

Die Reise verläuft nicht gerade nach Plan. Mein Neffe wird krank und meine Schwester muss daheimbleiben und ihn pflegen. Wir versuchen, in Kolonne zu fahren, werden getrennt und verfahren uns. Und dann geschieht etwas Schreckliches. Unsere geliebte Tante Kate, die letzte, die von den Geschwistern meiner Mutter noch lebt, stirbt, während wir auf dem Weg zu unserem Familientreffen sind. Wir denken über unsere momentane Situation nach, und wir sprechen darüber – darüber, dass die beiden »Jungs«, wie wir sie in der Familie nennen, in einen militärischen Auslandseinsatz müssen. Und dann sagen wir all das *nicht*, was wir darüber denken. Das tun wir nie. Meine Mutter kämpft sich tapfer durch, kommt trotzdem in die Blue Ridge Mountains, obwohl sie weiß, dass sie nach diesem Familientreffen die schwere Aufgabe hat, ihre Schwester zu beerdigen. Am Ende kommen wir alle an – spät, müde, todtraurig und überglücklich, zusammen zu sein.

Doch seltsame Dinge passieren, obwohl die Ereignisse um mich herum schwer auf meinem Herzen liegen. Ich beginne, bei unseren Pausen unterwegs die Menschen in den Läden zu beobachten. Ich beginne, mit der Idee für jenen Neujahrsvorsatz zu spielen. Was ich sehe, ist fast zu viel für mich. Die Großmutter dort drüben, die versucht, auf ihren alten, müden Füßen durch die eisige Kälte zu kommen. Das kleine Kind, das aussieht, als würde es Secondhandkleidung tragen und als hätte es ein Secondhandleben vor sich. Die Mutter, die in der Schlange an der Kasse langsam ihr Geld zählt und nervös ist, dass es nicht reichen könnte. Selbst jener Mann dort, der aussieht, als hätte er alles, was man mit Geld kaufen kann – doch sein Gesicht ist von Sorgen ganz verhärmt. Während ich über diesen seltsamen Neujahrsvorsatz nachdenke, frage ich mich, wie ich (wenn ich mich überhaupt entscheide, ihn durchzuziehen) mich unter den vielen wohl für nur eine Person entscheiden kann. Wie es aussieht, brauchen *alle* Gebet. Nicht nur ich und mein kranker Neffe, meine trauernde Mutter und meine Söhne, die in zwei verschiedene Kriegsgebiete unterwegs sind. Alle.

Ich verschiebe den Gedanken einfach auf später und beobachte die Menschen – und dann komme ich zu dem zurück, was mich ganz in Beschlag nimmt. Ich rufe meine Cousine in Georgia an (Gott sei Dank, dass es Mobiltelefone gibt) und weine mit ihr, während ich Lippenstift auflege und versuche, für meine Mutter ein tapferes Gesicht aufzusetzen. Ich genieße die Feuerstelle im Wald und von meinen Söhnen umgeben zu sein. Ich genieße die Geräusche, die von meinen kleinen Enkelinnen zu mir herüberdringen, die mit meiner Nichte spielen. Und, ja, wenn dies kein bittersüßes Weihnachten ist, dann weiß ich auch nicht.

Bisher war es keine Bilderbuchreise, aber ich bekomme trotzdem meinen schönen Moment. Die Jungs öffnen ihre kleinen Geschenke und witzeln herum: »Was, Mama? Bekommen wir wieder eins deiner Bücher?« Dann entdecken sie diese kleinen Fotoalben, die mit Bildern von ihnen gefüllt sind. Babys waren sie einst, diese Männer. Kleine Brüder. Meine Kleinen. Und jetzt stehen sie nebeneinander, blättern eine Seite nach der anderen um, schauen sich gegenseitig über die Schulter, lachen und erzählen Geschichten. »Weißt du noch, als …?«, fragt der eine, und der andere antwortet: »Hey, das war *mein* Ninja Turtle, hörst du, nicht deiner, und …« Ich schaue auf, sehe, dass mein Mann mich beobachtet, wie ich sie beobachte, und er lächelt. Er weiß, dass genau dieser Augenblick mein größtes Weihnachtsgeschenk ist. Er weiß, dass dies im Moment meine Ewigkeit ist und alle Bilder von einer Zukunft ohne sie verjagt. Alle Neujahrsvorsätze sind tausend Meilen weit weg.

Manchmal ist das Leben schon lustig. Die Art von lustig, die eigentlich sonderbar ist. Manchmal zwingen einen die Umstände, sich genau der Situation zu stellen, die man hartnäckig zu ignorieren versucht. Etwas sagt quasi zu uns: *Halt, stopp. Du wirst dich hier nicht rauslavieren oder vergessen, was du eigentlich tun solltest. Also wirst du dich mitten in deinem egoistischen, ausgelasteten und verständlicherweise sehr emotionalen Leben trotzdem auf etwas oder jemanden außer dir selbst konzentrieren.* Genau das sagt das Leben zu mir – mit einer einzigen zufälligen Begegnung an einer Skistation am nächsten Tag. Es lässt mir keine Wahl, keine Möglichkeit, noch einmal zu überlegen, und keinen Fluchtweg. Ich werde mich diesem Vorsatz, für Fremde zu beten, mit aller Kraft widmen. Das wird der erste Neujahrsvorsatz meines Lebens sein, den ich durchhalte.

Blaue Schuhe

Gebet bewegt die Hand, die die Welt bewegt.

John Aikman Wallace

Wir haben die Nacht in der Skihütte damit verbracht, Neuigkeiten und verspätete Weihnachtsgeschenke auszutauschen. Wir haben die Geschenke ausgepackt, haben gemeinsam gegessen, und schließlich, endlich, lag jeder in seinem Bett. Doch heute ist der offizielle Skitag, an dem alle tatsächlich die gemütliche Hütte mit dem warmen Kaminofen verlassen und sich hinauswagen, sich Skier an die Füße schnallen und den Berg hinuntersegeln sollten. In meinem Fall wird das wohl nicht passieren. Auf Skiern stelle ich mich … sagen wir einmal, nicht besonders elegant an. Also hat meine Familie – da sie meine körperlichen Fähigkeiten und mein sportliches Talent kennt – mir die überaus wichtige Aufgabe übertragen, den ausersehenen Treffpunkt freizuhalten: einen Tisch in der Kälte. Also sitze ich in der Sonne, dick eingepackt, und lese mein Buch. Gelegentlich werfe ich einen Blick zu den anderen Leuten, nur um ein bisschen Ablenkung zu haben, und dann wende ich mich wieder den gedruckten Worten zu. Ich habe eine wichtige Aufgabe. Ich muss den ganzen Tag immer wieder sagen: »Dieser Tisch ist schon besetzt.« Das macht mir nichts aus, denn wir sind alle zusammen. Und das ist das Wichtigste. Ich werde unseren Tisch in der eisigen Kälte besetzt halten, bis die Kühe nach Hause kommen (oder meine Familie).

Während ich so dasitze und lese, denke ich ab und zu darüber nach, dass heute der 31. Dezember ist. Mir wird bewusst, dass morgen eigentlich der Tag sein sollte, an dem mein großer Vorsatz beginnt. Dieses … *was auch immer es ist* … dieses Experiment zu menschlicher Güte und geistlicher Erleuchtung. Ich fühle mich immer noch nicht besonders gütig, geistlich oder erleuchtet. Aber verflixt noch eins, der Gedanke geht mir nicht mehr aus dem Kopf. Wie eine stechwütige Mücke schwirrt er mir im Hirn herum.

Nachdem ich unseren Tisch stundenlang besetzt gehalten habe, werde ich von jemandem abgelöst, der über und über mit Schnee bedeckt ist und ein Snowboard unterm Arm hält: endlich Toilettenpause! Ich lege mein Buch weg und wandere über das Gelände der Skistation. Hier gefällt es mir nicht; es ist sehr voll. Ich mag keine Menschenmassen. Die Restaurants sind bis auf den letzten Platz besetzt, und noch mehr als das. Alle reden zu laut, und das stört mich ebenfalls. Auf der Toilette muss ich *ewig* warten, bis ich an der Reihe bin, und selbst in der Schlange vor der Toilette grübele ich noch über meinen Neujahrsvorsatz nach.

Endlich bin ich an meinem Ziel angelangt, aber kurz darauf höre ich ein seltsames Geräusch in der Kabine neben mir. Es ist ein dumpfer Schlag, gefolgt vom Aufschrei eines Kindes. Ich erwarte, dass gleich die ruhige und fürsorgliche Stimme einer Mutter sagt: »Oh, tut mir leid, mein Schatz«, oder: »Alles in Ordnung?« Stattdessen höre ich: »Ach, halt die Klappe.« Dann schreit die Frau: »Immer ist was anderes mit dir! Jetzt mach einfach!« Und die kleine Stimme sagt: »Aber ich muss gar nicht!« Ich höre ein anderes Geräusch; es klingt schmerzhaft, und das Kind schreit wieder auf. Jemand von draußen stellt eine Frage, die ich nicht richtig hören kann, und die Frau antwortet: »Alles in Ordnung. Bloß er ist das Problem. Er ist immer ein Problem.« Und neben mir gibt es ein kurzes Gerangel und noch mehr Worte fallen. Ich schaue zu Boden und sehe zwei sehr kleine Füße in blauen Schuhen. Das Kind schreit noch einmal auf und sagt: »Deswegen kann ich dich nicht leiden!«

Glauben Sie mir, wenn ich sage, dass ich als Geschichtenerzählerin eine Meisterin des Dialogs bin. Ich höre ihn und halte ihn fest. Finde die Wahrheit darin. Die Aussage des Kindes ist nicht wütend oder trotzig. Sie ist ein Geständnis, ein Versuch, ein schreckliches Kommunikationsproblem zu überbrücken. Die Frau sagt: »Tja, ich kann dich auch nicht leiden, und ich schäme mich nicht, das zu sagen, und das darf auch jeder hören.«

Es gibt einige Dinge, die erkenne ich auch über den Dialog hinaus. Kindesmisshandlung ist eines davon. Kinder machen Unsinn, werden müde, bekommen einen Klaps. Ich bin keine absolute Gegnerin von einem Klaps aufs Hinterteil. Ich bin in den Südstaaten aufgewachsen, wo ein Klaps auf den Hintern zum Heranwachsen gehörte. Keine Prügel, keine Misshandlung, sondern einfach ein Klaps. Davon habe ich, glaube ich, in meinem ganzen Leben genau zwei erhalten. Doch dieses Kind wird misshandelt. Und ich weiß es.

All dies spielt sich in einer unglaublich kurzen Zeitspanne ab. Ich denke, dass ich gleich aus der Tür komme und sehen werde, wie die Frau die Hände des Kindes unters heiße Wasser hält, sie grob wäscht und das Kind herumschubst. Ich gehe die verschiedenen Möglichkeiten durch. Wie ich an einer Skistation die zuständigen Behörden informieren könnte. Wie ich die Frau aufhalten könnte. Wie ich sie in ein Gespräch verwickeln könnte. Wie ich ihr das Kind aus den Armen reißen und weglaufen könnte.

Ich komme aus der Kabine. Weder am Waschbecken noch sonst irgendwo ist ein kleines Kind mit blauen Schuhen. Ich gehe aus der Toilette, schaue mich in der Menschenmenge um, zwischen den lächelnden Gesichtern im Restaurant, den großen Familien mit Kindern, doch die kleinen Füße sind nirgendwo zu sehen. Ich fühle mich verantwortlich – so als hätte ich dieses Kind, diesen kleinen Fremden, der meinen Weg gekreuzt hat, auf tausenderlei Art und Weise im Stich gelassen. Ich gehe zurück zu unserem Treffpunkt, warte auf meine Familie und denke an das heutige Datum. Daran, dass mein Vorsatz offiziell erst morgen ernst wird. Und ich trage den kleinen Jungen mit den blauen

Schuhen den ganzen Tag über in meinem Herzen mit mir herum wie in einem Schatzkästchen. Ich halte die Augen offen und suche. Selbst später, als wir den Skihang verlassen und zum Essen den Berg hinuntergehen, suche ich nach blauen Schuhen.

Später am Abend erzähle ich meinem Mann unter Tränen die ganze Geschichte. Dass ich etwas hätte tun sollen, um den kleinen Jungen zu retten.

Mein Mann sagt: »Sieht so aus, als hättest du deinen Fremden für heute gefunden.«

»Es ist noch nicht Neujahr. Noch sind die Neujahrsvorsätze nicht dran«, widerspreche ich ihm. Doch natürlich habe ich bereits für das Kind gebetet.

»Keine Sorge«, setzt mein Mann hinzu. »Diese Frau ist zu laut und zu aufbrausend. Irgendwo, wo man nicht in der Menschenmenge verschwinden kann, wird sie auffallen. Jemand wird sie anzeigen.«

Natürlich hat er damit recht, aber ich denke an die kleine zitternde Stimme und frage mich, was das Kind in diesem Moment durchmacht. Und ich bete inständig.

Dann denke ich an die Kraft des Gebetes – was wir darüber glauben oder nicht glauben. Wenn wir wirklich glauben, dass Gebete den Verlauf eines Lebens beeinflussen, wo ist dann unser Glaube, wenn es darauf ankommt? Wo ist *mein* Glaube? Ich bin eine Frau, die ein Kind tatsächlich dem entreißen würde, der es misshandelt, und sich erst später Gedanken über die Konsequenzen machen würde. Aber bin ich auch eine Frau, die von Herzen beten und glauben kann, dass die Hilfe schon unterwegs ist? Dass sie rasch und gewaltig kommt? So zu glauben erscheint mir als eine viel größere Herausforderung, als sofort und unmittelbar etwas praktisch zu unternehmen.

Ich war nicht auf eine Bestätigung aus, dass mein Vorsatz richtig und passend war, aber ich bekam sie trotzdem. Die Zeiger der Uhr ticken ins neue Jahr. Ich warte und sehe den Countdown auf dem Times Square mit einem neuen Bewusstsein. Meine Söhne treten in eins der gefährlichsten Jahre ihres Lebens, eins, in dem mein Leben mehr als ausgefüllt mit Gedanken an sie sein wird – und doch kreuzen gleichzeitig Fremde meinen Weg, die das Einfachste brauchen, das ich zu bieten habe, fast so, als hinge ihr Leben davon ab. Und vielleicht ist dies bei einigen von ihnen tatsächlich der Fall. Und für ein paar Stunden, während ein Jahr ins andere übergeht, ist das Wichtigste in meinem Leben weder ich noch meine Lieben. Es ist das inständige Gebet für das Leben eines kleinen Fremden.

Der Busbahnhof

Er wird die Gebete der Hilflosen erhören und sich ihren Bitten nicht verschließen.

Psalm 102,18

Der Urlaub war lang. Gefühlt sind wir schon seit Ewigkeiten unterwegs. Zuerst unser großes Familientreffen zum Jahreswechsel, dicht gefolgt von Tante Kates Beerdigung. Irgendwie habe ich es geschafft, Menschen an einer Tankstelle, in einem Motel oder in einem Restaurant zu begegnen und zu wissen, dass ein stilles Gebet ihnen in ihrer Situation helfen könnte.

Ein Höhepunkt unseres Urlaubs war für mich, dass meine Schwiegermutter zu Besuch kam. Sie ist mehr als nur die Mutter meines Mannes; sie ist auch meine Freundin, und sie bei uns zu haben, ist wirklich eine Freude. Aber jetzt hat sie beschlossen, den Heimweg anzutreten, und ist hartnäckig entschlossen, mit dem Bus zu fahren. »Ich kann dabei lesen«, erklärt sie mir, »und stricken. Und es gibt immer interessante Leute zu beobachten.« Ähm … ja, bestimmt. Ich mache mir einigermaßen Sorgen um sie und denke, dass dies wohl das letzte Mal ist, dass wir einlenken und ihren Wünschen nachgeben.

Wir kommen am Busbahnhof an, wo es von Menschen nur so wimmelt. Sie wirken schon müde, bevor sie ihre Reise überhaupt angetreten haben. Ich beobachte das Gedränge, während wir am Fahrkartenschalter in der Schlange stehen und Mutter Nancy zum richtigen Bus manövrieren.

Ich brauche einen Fremden, denke ich wie ein Jäger, der sich durch ein Meer von Körpern, Taschen und abgenutzten Koffern bewegt. Und irgendwie bin ich ja auch auf der Pirsch – nach Menschen. Ich suche im Geist, denke: *sicher hier – irgendjemand.* Eine ältere Frau mit dunklem Haar taucht auf und spricht einige Male mit uns und der Dame vor uns. Sie muss es sein, denn wenn Sie sie sehen könnten, wüssten Sie, warum. Garantiert! Ich würde darauf wetten, dass sie es ist! Sie sieht aus, als könnte sie *wirklich* Gebet brauchen. Aber ist das mein Auftrag? Soll ich einfach für jeden beten, der mir über den Weg läuft und aussieht, als könnte er es gebrauchen? Im großen Ganzen betrachtet vielleicht schon, aber für mich geht es um meinen Entschluss, und ich versuche immer noch, ihn richtig zu verstehen. Ich könnte für praktisch jeden Fremden beten, der mir über den Weg läuft und so aussieht, als ob er oder sie Gebet brauchen könnte, und ich hätte ein sehr ausgefülltes Gebetsleben. Aber das hier ist etwas anderes. Ich habe den Eindruck, ich soll jeden Tag für *eine besondere, bestimmte Person* sensibel sein. Diese eine Person zu finden, ist wie die Suche nach einer Nadel im Heuhaufen. Ganz besonders in diesem Moment am Busbahnhof von Nashville. Aber dann geschehen zwei Dinge gleichzeitig.

Eine Frau, die am anderen Schalter auf ihre Fahrkarte wartet, berührt mein Herz. Sie sieht nicht besonders bedürftig aus, aber ich weiß einfach, dass sie meine Fremde ist. Bisher habe ich diese Sache mit dem Neujahrsentschluss einfach akzeptiert und ausgeführt. Still und für mich. Aber in diesem Moment habe ich den Eindruck, dass ich nicht nur für sie beten, sondern ihr auch *sagen* soll, dass ich für sie bete.

Na super. Ganz super. Ich will Ihnen ein wenig von mir erzählen, damit Sie verstehen können, was diese Aufforderung bei mir auslöst.

Ich bin so *ganz und gar keine* Evangelistin. Nicht, wenn es um meinen Glauben geht. Ich stelle mich gern an die Ecke und predige, dass die Leute lesen sollen oder einen Bibliotheksausweis brauchen, aber wenn es um Gott geht, bin ich meistens ziemlich schweigsam. Lassen Sie es mich so sagen: Wenn Ihr Seelenheil davon abhinge, dass ich Ihnen auf der Straße Zeugnis von meinem Glauben gebe, stünden Ihre Chancen nicht besonders gut. Manche Menschen haben diese Gabe, aber nicht ich. Ich kann mit Ihnen über das Wetter reden, darüber, was Sie auf Ihrem iPod haben, über die neueste Fernsehserie oder die Nachrichten von heute, aber nicht über Jesus. Das liegt nicht daran, dass ich nicht an Jesus glaube, denn – nur fürs Protokoll und weil wir gerade dabei sind: Ich *glaube* an ihn. Aber ich denke auch, dass das meine Privatsache ist und Sie Ihren Weg zu Gott schon zu gegebener Zeit finden werden. Damit will ich nichts zu tun haben und auch keine Verantwortung für Sie übernehmen. Also, damit es ganz klar ist: Mit Menschen darüber zu reden, dass ich für sie bete, dreht mir mehr oder weniger den Magen um und jagt mir eine Heidenangst ein. Trotz alledem hole ich tief Luft und bitte meinen Mann, einen Moment auf mich zu warten, weil ich etwas zu erledigen habe. Dann kehre ich zu dem Schalter zurück, wo die Frau immer noch auf ihre Fahrkarte wartet.

Ich gehe langsam auf sie zu, weil ich sie nicht erschrecken will. Mir ist sehr wohl bewusst, dass es etwas seltsam wirken könnte, in der Öffentlichkeit auf Menschen zuzugehen und zu ihnen zu sagen: »Entschuldigen Sie bitte – heute sind Sie mein Fremder/meine Fremde.« Mir ist schon klar, dass man mich als verrückt abstempeln könnte. Ich räuspere mich und spreche die Frau leise an, damit die Dame am Schalter uns nicht hören kann. Ich erzähle ihr von meinem Vorsatz, erkläre ihr, dass sie heute meine Fremde ist und dass ich den ganzen Tag an sie denken und besonders für sie beten werde. Dann passiert etwas ganz Seltsames: Sie schaut mich mit einem Gesichtsausdruck an, den ich nur als »Staunen« bezeichnen kann. Dann fällt sie mir um den Hals. »Wissen Sie, was ich heute Morgen zu Gott gesagt habe? Wissen Sie das? Gerade heute habe ich gebetet und für andere Leute gebetet, aber dann habe ich aufgehört und gefragt: *›Gott, gibt es auf dieser ganzen weiten Welt jemanden, der für mich betet?‹«*

Was sagt man dazu! »Anscheinend bin ich das«, sage ich und umarme sie auch. »Ich wünsche Ihnen eine gute Heimreise.«

»Ja, die werde ich jetzt haben!« Sie hat ein strahlendes Lächeln auf dem Gesicht und ich verstehe, warum. Gott hatte ihre Frage beantwortet – und mich offenbar dazu gebraucht.

Ich kehre zu meiner Schwiegermutter zurück, sehe sie sicher hinter dem Busfahrer sitzen und schaue mit Tränen in den Augen zu, wie der Bus davonfährt. Ich bin in diesem Moment etwas sentimental – ihretwegen und wegen der anderen Frau, die in die entgegengesetzte Richtung nach Kentucky fährt. Mein Mann fragt mich: »Wo warst du denn?« Ich erzähle ihm die ganze Geschichte. Er ist so erstaunt wie ich und sagt: »Das solltest du aufschreiben.«

Dieser Vorfall am Busbahnhof ist der ausschlaggebende Hinweis, der mir zeigt, dass ich hier nicht nur ein soziales Experiment betreibe. Ich versuche nicht einfach nur, aus dem Sumpf von vergeudeten Vorsätzen herauszukommen, die nie in die Tat umgesetzt wurden. Ich habe den Eindruck, dass ich hier an etwas sehr Konkretem und Realem beteiligt bin und erkenne, dass es einen Plan gibt, der über mein persönliches Leben hinausgeht. Es bedeutet auch, dass Dinge zum Ziel kommen. Heute empfinde ich ein warmes Gefühl demütiger Zufriedenheit. Meine Gebete sind einer Fremden etwas wert. Und jetzt ist diese Fremde mir etwas wert.

Partygebete

Gebet ist das Atemholen der Seele.

John Henry Newman

Der Tag in Atlanta war gut ausgefüllt. Ich war den ganzen Tag über mit Buchterminen und der Produktion von Radiosendungen beschäftigt, habe bei Podiumsdiskussionen gesprochen und andere Autoren interviewt. Doch bei allen Signierstunden, Treffen mit Lesern und Antworten auf Fragen zum Veröffentlichen von Büchern und zur kreativen Muse habe ich trotzdem nicht vergessen, dass ich für jemanden beten soll. Ich habe die Augen offen gehalten und einen offenen Geist bewahrt; doch selbst wenn ich jemandem begegnet wäre, bei dem ich das Gefühl gehabt hätte, ich solle mit ihm sprechen, wäre es schwierig gewesen, einen Moment für ein Gespräch unter vier Augen zu finden. Ich glaube, ich war keine fünf Minuten allein. Jetzt ist es spät am Abend und mein Mann begleitet mich zu einer letzten Cocktailparty für alle Autoren in einer örtlichen Kunstgalerie.

Nach diesem langen Tag mit vielen Gesprächen und sozialen Kontakten versuche ich dennoch, sensibel für jenes besondere Gesicht in der Masse zu bleiben – aber endlich entspanne ich mich doch. Trotzdem gibt es noch eine Menge befreundeter Autoren, mit denen ich sprechen und Neuigkeiten austauschen will. Buchfestivals sind so ähnlich wie Klassentreffen für Autoren, die Freundschaften geschlossen haben, denn wir sehen uns größtenteils nur, wenn wir auf Tour sind. Partys wie diese geben uns eine Gelegenheit, miteinander ein Glas Wein zu trinken und darüber zu reden, wie das neueste Buchprojekt läuft und wie es den Kindern geht.

Nach und nach vergesse ich, dass aus dem langen Tag ein später Abend geworden ist und ich immer noch nicht für einen

Fremden gebetet habe. Doch dann komme ich an einer Frau in der Menschenmenge vorbei, und da ist sie – einfach so. Ihr Gesicht habe ich schon irgendwo gesehen. Sie kennt mich als Autorin. Ich weiß, dass sie heute bei meinem Podiumsgespräch im Publikum saß, aber ich kenne sie nicht. Ich bin auf dem Weg nach oben, um die Kunstausstellung zu besichtigen, und denke: *Ich spreche auf dem Rückweg mit ihr*. Und dann habe ich es ebenso schnell wieder vergessen. Als ich wieder nach unten komme, sehe ich sie nicht mehr.

Mein Mann und ich unterhalten uns mit Autoren, essen zu Abend, wandern durch den Raum, machen Small Talk und erzählen von unseren letzten Reisen. Schließlich finden wir den Weg zur Weinbar und stellen uns in die Schlange. Die Frau vor mir dreht sich zu mir um – und da ist sie wieder. Dieses Gesicht, diese Frau, für die ich beten sollte. Plötzlich wird mir klar, dass ich mit ihr reden *muss* und nehme sie beiseite, um ihr zu erklären, dass sie meine »Fremde des Tages« ist.

»Wie seltsam«, sagt sie, doch sie sagt es mit einem Leuchten in den Augen. »Das ist richtig bizarr. Wissen Sie, was heute für ein Tag ist?« Sie lächelt mich an, doch in dem Lächeln liegt auch Traurigkeit.

Natürlich kenne ich die Bedeutung des Tages nicht – außer, dass heute dieses große Buchfestival ist. Ich schüttele den Kopf.

»Heute ist der vierundvierzigste Geburtstag meiner Tochter, die vor Kurzem gestorben ist. Das ist der erste Geburtstag, an dem sie nicht mehr da ist.«

Wirklich bizarr. Wir gehen noch ein Stück weiter weg von der umdrängten Bar und in eine kleine Nische, wo es etwas ruhiger ist, wo wir uns eine Weile unterhalten können. Die Cocktailgespräche gehen hinter uns und um uns weiter. Neuigkeiten aus der Verlagswelt, neue Buchtitel, Mitteilungen von kürzlichen Ereignissen. Doch jetzt gerade bin ich auf die Frau vor mir konzentriert und wir sprechen von Frau zu Frau, von Mutter zu Mutter. Mein

Mann ist in eine andere Richtung geschlendert. Inzwischen ist er daran gewöhnt, dass ich beiseitetrete und mit Fremden flüstere. Die Geräusche der Cocktailparty umgeben uns immer noch, aber wir sind an unserem Platz wie abgeschirmt. Marsha erzählt mir von ihrer Tochter und deren Leben. Von Zeichen und Wundern seit ihrem Tod. Kleine Dinge, die ihr viel bedeuten und ihr geholfen haben, diese schwere Zeit zu überstehen.

Eltern sollten nie ihre Kinder begraben müssen. Am liebsten würde ich Gott sagen, dass er ein Gesetz daraus machen soll. Aber ich bin nicht der Gesetzgeber.

»Sie haben eine Gabe«, sagt sie mir.

»Ach, ich weiß nicht. Ich versuche nur, meinen Vorsatz umzusetzen.«

»Nein, es ist eine Gabe. Und ich kann es kaum erwarten, nach Hause zu kommen und meine anderen Töchter anzurufen, ihre kleinen Schwestern, und ihnen davon zu erzählen. Sie machen sich solche Sorgen um mich, dass sie mich schon den ganzen Tag lang anrufen, um nachzufragen, ob es mir gut geht.«

Sie schaut mich an, und ihr Lächeln sagt mir, dass alles für sie wieder gut werden wird. Dass der morgige Tag etwas freundlicher aussehen und etwas weniger schmerzlich sein wird. Ich bin froh, sie gesehen und wiedergesehen zu haben. Ich freue mich, dass ich mich auf diesen Neujahrsvorsatz eingelassen und trotz aller Vorbehalte angefangen habe, den betreffenden Personen zu erzählen, dass sie mir aus einem bestimmten Grund aufgefallen sind und ich für sie beten werde. Ich freue mich darüber, was diese Nachricht für Marshas andere Töchter bedeuten wird. Es stärkt meinen Glauben an etwas, das größer ist als ich und meine täglichen Probleme. Ich habe keine besondere Gabe. Wir alle haben die gleiche Gabe, die gleiche Gelegenheit. Was kostet es uns denn tatsächlich, innezuhalten, um Ausschau nach einer anderen Person zu halten, die unser kleines Universum durchquert und vielleicht ein Wort der Ermutigung braucht?

Der Geburtstag einer verstorbenen Tochter? Das Wissen, dass ein Sohn überlebt hat und in Sicherheit ist? Unsere Wege kreuzen sich in diesem zauberhaften, wunderbaren, bittersüßen Leben. Wenn wir nur wüssten, wie wichtig wir füreinander sind. Selbst – oder ganz besonders – als Fremde.

Eine Quelle von Gebeten

Wir begreifen den Wert des Wassers erst, wenn der Brunnen ausgetrocknet ist.

Thomas Fuller

Er war einfach ein Mann hinten auf einem Pritschenwagen. Und wenn ich sage »hinten«, meine ich nicht den Rücksitz in der Kabine, sondern die Pritsche. Ich fuhr gerade an dem Wagen vorbei, als sich unsere Blicke trafen. Ich wusste es – mein Fremder. Ein weiterer Fremder in einer inzwischen endlosen Reihe. An manchen Tagen frage ich mich, wenn ich in den Himmel komme und es dort ein großes, breites Tor und ewige Landschaften gibt (fürs Protokoll: daran glaube ich wirklich), ob sie dort sein werden. Wird es eine lange Reihe von unbekannten Seelen geben, Menschen, für die ich im Vorbeigehen gebetet habe? Wenn ja, werden wir vielleicht etwas mehr Zeit füreinander haben als einige wenige geflüsterte Worte.

Doch im Moment sehe ich diesen jungen Mann auf einem Pritschenwagen. Ich lächele und winke ihm zu. Kein auffälliges Winken, wohlgemerkt; kein Paradewinken. Einfach eine erhobene Hand, die von ganz allein *Frieden* zu sagen scheint. Er lächelt zurück, hebt die Hand, und in dem Moment, als sich unsere Blicke treffen, gibt es eine menschliche Verbindung, die sich allen logischen Gründen oder Grenzen entzieht. Sie löst eine Welle von Mitgefühl aus, ein Gefühl der Zuwendung, das ich normalerweise nicht für jeden beliebigen Menschen an jedem beliebigen Tag empfinde. Und in diesem Moment liegt mir dieser junge Mann auf dem Pritschenwagen sehr am Herzen. Mir ist wichtig, dass er Arbeit hat und eine Zukunft und dass er sein Lebensziel erreicht. Mir ist die Familie wichtig, die ihm wichtig ist. Einen

Augenblick lang ist er in jedem Sinn des Wortes mein Bruder.

Ich halte an einer roten Ampel an; der Pritschenwagen ebenfalls. Der junge Mann ist links von mir, nur ein kleines Stück vor mir, und er schaut mich noch immer an. Ich nehme wieder Blickkontakt zu ihm auf, nicke ihm zu und er nickt zurück. Dann fährt der Wagen los und biegt nach links ab, und er hebt noch einmal die Hand zum Abschied. Ich winke ihm ebenfalls zu, und dann ist er verschwunden. Doch das Tor, das sich durch diese Begegnung geöffnet hat, schließt sich nicht so leicht. Die Quelle von Emotionen, die Leidenschaft des Mitgefühls, wurde geöffnet, und mit Tränen in den Augen und allem, was meine Seele hergibt, spreche ich einen Segen für ihn. Und bevor es mir überhaupt bewusst wird, bete ich für Fremde die ganze Straße hinauf und hinunter. Für den alten Mann an der Ecke und die Frau, die diese schwere Last trägt, und die gebeutelt wirkende Seele an der Bushaltestelle. Ich denke: *Das könnte ich sein – gebrochen, gebeutelt und verloren – statt das Leben zu führen, das ich führe*. Und ich bete.

Als ich in Nordflorida aufwuchs, hatten meine Großeltern das, was man die kleinste Farm der Welt nennen könnte. Nur ein paar Hektar groß, aber mit Schweinen, Hühnern, Honigbienen und Feldern. Eines der wichtigsten Dinge auf der Farm war die Pumpe, die das Wasser aus der Erde heraufbrachte. Schon von klein auf lernten wir: Eine Pumpe muss man immer anfüllen, und man darf sie nie leerlaufen lassen. Niemals. Also hinterließ der, der die Pumpe gerade benutzt hatte, immer einen Becher Wasser für den Nächsten.

Aus gutem Grund tauchen Pumpen von jeher in Geschichten und Allegorien auf. Wenn unsere Pumpen leerlaufen – als Autoren, Mütter, Ehefrauen, Ehemänner, Väter oder was auch immer, sei es persönlich oder beruflich –, ist es sehr schwierig, das Wasser wieder zuverlässig zum Fließen zu bekommen. Das Gleiche lässt sich über das Gebet sagen. Allerdings hätte ich erwartet, dass, nachdem ich seit Beginn meiner Gebetsaktion für so viele Menschen gebetet hatte, meine Pumpe gut »angefüllt« war. Sollte man meinen. Doch das unerwartete Auftauchen dieses jungen Mannes, das Mitgefühl meines Gebetes für sein Leben, hat eine Schleuse des Gebetes geöffnet. Und ich frage mich, wie mein Leben aussehen würde, wenn ich so leben würde – Gebet atmend. Segen und Frieden und Gebete und Staunen und Wunder für alle, denen ich begegne. Ich frage mich, wie die Stadt aussehen würde, wenn wir alle dies tun würden, wenn die Welt nur einen Tag lang ein großer Becher voll Gebet wäre. Nur einen Tag lang. Wie wäre das wohl?

Ein gebrochener Mann

Gebet verändert Menschen, und Menschen verändern Dinge.

Burton Hills

Ich kann beten, ohne meine Lippen zu bewegen, mit einem Gesicht so unbeweglich wie Steine in der Wüste. Unbeweglich und unbewegt. Aber setzen Sie mich neben einen gebrochenen Mann und bringen Sie mich in Berührung mit seinem Schmerz, dann lassen sich mein Gesicht und meine Gebete nicht mehr bändigen. Ich strecke meine Hand aus und schüttele seine, die vor Dreck nur so starrt. Das sollten Sie von vornherein über mich wissen.

Charles ist sein Name, erzählt er mir mit einem völlig toten Gesicht. Wenn einst Emotionen darauf zu sehen waren, wurden sie im Lauf der Zeit und durch viele Lebensstürme ausgelöscht. Er ist der Inbegriff von Traurigkeit. Ich versuche, ihm zu sagen, dass er »mein Fremder« ist, und schüttele seine praktisch leblose Hand. Und dann frage ich ihn, ob er ein bestimmtes Gebetsanliegen hat – etwas, das er sonst keinem erzählen würde, aber vielleicht mir. Er sitzt in der französischen Bäckerei, wo ich einen guten heißen Cappuccino genieße und ein wenig Arbeit am Laptop erledige. Die perfekte Welt für einen Autoren.

Doch hier ist dieser Mann, der keine Büchertasche bei sich hat, der nicht in die neueste überregionale Zeitung vertieft ist, der nicht auf Laptoptasten herumtippt, sondern der einfach nur dasitzt und mit leerem Blick auf das riesige Vakuum seines Lebens starrt. Ich versuche trotzdem, ihn aufzuheitern. Ich schwöre, er sieht so verloren und niedergeschlagen aus, dass ich ihm meine schrecklichste Version von *Riverdance* vorführen würde, um ihm ein Lächeln zu entlocken. »Hoffnungslos«, sagt er, und in mir hallen Echos der Geschichten von König Salomo aus dem Buch

»Prediger« im Alten Testament nach. Es ist das gleiche Buch, das dem Song »Turn, Turn, Turn« von Peter, Paul & Mary zugrunde liegt. »Alles hat seine Zeit«, so drückt es König Salomo dort sehr poetisch aus, doch nicht lange danach scheint er deprimiert zu sein über das Leben und darüber, wohin ihn seine Entscheidungen gebracht haben. Er sagt: »Es ist alles sinnlos.« Ich habe mir immer vorgestellt, dass König Salomo eine kleine Annie hätte gebrauchen können, die in diesem Moment auftaucht und das »Tomorrow«-Lied singt.

»Nein, ernsthaft, Charles – gibt es etwas Besonderes, für das ich für Sie beten soll?«

Er zuckt die Schultern. »Das ändert sowieso nichts.«

Es ist alles sinnlos, höre ich wieder. *Alles ist sinnlos und nur ein Hauch von vergeudeter Gnade.* Okay, meine Umschreibung des Prediger-Textes lässt etwas zu wünschen übrig, doch die dunkle, trostlose Stimmung ist vorhanden.

Dieser Mann ist der heruntergekommenste Fall von Hoffnungslosigkeit, den ich je gesehen habe, und ich habe schon einige gesehen. Ich gehe zur Kasse, um ihm ein Mittagessen zu kaufen und es ihm anonym servieren zu lassen. Vielleicht werden eine Schale Suppe und ein Sandwich seine Seele zurück ins Land der Lebendigen locken können.

»Ach, für Charles?«, fragen sie und deuten mit einem Nicken auf seine traurige Gestalt. »Den versorgen wir schon.«

Ich freue mich sehr, Zeuge dieses Akts der Menschlichkeit werden zu dürfen, dass ein Restaurant einen umsorgt und verpflegt, der so leblos und verloren wirkt. Garantiert entlockt ihm ihre Großzügigkeit nicht besonders viel Dank. Er zieht nicht durch die Straßen und verliert fröhliche, gute Worte über ihr Restaurant. Sie machen es nicht für den Dank.

»Es wird auch wieder besser, Charles«, sage ich zu ihm. Ich sitze an dem kleinen Tisch neben seinem.

Er zuckt wieder die Schultern. »Wahrscheinlich nicht.«

Ich lehne mich zurück, trinke einen Schluck Kaffee und denke über Charles' Leben nach. Vielleicht hat er recht. Vielleicht wird sein Leben nie besser werden, als es im Moment ist. Oder vielleicht ist sein Leben jetzt, nach einer langen und unbekannten Geschichte, die aus einer schmerzlichen Erfahrung nach der anderen bestand, besser als es jemals war. Ein Leben, in dem ein Mensch lernt, seine Erwartungen aufzugeben und einfach in einem Zustand des Nichts zu leben.

Vielleicht hat er früher gebetet und hat das Gefühl, seine Gebete wurden nicht erhört. Ich kenne dieses Gefühl. Ich weiß genauso wenig wie jeder andere, warum manche Gebete nicht erhört werden. Und manchmal fühle ich mich angeschmiert. Vielleicht geht es uns allen so, wenn wir mit aller Entschlossenheit und Hingabe für eine Heilung, eine Situation oder eine Ehe gebetet haben – und es hat nicht die allerkleinste Welle geschlagen. Wir fragen uns, ob unsere Gebete nicht stark genug oder wir nicht gut genug sind – nicht gut genug als Mütter, Töchter, Söhne, Vorgesetzte. Wo beginnt unser Urteil über uns selbst und wo endet unser Urteil über Gott? Wir wollen Antworten. Wenn es eine bessere Formel für unsere Gebete gäbe, ein Geheimrezept, das sie wirksamer macht, worin bestünde es? Fasten, auf Knien beten, die Gewissheit, dass wir ein makelloses Herz ohne geheime, versteckte Reste von Hass haben. Ich habe gefastet und ich habe gekniet. Alle »Jemand hat mir Unrecht getan«-Gefühle in meiner Seele zur völligen Vergebung zu führen, habe ich nur einmal für etwa dreißig Sekunden geschafft, an einem Dienstagabend vor vierzehn Jahren. (Für mich ist die Kunst der Vergebung wie ein heißer Stein. Ich hebe ihn immer wieder auf und halte ihn so lange wie möglich in der Hand, aber an manchen Tagen entgleitet er mir. An den meisten Tagen.)

Es gibt Zeiten, in denen ich von Schatten der Ungewissheit geplagt werde. Wohin gehen meine Gebete überhaupt? Aber eines bleibt in meinem Herzen immer wahr – und ich denke, das ist ein Geschenk, das ich von Geburt an mitbekommen habe. Ich glaube. Im innersten Kern meines Seins glaube ich, dass es einen großen, mächtigen und gütigen Gott gibt, der meine Gebete hört. Ich frage nicht, wie andere Menschen zu Gott gelangen und in ihrem eigenen Leben den Weg des Glaubens gehen. Mein Glaube ist persönlich. Ich hoffe, dass für andere ihr Glaube auch persönlich ist. Ganz gleich, worin diese Glaubensüberzeugungen bestehen, vielleicht fragen andere sich auch, so wie ich: *Wo genau gehen meine Gebete hin?* Doch meine Erfahrungen mit dem Göttlichen in meinen Begegnungen mit Menschen aller Glaubensrichtungen (oder ganz ohne Glauben) sind nach wie vor so stark wie die Dinge, die mich verwirren.

Doch selbst mit meinem Glauben und dem Glauben von Freunden, die etwas anderes glauben, bleiben die ewigen Fragen: Warum werden manche Gebete erhört und andere nicht? Warum gibt es Tragödien in dieser Welt? Sünde und Verbrechen gegen Alte, Junge, Friedliche, Hilflose? Ich weiß es nicht, aber ich kann Ihnen sagen: Dieses chaotische Leben ist keine perfekte Welt!

Trotzdem glaube ich an Gott – und ich glaube ans Gebet. Halten Sie mich ruhig für verrückt. Ich bete trotzdem weiter.

Er hat mich beunruhigt, dieser Charles. Ich gehe, und seine düstere Stimmung steckt irgendwo in mir. Sein »Beten Sie, wenn Sie wollen, aber es spielt keine Rolle« – das verstehe ich. Ich verstehe die Hoffnungslosigkeit, nicht mehr weiterzuwissen. Ich war mehr als einmal in dieser Situation und habe nur durch Gottes Gnade den Weg zurück aus diesem dunklen Tunnel, diesem Sumpf gefunden. Nun bete ich um das Wunder, dass jene Gnade diesen Mann überströmt. Dass sein weiteres Leben nicht in die gleiche Richtung wie bisher geht. Und vielleicht, dass er einen guten Freund findet, dem er vertraut. Einer reicht, um zu helfen. Jemand, der ihm helfen kann, leise über die Widersinnigkeit des Lebens zu lachen.

Küchenfreundschaften

Reich ist der Mensch, der einen betenden Freund hat.

Janice Hughes

Mein Vorsatz ist noch so neu, dass ich nicht richtig weiß, wie ich damit umgehen soll. Ich weiß nie genau, was ich in einer bestimmten Situation zu jemandem sagen soll oder nicht. Selbst bei alten und neuen Freunden ist mein Vorsatz nicht allgemein bekannt. Ich spreche nicht darüber. Ein Teil davon mag meinem Training als Autorin geschuldet sein: Wenn man über eine fiktive Geschichte redet, schreibt man sie nicht. Man erzählt es jemandem und dann jemand anderem und dann deren Freunden, gefolgt von allen Personen, die man bei einer Feier kennenlernt, und ehe man sich's versieht, gibt es keine Geschichte mehr. Es sind nur noch Witze und Anekdoten von dem Ort übrig, an dem man zuletzt zu Besuch war.

Die Sache mit meinem Neujahrsentschluss ist zu heilig dafür. Ich will nicht, dass Freunde zu mir sagen: »Was, bist du verrückt?« Ich will nicht zu viele Fragen oder auch hilfreiche Gedanken dazu hören. Ich will einfach damit weitermachen, irgendwie einen Tag nach dem anderen einen geistlichen Fuß vor den anderen setzen. Ich will nicht, dass irgendwo eine seltsame geistliche Checkliste auftaucht und mir vorschreibt, wie ich das Ganze machen soll. Ich will nicht einmal selbst in eine Routine kommen, damit es nicht nur einfach eine Gewohnheit wird.

Gestern war ich in Jefferson, Texas. Eine große literarische Veranstaltung mit der berüchtigt talentierten Gründerin von Pulpwood Queen[2], Kathy Patrick. In einem kleinen Café esse ich

---

2 Ein bekannter amerikanischer Buchclub (Anm. d. Übers.)

mit neuen Autorenfreunden zu Abend und wir unterhalten uns angeregt über Bücher, Verlage und die Bedeutung von Buchclubs. Unsere Kellnerin ist meine neue »Fremde des Tages«, doch das werde ich ihr ganz sicher nicht in der Gegenwart anderer Menschen sagen.

Es ist ein lässiges Ambiente, ein Restaurant, das sich auf fantastische Burger und alle möglichen hausgebackenen Kuchen spezialisiert hat. Während des ganzen Abendessens habe ich unsere Kellnerin beobachtet, wie sie unseren Eistee auffüllt und die Spezialität des Hauses serviert. Schließlich frage ich sie nach ihrem Namen.

»Carly«, sagt sie.

Wir beenden das Essen und ich biete an, das Trinkgeld zu übernehmen.

»Bist du sicher?«, fragen meine neuen Freunde.

»Ja, klar. Ich kümmere mich schon darum«, sage ich ihnen, und das tue ich auch. Manchmal ist ein Gebet einfach ein Gebet. Manchmal ist es auch etwas mehr.

Wir zahlen unsere Rechnungen, doch dann sage ich meinen Freunden, dass ich mich später mit ihnen bei unserer Veranstaltung treffe, und mache mich auf die Suche nach unserer Kellnerin Carly. Ich finde sie in der Küche, wo wir uns für einen Moment eine ruhige Ecke suchen. Ich gebe ihr das Trinkgeld – wahrscheinlich so viel wie unsere drei Rechnungen zusammengenommen, doch immer noch nicht viel, das kann ich Ihnen versichern. Burger und Kuchen bringen nicht das große Geld, und der Laden hat sowieso günstige Preise.

»Sind Sie sich ganz sicher?«, fragt sie mich und ist bereit, mir das Geld zurückzugeben.

»Ja, ganz sicher. Wissen Sie, es ist Folgendes: Ich bete jeden Tag für einen Fremden, der mir auffällt, und heute sind Sie diese Person. Ich werde einfach an Sie denken und heute Abend ein extra Gebet für Sie sprechen.«

»Oh, Sie wissen gar nicht, wie dankbar ich dafür bin!« Tränen treten ihr in die Augen, und ich bemühe mich, dass mir nicht das Gleiche passiert. Es ist seltsam, wie dieses große Trinkgeld – obwohl es sehr willkommen war, das merkte ich – nicht das ist, was sie so tief berührt oder ihr die Tränen kommen lässt. Es ist das Wissen, dass sie ausgewählt wurde, dass eine unbekannte Fremde für sie ein extra Gebet spricht. Dann erzählt sie mir ihre Geschichte. »Uns ging es in letzter Zeit nicht gut. Ich lebe bei meiner Großmutter und wir versuchen durchzukommen, aber es war schwer, wissen Sie? Die Geschäfte liefen nicht gut.« Sie schaut sich im Restaurant um und auf die leeren Plätze. Es ist nicht schwer, sich auszurechnen, dass leere Plätze leeren Taschen entsprechen. Ich umarme sie; bei uns in den Südstaaten ist das ganz normal, und ich sage ihr, dass ich sie verstehe.

Dann, als ich meine Tasche nehme und gehe, empfinde ich eine Freude, die ich noch nicht hatte, als ich das Restaurant betrat. Ich will nicht lügen; es ist schon ein befriedigendes Gefühl, wenn man jemandem versprechen kann, für ihn zu beten. Es ist das Gefühl, dass ich an einem chaotischen Tag mit verschüttetem Kaffee, verlorenen Schlüsseln und zerknitterten Seiten etwas richtig gemacht habe. Es ist wirklich etwas Großartiges, für Menschen zu beten – oder ihnen ein extra Trinkgeld zu geben, wenn man den Eindruck hat, es tun zu sollen – und ein gutes, ermutigendes Wort weiterzugeben.

Ich lasse Carly mit einer etwas volleren Tasche zurück, einer besonderen Geschichte, die sie erzählen kann, wenn sie nach Hause zu ihrer Großmutter kommt, und einem Lächeln, das definitiv etwas strahlender ist. Vielleicht ist das mit diesem Vorsatz doch gar nicht so schwer.

Bedingungslose Liebe

Ich glaube mehr an Gebete als an Arzneien.

Michelangelo

Es gibt Orte, die mich nervös machen, selbst wenn ich mit den besten Absichten dort bin. Zum Beispiel Geburtstagspartys in Restaurants mit Tausenden von kleinen Kindern an einem Sonnabendnachmittag. Okay, vielleicht waren es nicht Tausende, aber nach dem Lärm zu urteilen, hätten es Tausende sein können. Kleine glückliche, kreischende Gesichter überall. Zwei dieser Gesichter waren meine Nichte und mein Neffe, die ich normalerweise Fräulein Schickimicki und Herr Schlauberger nenne, weil sie genau das sind. Meine Liebe zu diesen beiden hat mich mitten in diesen Wahnsinn getrieben. Ich trage keine Ohrstöpsel und habe auch keinen iPod dabei. Schlecht vorbereitet. Über einen Tisch voller Geschenke hinweg starre ich meine Schwester an und schreie ihr zu: »Warum konntest du nicht einfach eine kleinere Party machen?«

»Willst du Peperoni?«, erwidert sie.

Für mich wäre eine kleine, ruhige Feier völlig in Ordnung gewesen, aber ich war auch ein seltsames Kind, das sich weigerte, auf seiner eigenen Geburtstagsparty bei den anderen Kindern zu sitzen, als es fünf Jahre alt war. Ein Mädchen, das aus dem Raum ging, als die anderen anfingen, für mich »Happy Birthday« zu singen, weil ich die ganze Aufmerksamkeit nicht wollte und kein geselliges Beisammensein mit anderen Kindern brauchte, um glücklich zu sein. Die Geschichte ist wahr; fragen Sie meine Mutter. Sie war diejenige, die mich suchen und überreden musste, zurück in den Raum zu meiner eigenen Geburtstagsfeier zu gehen.

Aber das heute ist nicht meine Feier, sondern die meiner Nichte, und niemand hat mich gefragt, wie leise das Ganze sein sollte. Ich schaue schon auf die Uhr, und dabei sind wir gerade erst angekommen. Das wird ein langer Nachmittag. Die Kellnerin erscheint, um unsere Pizzabestellung aufzunehmen, und inmitten all dieses radikalen, nervenaufreibenden Lärms bekomme ich jenes Gefühl, dass sich plötzlich alles in Zeitlupe bewegt. Nein, in Wirklichkeit geschieht das natürlich nicht. Meine Intuition ist nicht von irgendwelchen »Spezialeffekten« begleitet. Ich sehe einfach das Gesicht eines jungen Mädchens, das sich durch die Masse aus Kindern, Eltern und Gewinnen aus Spielen bewegt.

Ich flüstere meiner Schwester und ihrem Mann zu: »Bin gleich wieder da«, und folge ihr durch die Menge. Nichte und Neffe haben keine Ahnung, wo ich stecke.

Das Mädchen ist vielleicht sechzehn Jahre alt. Heute weiß man das natürlich nicht mehr ganz genau, aber wahrscheinlich liege ich mit dieser Schätzung gar nicht so falsch. Sie ist schön, zweifellos, aber im Moment ist diese Schönheit etwas unter einer Polyesteruniform versteckt und ihr Haar ist straff aus dem Gesicht zurückgekämmt. Sie steht an der Getränkestation und füllt einen Krug Limo ab, als ich auf sie zukomme. Manchmal ist meine Südstaatenstimme etwas Gutes. Manchmal ist der Akzent schwer genug, um jemand anderen so zu beruhigen, wie ich es mir von jemand anderem für mich selbst wünschen würde.

»Hallo, Liebes«, sage ich und frage nach ihrem Namen. Ich frage die Menschen immer nach ihrem Namen. Vielleicht verschafft mir das einfach Zeit und gibt ihnen Gelegenheit, etwas zu sagen, das ihnen vertraut ist, oder zu denken: »Vielleicht ist diese Person harmlos und meint, mich zu kennen.« Vielleicht ist es der kurze Eisbrecher, den ich brauche. Ich nutze ihn ständig, jeden Tag. Und dann versuche ich, mich an den Namen zu erinnern, ihn in ein Notizbuch zu schreiben, noch einmal darüber nachzudenken und mich an das Gesicht zu erinnern. Es sind die

Gesichter, die in meinem Gedächtnis auftauchen und bleiben. Immer.

»Shannon«, erwidert sie.

Dann muss ich tief Luft holen und mich umschauen. Ich sage ihr, dass ich weiß, dass sie beschäftigt ist, aber dass ich diesen Vorsatz habe, und dass ich jeden Tag ...

Sie ist ein ernsthaftes Mädchen. Das steht ihr ins Gesicht geschrieben, ist an ihrer ganzen Haltung zu erkennen. Sie ist dankbar. Als ich sie frage, ob sie ein besonderes Gebetsanliegen hat, beugt sie einen Augenblick lang den Kopf, hebt ihn dann wieder und gibt mir eine direkte Antwort.

»Meine Mutter. Ich hätte gern, dass Sie für meine Mutter beten. Sie steht im Moment sehr unter Druck.«

Wir unterhalten uns noch ein paar Minuten, aber nur ganz kurz, denn die Zeit läuft. Auf sie warten Pizzen in der Küche und durstige Kinder an den Tischen.

Mein Mann fragt mich auf dem Heimweg: »Die Kellnerin, war sie deine Fremde?« Er ist inzwischen gewöhnt an mein Verschwinden und die Geschichten, die ich mit nach Hause bringe.

»Ja.«

»Konnte ich mir schon denken, wegen der blauen Flecken.«

Ich schaue ihn an. »Welche blauen Flecken?«

»Die blauen Flecken, die sie im Gesicht und an den Armen hatte. Hast du sie nicht gesehen?«

Ich erinnere mich an einen dunklen Fleck. Ich dachte, dass es vielleicht ein Muttermal ist oder einfach der Ton ihrer Haut. »Nein, habe ich nicht.«

»Ich dachte, du hättest sie deswegen ausgesucht.«

Ich schweige eine Weile, denke an Shannons Antwort und ihre Bitte, für ihre Mutter zu beten, die Frau, die momentan so unter Druck steht, dass sie, wie mir jetzt klar wird, ihren Stress wahrscheinlich an dem Kind auslässt, das für sie um Gebet bittet. Nicht für sich selbst. Sie bittet nicht um Rettung oder Rache – sondern dass die Last aus Stress und Schmerz, die auf ihrer Mutter liegt, leichter gemacht wird.

»Ich glaube, ich suche mir die Leute eigentlich gar nicht aus.« Das Auswahlverfahren bleibt mir ein Rätsel. Menschen kommen an mir vorbei, und wie Spiegelbilder im Wasser bleibt eines immer stehen und wird auf der Oberfläche perfekt sichtbar. Was mich verblüfft und beunruhigt ist der Umstand, dass ich eine Frau sein kann, die für Fremde betet, aber völlig blind für ihre blauen Flecken bleibt.

Ein Klopfen an der Tür

Mitgefühl kommt nicht nur den anderen zugute.
Japanisches Sprichwort

Ich bin in einem historischen Hotel in Texas abgestiegen. Manchmal müssen wir Autoren einen hohen Preis dafür zahlen, auf Tour zu sein. Eigentlich ist dieses wunderbare Hotel ziemlich angenehm. In meinem Badezimmer gibt es eine Badewanne mit Krallenfüßen, wo ich versucht habe, dreimal täglich zu baden, nur um sie richtig auszunutzen. Der einzige Nachteil hier sind die engen, steilen Wendeltreppen, die zu meinem Zimmer führen.

Schreiben kann man hier wunderbar. Es ist eine unglaublich schöne kleine, malerische Stadt, in der ich mich am liebsten mindestens einen Monat in meinem Hotelzimmer verkrochen hätte. Nein, es ist nicht immer so gemütlich und bequem. Aber ich genieße es, solange ich kann. Ich komme gerade aus Jackson, Mississippi, von einem Treffen mit dem Pulpwood-Queens-Buchclub, und bin durch das »Bayou Country« von Louisiana nach Texas gereist, wo ich noch zwei Diskussionsabende über Bücher und das geschriebene Wort habe. Dabei lerne ich Menschen kennen, bete für Fremde und sammle Geschichten. Doch sie sind nicht mit der zu vergleichen, die ich von meiner heutigen »Fremden des Tages« höre, die mir über den Weg gelaufen ist und mich auf die bestmögliche Art und Weise »geknackt« hat. Es begann mit einem Klopfen an der Tür. Wo es enden wird, weiß ich noch nicht.

Das Klopfen an der Tür ist eher eine Art Trommeln. »Hauswirtschaft«, ruft eine Stimme.

Ich hänge in einem bequemen Liegesessel, mit hochgelegten Beinen, neben mir einen Kaffee, den Laptop auf dem Schoß, und tippe vor mich hin. »Herein«, rufe ich in guter Südstaatenmanier, nämlich so laut ich kann.

Niemand antwortet und niemand kommt herein. Ich stelle den Laptop weg, stehe auf und öffne die Tür. Joline – so steht es auf ihrem Namensschild – steht in einer weißen Uniform vor mir und starrt mich an.

»Hallo«, sage ich. »Kommen Sie rein.«

Die Hotelzimmer, in denen ich übernachte, räume ich viel besser auf als mein eigenes Haus. Als ich Teenager war, war meine Großmutter Hauswirtschafterin in einem Strandhotel, und irgendwie scheint mir eine Resterinnerung daran noch in den Knochen zu stecken. Vielleicht sind es die Bilder von den Hotelzimmern, die in den Frühjahrsferien von den »Collegekindern« in chaotischem Zustand hinterlassen wurden. Doch ganz gleich, was die Gründe sind: Im Hotel mache ich immer mein Bett, räume auf und lege alle Dinge an ihren Ort.

Jetzt lasse ich mich wieder im Liegesessel nieder und nehme den Laptop wieder auf den Schoß, doch dabei beobachte ich Joline, die mit in die Hüften gestemmten Händen und etwas »angeborener« Trotzigkeit ins Zimmer kommt. Außerdem habe ich das Gefühl, dass ihr vielleicht ein bisschen der Rücken weh tut.

»Die Bettwäsche brauchen Sie nicht zu wechseln«, sage ich zu ihr. »Ich habe mich kaum bewegt. Kein Problem.« Das stimmt. Meine Gedanken sind zwar ständig in Bewegung, aber ich kann in genau der gleichen Position aufwachen, in der ich mich schlafen gelegt habe.

Sie schaut sich prüfend im Zimmer um, schaut über meinen Kopf hinweg zur Badezimmertür hinter mir und fragt: »Brauchen Sie frische Handtücher?«

Ich möchte ihr nicht zur Last fallen, aber das ist etwas, das ich wirklich gern hätte. »O ja, frische Handtücher wären toll.« Ich habe vor, in dieser fantastischen Badewanne einen ganzen

Roman zu lesen, bevor ich aus dem Hotel auschecke. »Aber alles andere ist in Ordnung.«

Ich schaue noch einmal Joline an und weiß, dass sie meine »Fremde des Tages« ist, aber ich sage nicht gleich etwas. Zunächst einmal denke ich an ihr Alter – sie ist wahrscheinlich ein gutes Stück älter als ich – und daran, wie sie Bettwäsche und Handtücher und schmutzige Wäsche die Wendeltreppe rauf und runter trägt, und sage zu ihr: »Seien Sie ja vorsichtig auf der Treppe.«

Sie schaut mich an und schnaubt: »Wem wollen Sie hier sagen, dass er vorsichtig sein soll? Meinen Sie, Sie müssten mir extra sagen, ich soll vorsichtig sein? Ich bin diese Treppe schon rauf- und runtergefallen. Sie müssen mich nicht wegen der Treppe hier warnen.« Dann setzt sie sich auf die Bettkante und erzählt mir noch ein paar Takte. Ich höre auf zu schreiben, stelle den Laptop weg und stehe aus Respekt auf, um ihr zuzuhören. Nicht, dass man aufstehen muss, um seinen Respekt zu zeigen, aber in dem Moment hatte ich den Eindruck, dass es das Richtige wäre. Joline erzählt mir davon, wie sie sich verletzte, zum Arzt gehen und Medikamente nehmen musste. Dann erzählt sie mir weiter, dass sie die Medikamente nicht weiter nehmen konnte, weil sie davon nur den ganzen Tag im Bett lag. Sie erzählt mir von ihrem Sohn und ihren Nachbarn und den Problemen, die sie haben.

Als sie fertig ist, will ich nur noch sagen: *Joline – lassen Sie mich Ihnen helfen, die letzten Zimmer sauber zu machen, und dann besorgen wir eine ganze Kühlbox voll mit kalten Getränken Ihrer Wahl, und dann setzen wir uns an den Fluss und Sie erzählen mir den Rest des Tages Geschichten.* Doch ich habe Termine und Joline auch, und so machen wir beide uns wieder an die Arbeit. Aber bevor sie geht, erzähle ich ihr von meinem kleinen Projekt und dass sie heute meine »Person des Tages« ist. Dann umarme ich sie und bin stolz, sagen zu können, dass sie die Umarmung erwidert.

Nachdem Joline fort war, schrieb ich weiter. Doch meine Gedanken schweiften immer wieder ab. Ich dachte an Joline, ihre Verletzung und alle Menschen, die ihr nahe stehen. Zweifellos ist sie eine Frau, die so hart arbeitet, weil sie es muss. Und ich denke an mich selbst und meine Schriftstellerei. Ich höre von der Empfangshalle her Klaviermusik zu mir heraufdringen und denke darüber nach, dass ich hier in diesem wunderbaren Hotel mit dieser edlen Badewanne bin. Und ich mache mich wieder an die Arbeit, denn wer könnte in einem so herrlichen Hotel, in dem Töne von einem Flügel die Wendeltreppe heraufdringen, *nicht* schreiben?

Ein perfektes Mädchen

Vor allem anderen fordere ich euch auf, für alle Menschen zu beten. Bittet bei Gott für sie und dankt ihm.

Paulus (1. Timotheus 2,1)

Sie ist schön, daran besteht kein Zweifel. Aber es ist nicht ihre Kleidung, sondern ihr Stil, die Art und Weise, wie sie ihre Kleidung trägt, der sie von der Menge abhebt. Sie hat jenes gewisse Flair, das manche Frauen mit fünf oder fünfundachtzig haben, jenes Talent, sich herauszuputzen oder sich einfach zu kleiden, Farben miteinander zu kombinieren und die richtigen Accessoires auszuwählen. Ich bewundere es, aber ich verstehe es nicht. »Accessoire« bedeutet für mich, die schwarze Handtasche zum schwarzen Rollkragenpullover auszuwählen, der gut zu Jeans passt. Wenn ich mich schick fühlen will, ziehe ich einen weißen Rollkragenpullover an.

Ich sitze im thailändischen Restaurant in unserer Stadt, wo das Pad Thai sehr beliebt ist. Ich esse allein, nur in Gesellschaft eines guten Romans, und genieße jede Minute, trotz des Lärms in dem vollen Gastraum dieses angesagten Mittagsrestaurants. Ich schaue das Mädchen in der Schlange an und wende mich wieder den Worten auf der Buchseite vor mir zu. Alles ist ruhig und in bester Ordnung an meinem kleinen Platz in der Menge. Dann schaue ich auf und sehe, dass das Mädchen sein Essen holt. Als ich das nächste Mal hinschaue, sitzt sie allein am Tisch. An dieser Stelle können Sie sich einen schweren Seufzer denken. Ich will eigentlich gar nicht mit ihr reden oder mein ungestörtes Mittagessen unterbrechen. Also esse und lese ich weiter, schaue nach ein paar Minuten wieder auf, und wieder fällt sie mir ins Auge. Besonders möchte ich mein Mittagessen nicht für Miss Perfektion unterbrechen. Sie läuft hübsch, geht hübsch mit ihrem Besteck um und ist hübsch wie frisch vom Titelbild eines Frühjahrsmode-Magazins entsprungen.

Schließlich denke ich, ich sollte es einfach hinter mich bringen, damit ich in meine eigene kleine Welt zurückkehren kann. Ich lege mein aufgeschlagenes Buch umgedreht auf den Tisch und gehe, unelegant, wie ich als unelegante Autorin es nun einmal bin, hinüber zu dem Mädchen. Und bevor ich's mich versehe, stehe ich vor ihr, beuge mich zu ihr hinunter, erzähle ihr meine inzwischen altbekannte Geschichte und frage sie nach ihrem Namen.

»Trisha«, antwortet sie. »Und es ist lustig, dass Sie sich ausgerechnet mich als Ihre ›Fremde des Tages‹ ausgesucht haben.«

Eigentlich möchte ich ihr an dieser Stelle sagen, dass ich mir die Menschen im Grunde gar nicht aussuche, und wenn es so wäre, ich mir ausgerechnet sie nicht ausgesucht hätte. Ich würde immer obdachlose Menschen aussuchen oder wenigstens jemanden, der so aussieht, als ob er Gebet braucht. Trisha ist jung, schön, trägt herrliche Schuhe und einen Schal. Sie ist nicht gerade das Gesicht der Kampagne »Bitte beten Sie heute für mich«.

»Wirklich?« Ich stütze den Kopf auf die Hand und warte auf ihre Geschichte. Selbst verdutzt sieht sie noch hübsch aus.

»Ja. Ich bin heute auf Jobsuche. Ich gehe einfach von Firma zu Firma und erkundige mich nach freien Stellen. Und ich bin ziemlich nervös deswegen.«

Jobsuche habe ich mein Leben lang gehasst. Vielleicht geht es ja allen so, aber mich macht das richtig fertig. Der ganze Papierkrieg, die Bewerbungen, bestimmte Dinge mit genauen Daten versehen zu müssen. Mir wurde noch nie eine Bonusfrage gestellt wie »Was ist die beste Produktion von Becketts *Endspiel*, die Sie je gesehen haben?«, oder »Wie war der Dramatiker Horton Foote als Mensch?« Auf solche Fragen hätte ich leicht antworten können, aber die Bewerbungsformulare fragen immer nach Dingen, die ich mir nicht merken kann – die allgemeinen konkreten Fakten. Wo haben Sie zuletzt gearbeitet? Und wie lange genau und was haben Sie dort gemacht? Und wen können wir in dieser Firma kontaktieren? *Meinen Sie das ernst? Was ist denn das für ein Test? Können Sie nicht einfach meinen Lebenslauf lesen?* In meiner ganzen Bewerbung heißt es: *Siehe Lebenslauf. Ich habe viel Erfahrung in vielen verschiedenen Bereichen. Und hinter allem stecken übrigens ein paar ziemlich gute Geschichten.*

Ich hatte noch nie eine Arbeit, für die ein großer chronologischer Lebenslauf nötig war. Ich hatte einfach kein chronologisches Leben.

Ich schaue Trisha in ihren Absatzschuhen und schicken Kleidern an und beneide sie kein bisschen. Ich würde am liebsten sagen: *Schau mal, Trisha, die wollen nichts weiter hören als Daten. Glaub einer alten Autorenseele, die ein Zigeunerleben hinter sich hat und deren Lebenslauf wie ein Mosaik aussieht. Ein Jahr als Direktorin eines gemeinnützigen Werks in den Bergen von Mexiko. Ein Jahr in einem anderen Bundesstaat als Fallmanagerin. Sieben Monate unter Vertrag für eine soziale Kampagne, und so weiter und so fort. Verschiedene Jobs hier und da, Auftragsarbeiten als Autorin, subventionierte Buchprojekte. Was der Personalchef mit dem Adlerblick als Nachteil betrachten mag, betrachte ich einfach als mein Leben. Ich kann jemandem von frühen Morgenstunden mit dem Himmel voller Heißluftballons erzählen, von Chamiza, das auf der Mesa blüht, vom Geruch von grünem Chili in der Luft, doch die logische Abfolge der Ereignisse, die zu diesen Erfahrungen in meinem Leben geführt haben? Es gibt keine. Über die Personen, die in mein Büro als Fallmanagerin kamen – alle von ihnen wunderschöne Seelen, die dringend Hilfe brauchten – oder über die sanften pastellfarbenen Sonnenaufgänge im Regenwald von Costa Rica kann ich unzählige Tagträume spinnen, doch die chronologischen, exakten Daten meiner letzten zehn Arbeitsjahre? Mein Gehirn sah nie einen Grund, auch nur den Versuch zu unternehmen, sich das zu merken.*

Es ist hoffnungslos, Trisha, würde ich am liebsten sagen. Doch stattdessen sage ich: »Falls es dich tröstet, du siehst nicht nervös aus. Du siehst wunderschön aus.« Und das meine ich auch so. Ich betrachte sie nicht mehr als Miss Perfektion, sondern als eine der Töchter meiner besten Freunde, die ich unglaublich gern habe. Ich sage es von Herzen, ohne das kleinste Fünkchen Sarkasmus.

»Oh, vielen Dank!«

Dann sprechen wir über ihr Leben, über ihr persönliches Leben und die Dinge, die sie zu diesem Tag und ihrer Jobsuche gebracht haben. Über die Art von Arbeit, die sie sucht und darüber, was sie wirklich gern tun würde. Schließlich will ich sie doch ihrem Mittagessen überlassen und mich wieder meinem Buch zuwenden.

»Danke, das hat mir heute wirklich geholfen. Ich sehe die ganze Sache jetzt schon viel positiver und fühle mich besser, wissen Sie?«

Ich weiß. Wenn jemand für mich gebetet oder mir gesagt hätte, dass er für mich betet, wäre ich dafür bei meiner eigenen Jobsuche auch dankbar gewesen. Vielleicht hätte ich mich dann an einige Daten und Orte erinnert. Doch Trisha lehrt mich noch etwas Wichtigeres:

Dass auch die Schönen ihre Geschichten haben und diese nicht nur makellos sind. Dass selbst die Menschen mit Designerschuhen Gebet brauchen. Ich denke gern, dass es nicht so ist, doch das ist geistlich kurzsichtig von mir. Wie schrecklich voreingenommen von mir, Menschen so zu sehen. Doch ich bin am Lernen. Dank den Trishas der Welt lerne ich dazu.

Das Gesicht des Verlustes

Gebet ist nicht Beredtheit, sondern Ernstlichkeit; nicht der Inbegriff, sondern das Gefühl von Hilflosigkeit; nicht schöne Worte, sondern Ernsthaftigkeit der Seele.

Hannah More

Heute begleite ich meinen jüngsten Sohn zu dem Flugzeug, das ihn in den Irak bringen wird. Ich bin nicht in der Stimmung, für einen Fremden zu beten. Nicht Fremde sind es, die meinem Herzen im Moment am nächsten sind, sondern mein Sohn. Und mein Wunsch ist, dass Fremde für diese jungen Männer und Frauen beten, die in Treue zu dem Eid, diesem Land in Zeiten des Kriegs und des Friedens zu dienen, ihr Leben riskieren. Ich will, dass Menschen um Frieden für die Welt beten … oder wenigstens um Frieden für eine Mutter, die heute Morgen nicht besonders glücklich ist – mich. Es ist ein wolkenloser, sonniger Tag in Nashville, einer, an dem ich mich einfach freuen sollte, am Leben zu sein, doch stattdessen brauche ich selbst dringend Gebet, denn es geht mir nicht gut.

Okay, es geht mir schlecht. Ich bin ein Wrack. Das war schon gestern den ganzen Tag so. Alle paar Stunden habe ich meinen Sohn angerufen und ihn sinnlose Dinge gefragt wie: »Was machst du gerade?«, oder: »Willst du heute zum Abendessen ausgehen?«, oder: »Soll ich dir Plätzchen backen?« Es ist das reinste Wunder, dass ich ihm nicht noch den ganzen Abend mit Süßigkeiten nachgerannt bin, während er gepackt hat – als würde es ihn in die Sicherheit der Kindheit zurückversetzen, wenn ich ihm Dinge aus seiner Kindheit mitgebe (notfalls mit Gewalt).

Die Nacht habe ich gerade so überlebt. Ich habe schlecht geschlafen, doch jetzt mache ich so gut wie möglich gute Miene zum bösen Spiel, während ich ihn zu seinem Flug bringe. Ich vergieße ein paar Tränen, aber ich werfe mich nicht vor seine Füße, klammere mich an ihm fest und schreie: »Geh nicht!« Woran ich denke, als ich mich von meinem Sohn in Uniform verabschiede, sind all die kleinen gepflückten Wildblumen und Unkräuter, an denen noch Wurzeln und Erde hingen, die er, fest von seiner kleinen Faust umschlossen, zu mir nach Hause brachte. Dieser talentierte Streichespieler, mein *Baby*, ist auf dem Weg an einen Ort, wo er womöglich entsetzliche Dinge sieht, vor denen ich ihn mein Leben lang versucht habe zu beschützen. Für Fremde beten? Bisher habe ich mit dem Beten für andere Menschen einige wunderbare Erfahrungen gemacht, aber es ist besser für sie, wenn sie sich heute nicht auf mich verlassen. Es ist besser, wenn sich heute *keiner* auf mich verlässt.

Ich hebe die Morgenzeitung auf und werfe sie ins Auto, bevor ich zum Flughafen fahre. Ein paar Stunden und viele Tränen später schlage ich die Zeitung endlich auf, und da ist sie. In einem Rückblick auf das vergangene Jahr in Nashville. Meine Fremde. Ihr Gesicht ist verzweifelt. Sie weint über die Ruinen dessen, was einst ihr Zuhause war. Alles, was sie einst besessen hatte, wurde von den verheerenden Tornados vernichtet, die über uns hereinbrachen. Ihr Gesicht spiegelt meine Angst wider. So würde ich aussehen, wenn mein Sohn nicht wieder heimkehrt. Es ist das Gesicht ausgelöschter und unersetzlicher Geschichte. Ihr ungefilterter Schmerz trifft mich. Die offene Ehrlichkeit des Verlusts und Schmerzes verwundet mich nahezu, und ich staune, dass die Zeitung das Foto überhaupt abgedruckt hat. Ich nehme an, dieser Moment war für sie einen Bericht wert, doch eigentlich ist er viel zu persönlich und ehrlich, um abgedruckt zu werden. Ich weiß, was das für ein Gefühl ist. Unser Haus brannte bis auf die Grundmauern nieder, als ich fünf Jahre alt war. Wir konnten nichts retten. Auch nach all diesen Jahren steckt das verstörende Gefühl des Vertriebenseins noch in meiner Seele. So, als wäre es gestern gewesen, erinnere ich mich daran, wie binnen weniger Stunden unser Leben und wertvoller Besitz ausradiert wurde.

Ich reiße den Artikel aus der Zeitung. Trotz meiner Verfassung, meiner Angst, meiner Trauer bete ich den ganzen Tag über für diese Frau, und so werde ich schließlich aus meiner eigenen Traurigkeit herausgezogen. Meine Angst vor einer möglichen Zukunft, in der mein Sohn mir keine Blumen mehr bringen kann, wird seltsamerweise von der echten Sorge um diese braunäugige Frau ersetzt.

Ich suche nach dem Namen der Stadt, in der die Frau lebte. Ich rufe die Information an, um ihre Telefonnummer herauszufinden. Ich will ihr sagen, dass jemand an sie denkt; und ich hoffe, dass sie in den Monaten, die vergangen sind, seit dieses Bild aufgenommen wurde, anfangen konnte, ihr Leben wieder aufzubauen – oder wenigstens etwas Frieden und einen Ruheort zu finden. Eine Dame bei der Zeitung kann mir ihren Namen sagen, doch als ich die Information in der Stadt anrufe, die in dem Artikel erwähnt wird, ist ihre Nummer nicht bekannt. Ich versuche es auch in den umliegenden Städten, doch ich habe kein Glück. Vielleicht ist sie weggezogen oder zu Freunden gezogen. Ich kann sie nicht finden. Ich lege das Telefon auf und muss mich daran erinnern, dass meine Aufgabe nicht ist, sie zu finden oder ihr die fünfzig Dollar anzubieten, die ich ihr gern als Beitrag zum Wiederaufbau ihres Hauses anbieten würde. Meine Aufgabe ist, für sie zu beten. Diese Handlung, diese konzentrierte Bemühung, erinnert mich daran, dass ich auf dieses seltsame, unsichtbare Ding vertraue, das wir Gebet nennen. Und dabei muss ich mir ins Bewusstsein rufen, dass ich genauso, wie ich auf das Gebet für eine Fremde und den Wiederaufbau ihres Lebens vertraue, doch wohl auch so gut wie möglich versuchen kann, auf das Gebet für die Unversehrtheit meiner Söhne zu vertrauen.

Dieses »so gut wie möglich versuchen« sieht ein bisschen stümperhaft aus. In Gedanken höre ich immer wieder den alten

Song »Standing on Shaky Ground« (»Auf unsicherem Boden stehen«). So kommen mir meine Gebete gerade vor. Schwache, unzusammenhängende Worte auf unsicherem Boden. Doch das Bild dieser Frau, die auf einem Boden kniet, von dem all ihre Zukunftshoffnungen geraubt wurden, hat mir geholfen, diesen Tag zu überstehen. Auf eine Art und Weise, von der sie nie erfahren wird, hat sie mir Halt gegeben, mich aus meinem panischen Zustand herausgezwungen und dazu geführt, dass die Sorge um eine Unbekannte mich zu einem besseren Menschen gemacht hat. Ich spreche nicht nur ein Gebet für sie, sondern flüstere auch ein Dankeschön an die Frau auf dem Bild, bevor ich es zusammenfalte und weglege. So geht es wohl: Diese Fremden, die entweder wissen oder nie erfahren werden, dass ich für sie bete und ihnen einen Hauch von Segen zuspreche, dringen in mein Leben ein – ein wertvoller Schatz. Sie retten mich vor einem Leben in der Gefühllosigkeit, abgeschnitten vom Rest der Welt, weil ich mit meinen eigenen dringenden Sorgen beschäftigt bin. Sie retten mich vor meiner Gleichgültigkeit.

Die Liebe einer Mutter

Ich erinnere mich an die Gebete meiner Mutter, und sie sind mir immer gefolgt. Sie haben mir mein ganzes Leben lang angehangen.

Abraham Lincoln

Ich habe schon immer mit Gott geredet. Ich bin auf den Knien einer betenden Großmutter aufgewachsen. Das Gebet hat das tiefste Wesen meines Daseins durchdrungen. Dabei habe ich allerdings nie ganz begriffen, dass Gebet mehr als eine vertikale Verbindung zu Gott sein könnte. Mir kam nie so recht der Gedanke, dass es auch eine Verbindung zu anderen Menschen sein könnte. Heute tauche ich jeden Tag tiefer in die Lebensgeschichten von anderen Menschen ein, und es kommt mir vor, als wäre mein Herz von innen nach außen gekehrt worden. Es wäre leichter gewesen, nie jemandem von meinem Vorsatz zu erzählen. Allerdings zeigte mir die Frau am Busbahnhof, wie viel es jemandem bedeuten kann, ihm zu sagen, dass ich für ihn bete – also versuche ich, genau das zu tun. Nicht jeden Tag, aber an den meisten Tagen. Ich gehe durch Menschenmengen und weiß, dass einer dieser Menschen mir auf besondere Art und Weise auffallen wird. Dadurch nehme ich Menschen heute anders wahr als früher. Ich meine, ich *bemerke* sie tatsächlich. Früher war ich ein wenig isolierter von der Menschheit, hatte weniger Verbindungen nach außen und war ungerührter. Ich bewegte mich einfach durch meinen Tag, und das war so einfach. Heute beobachte ich alle, die mir begegnen.

In Nashville hat es den ganzen Tag geregnet, und ich meine: den ganzen Tag. Und es ist so ein Tag, an dem ich mehr Dinge zu erledigen habe, als ich Zeit habe. Ich habe einen Abgabetermin, was für einen Autor bedeutet, dass Worte aufs Papier gebracht oder bearbeitet werden müssen. Doch in der Zwischenzeit muss ich auch noch viele verschiedene Dinge in mehreren Geschäften besorgen – und das mag ich gar nicht. Es kommt mit meinem Abgabetermin in Konflikt, und von Natur aus bin ich sowieso keine gute Einkäuferin, was die Sache natürlich nicht leichter macht. Genau genommen macht es mich ein wenig mürrisch. Ich fange an zu verstehen, warum mein Vater Weltmeister im TV-Shopping war. Kein Ärger – einfach anrufen und kaufen. Stattdessen parke, fahre, lade und entlade ich … und bin zu allem Überfluss tropfnass.

Irgendwo in meinem Hinterkopf ist der Gedanke, dass ich für jemanden beten muss, doch eigentlich habe ich keine Zeit dafür. Stattdessen denke ich, dass ich Schuhe für einen besonderen Anlass brauche und schon spät dran bin. *Spät*, und ich veranstalte heute noch ein kleines Abendessen bei uns daheim und habe noch nicht angefangen zu kochen, und es wird immer später … Als ich aus der Tür eines Ladens komme, geht gleichzeitig eine junge Frau hinein. Ich weiß, dass sie meine »Fremde für heute« ist, als hätte mich ein Blitz getroffen. Na gut – ein kleiner Blitz, aber unverkennbar. Ich wähle mir die Personen nicht immer nach einem seltsamen geistlichen Bauchgefühl aus. Manchmal ist es einfach der alte Mann, der mir den Einkaufswagen zum Auto schiebt, oder der Jugendliche, der mein Sandwich belegt, aber heute – mitten in meiner Eile, alles zu erledigen – ist es das Mädchen, das hineingeht, als ich herauskomme. Das war ja klar. Noch ein Hindernis. Ich bin schon zum Laden hinaus und wieder im Regen, doch das Gefühl, dass diese bestimmte Person, an der ich gerade vorbeigehe, aus irgendeinem Grund erfahren muss, dass sie heute besonders viel Gebetsunterstützung erhalten wird, lässt sich nicht beiseiteschieben.

Ich hatte schon reichlich schlechte Tage – Tage, an denen nichts glattläuft, an denen ich mir wünsche, ich wäre nie aus dem

Bett gekrochen, an denen ich mir ein anderes Leben wünsche. Ja, ich weiß, dass jeder Lasten zu tragen hat, und so etwas wie ein perfektes Leben gibt es nicht, aber verflixt noch eins, manche Tage sind einfach so schwer … Ich wünschte, ich hätte wenigstens jemanden, der mich beruhigt und mir sagt, dass alles gut wird.

Es gab einmal solch einen Tag: Nach einem langen, stressigen Arbeitstag musste ich zwei kleine Jungs aus dem Schulhort abholen und dann noch eine Pizza besorgen. Die Pizza sollte uns eigentlich retten. Wir wollten die Schuhe ausziehen, Peperonipizza mit extra Käse essen, Cola trinken und lächelnd die Hausaufgaben erledigen, bis die Kinder ins Bett gingen. Nur, so lief es nicht. Stattdessen musste ich feststellen, dass ich am Morgen die falschen Schlüssel mitgenommen und uns aus dem Haus ausgesperrt hatte. Es war dunkel, am folgenden Tag war Schule, und während wir dastanden und ich überlegte, was wir tun könnten, begann es zu regnen. Ehrlich! Nicht nur ein schlechter Tag, sondern eine einzige große Unannehmlichkeit.

Ich habe eingefrorene Wasserrohre, Hurrikane, kranke Kinder, Tornados, Hochwasser und die Angst vor dem großen Unbekannten überstanden. Ich habe immer weitergemacht, aber manchmal war der Weg mehr als nur ein bisschen uneben.

Einer der steinigsten Wege war der Tag, an dem ich mich abkämpfte, beide Söhne zur Schule zu bringen, mir bei der Arbeit freizunehmen und auf schnellstem Wege ins Krankenhaus zu fahren, bevor meinem Vater ein dreifacher Bypass eingesetzt wurde. Das war damals, als Personen in den verschiedensten Berufen noch Piepser trugen. Als während der Operation meines Vaters mein Piepser losging und ich die Nachricht erhielt, ich solle die Schule meines Sohnes anrufen, wusste ich, dass es nichts Gutes sein konnte. Wie sich herausstellte, hatte ich recht. Mein Sohn hatte in letzter Zeit öfter Ärger gehabt, und jeder Anruf der Schule bedeutete, dass die schwarze Wolke am Horizont noch größer wurde. Die Sorge um meinen Sohn, um den schlechten Einfluss, unter den er geraten war, und die Richtung, in die er ging, stieg sprunghaft an. Ebenso die Sorge darum, ob mein Vater je wieder aus dem Krankenhaus entlassen werden würde.

Ich wartete, bis mein Vater wohlbehalten aus dem Operationssaal zurück war, bevor ich die einsame Fahrt mit dem Fahrstuhl nach unten antrat, zu meinem Auto ging und unter Tränen zur Schule meines Sohnes fuhr, um mich mit dem Direktor zu treffen.

Mitten in meinen Gesprächen mit anderen, mit Fremden, mitten in meiner Entschlossenheit, diesen Weg – manchmal fröhlich unerschrocken, manchmal introvertiert verzweifelt – fortzusetzen, schaue ich heute auf jenen Tag zurück und denke: *Was wäre, wenn?*

Was, wenn an jenem bestimmten Tag, nach dem Piepser-Signal, das mich zu einem schwierigen Gespräch in die Schule rief, nach einem Blick auf das aschfahle Gesicht meines Vaters, der gerade in den Aufwachraum geschoben wurde – was, wenn dann ein Fremder in den Aufzug getreten wäre und die Worte gesagt hätte, die ich nun schon so oft gesagt habe: »Heute bist du mir aufgefallen, und ich werde besonders für dich beten und Gottes Segen für dich erbitten.«

Wenn mich an jenem Tag jemand gefragt hätte, ob ich irgendetwas Besonderes brauche, hätte ich angefangen zu weinen. Oder ich hätte zumindest schwer geschluckt und versucht, die Situation meines Vaters und meines Sohnes zu erwähnen. Und dabei hätte ich dann doch angefangen zu weinen. Eins jedenfalls steht fest – der andere hätte bei der Begegnung mit mir keinen Zweifel daran gehabt, dass ich seine »Fremde des Tages« war. Ich hätte an jenem Tag solch ein Gebet für einen besonderen Fremden gebrauchen können.

Jahre zuvor, als ich noch ein Teenager war, kam ich nach Hause und musste erfahren, dass meine Mutter einen schrecklichen Autounfall gehabt hatte. Ich konnte noch nicht einmal Auto fahren und rief ein Taxi, um zum Krankenhaus zu kommen. Ich erinnere mich nicht an das Geringste von der Fahrt dorthin. Nicht an das Aussehen des Fahrers, nicht an seine Haarfarbe oder in welche Straßen er abbog. Woran ich mich allerdings erinnere, ist, dass ich allein im Wartezimmer saß und weinte, während meine Mutter noch auf der Intensivstation war.

Drei Frauen auf der anderen Seite des Wartezimmers flüsterten hinter vorgehaltener Hand miteinander und warfen immer wieder verstohlene Blicke in meine Richtung. Meiner Mutter ging es sehr schlecht; sie war dem Tode nah, und offenbar hatte sich diese Information auf der Station verbreitet. Plötzlich kam eine andere Frau auf mich zu. »Ist das deine Mutter da drin?«, fragte sie. Ich nickte und wischte mir über mein nasses Gesicht – und damit war wohl keine weitere Erklärung notwendig. Sie ging weg und kam kurz darauf wieder, öffnete eine neue Packung Taschentücher und reichte sie mir. Dann tätschelte sie meine Schulter, beugte sich zu mir hinüber und flüsterte: »Mach dir keine Sorgen. Deine Mutter wird wieder gesund.«

Ein Engel? Nein, ich glaube nicht. Ich glaube, sie war nur eine Fremde, die sich entschlossen hatte, die Türen ihrer kleinen, isolierten Welt zu öffnen und die verrückte unsichtbare Grenze zu überschreiten, die uns offenbar zurückhält und voneinander trennt. Im Rückblick auf jenen Moment habe ich keinen Zweifel daran, dass ich den anderen drei Frauen, die mir Blicke zuwarfen und hinter vorgehaltener Hand flüsterten, genauso leid tat, doch sie trafen die Entscheidung, in der Sicherheit ihrer eigenen Welt zu bleiben.

Diese Bilder erinnern mich daran, dass manchmal ein einfaches Wort, eine sanfte Berührung alle Unannehmlichkeiten wert ist. Dass das Verlassen meiner persönlichen Sicherheitszone das momentane Risiko wert ist.

Ich drehe mich um, gehe zurück in das Geschäft, sage: »Entschuldigen Sie bitte«, und durchkreuze ihr Leben. So, wie mein

Leben nun schon seit endlosen Tagen immer wieder durchkreuzt wird. So, wie ich selbst immer wieder den Weg von anderen mit den Worten kreuze: »Entschuldigen Sie bitte, aber ich habe da diesen Vorsatz ...«; »Entschuldigen Sie bitte, aber darf ich nach Ihrem Namen fragen?«; »Entschuldigen Sie bitte, aber ich muss Sie kurz stören.« So entwickelt sich mein Leben momentan. Täglich trete ich an Fremde heran und sage: »Entschuldigen Sie bitte.« Es ist nicht leichter geworden, denn es stellt für uns beide immer eine Unannehmlichkeit dar – für mich und die Person, die ich anspreche. Wer in dieser verrückten, stets geschäftigen Welt, in der wir leben, hält noch inne oder nimmt sich Zeit, mit einem Fremden zu reden? Nur gut, dass ich in den Südstaaten lebe, wo die Menschen eher daran gewöhnt sind, von wohlmeinenden Fremden auf der Straße angesprochen zu werden.

»Entschuldigen Sie bitte, aber ich habe Anfang des Jahres einen Vorsatz gefasst ...« Und so beginne ich. Ich kann sehen, wie sie tief Luft holt. Wahrscheinlich versucht sie, nicht die Geduld zu verlieren, zu warten und sich anzuhören, was ich zu sagen habe. Ich spreche weiter; dann weiten sich ihre Augen und sie lächelt.

»Sie wissen nicht, wie viel mir das bedeutet!« Sie legt eine Hand auf ihr Herz. »Meine Mutter ist vor einigen Monaten an Brustkrebs gestorben, und ich vermisse sie so sehr, und ...« Jetzt hat sie Tränen in den Augen und ich merke, dass sie ein T-Shirt von einer Aufklärungskampagne über Brustkrebs trägt. Offenbar ist das ein T-Shirt, das sie häufig trägt, eine Erinnerung und eine Herausforderung für alle, die es sehen. Ein Weg, für ihre Mutter zu kämpfen, obwohl ihre Mutter nicht mehr lebt.

Wenn eine Mutter ein Mädchen sieht, das seine Mutter verloren hat und sie vermisst und kurz davor ist, in Tränen auszubrechen, weiß sie, was dieses Mädchen braucht: die Umarmung einer Mutter. Und genau die bekommt sie von mir. Ich trete an sie heran, umarme sie und sage: »Alles wird gut.« Dann sagt sie mir, dass ich ihr den Tag gerettet habe, und geht mit einem ganz neuen Lächeln auf dem Gesicht davon. Es spielt keine Rolle, ob ich je wieder von ihr höre oder sie wiedersehe, obwohl ich mir das wirklich wünsche. Ich weiß, dass wir an diesem Tag taten, was alle Menschen öfter tun sollten – wir nahmen Verbindung zueinander auf. Bis jetzt, bis zu diesem Jahr und diesem Projekt, war mir nicht bewusst, wie viel ein Wort jemandem bedeuten kann. Ein Wort, das einfach aus heiterem Himmel von jemandem kommt, den man nicht kennt. Ich fange an zu lernen, dass dieser Vorsatz nichts Gewöhnliches ist. All die eiligen Dinge, die ich an diesem regennassen Tag zu erledigen hatte, waren plötzlich zweitrangig, verglichen mit einem Mädchen, das seine Mama vermisste und eine Umarmung brauchte, um den Tag zu überstehen.

Bekanntschaften an der Straßenecke

Unsere Gebete müssen uns etwas bedeuten, wenn sie Gott etwas bedeuten sollen.

Maltbie D. Babcock

Manchmal trifft man Menschen, die in fünf Minuten mehr Energie, Freude und Leben verströmen als der Rest von uns ein ganzes Leben lang. Mein Onkel John war solch ein Mensch. Er war ein Mensch, der sich von dem Geruch der Luft kurz vor oder kurz nach einem Regen begeistern ließ, von der grünen Farbe von reifen Avocados und von der Schönheit der Welt an jedem beliebigen Tag. Er war derjenige, der mich mit den Worten »Das darfst du nicht verpassen!« mit nach draußen nahm, um ein Hitzegewitter am Horizont zu beobachten.

Es ist ein regnerischer Montagmorgen in Nashville und ich bin in der falschen Straße. Ich versuche, trotz des Regens etwas zu sehen. In einer Einbahnstraße habe ich die Stelle, an der ich hätte abbiegen müssen, verpasst und fahre nun in die entgegengesetzte Richtung zu der, in die ich eigentlich muss. Bei dem Regen und dem Verkehr fällt es mir schwer, eine gute Stelle zum Wenden zu finden und in die Richtung zurückzufahren, aus der ich gekommen bin. Da lächelt der Mann im Parkhaus und winkt mir, ich solle einbiegen. Er lächelt dieses breite Montagmorgenlächeln und erinnert mich an meinen Onkel. Er winkt mir wieder und ich biege in das Parkhaus ein und lasse die Scheibe herunter.

»Ich wollte nur wenden!«, rufe ich aus dem Fenster.

»Dann seien Sie vorsichtig, damit Sie keinen Unfall bauen! Wenden Sie nicht auf der Straße, sondern lieber hier drin!«

Der Mann scheint nur aus seinen weiten Hosen, seinem breiten Lächeln und seinem weißen Haar zu bestehen.

»Wie heißen Sie?«

»Lucca!« Er schwingt beide Arme in die Luft, um zu unterstreichen, wie wunderbar sein Name ist.

»Wissen Sie, ich habe diesen Vorsatz …«

»… hinauszugehen und einen Mann namens Lucca zu finden.« Wieder wirft er beide Arme in die Luft.

»Nein, das ist es nicht. Ich habe …« Ich lache und versuche, ihm meinen Vorsatz zu erklären, ihm zu sagen, dass er mein »Fremder des Tages« ist, aber inzwischen stehen Autos hinter mir, die auch ins Parkhaus wollen und hupen.

»Ich muss weiter. Danke, Lucca!« Ich fahre weiter und denke mir, ich werde einfach für ihn beten. Mehr ist nicht dabei. Ich habe einen vollen Tag vor mir und versuche, pünktlich zu einem besonderen Treffen in der Innenstadt zu kommen.

Manchmal denke ich, dass es Ereignisse mit einem so göttlichen Zeitplan gibt, dass es bizarr wäre, *nicht* an eine Art universellen Reiseorganisations-Engel zu glauben, der für das einwandfreie Timing göttlicher Begegnungen zuständig ist. Vor einigen Jahren war ich zu geschäftlichen Terminen, aber auch zum privaten Vergnügen in New York. An einem Spätnachmittag hatte ich geplant, mich mit Autorenkollegen zu treffen, die in der Innenstadt im Algonquin Hotel übernachteten. Mein einziges Problem war, dass ich schon mehrere Häuserblocks vor meinem Ziel aus dem Bus ausgestiegen war. Dann tat ich etwas, was die meisten Menschen in New York City wahrscheinlich nicht tun – ich suchte mir einen Fremden auf der Straße und fragte nach dem Weg. Es war ein Mann, der an der Ecke stand und einfach in die Gegend schaute. Ich denke, weil er nicht mit Lichtgeschwindigkeit an mir vorbeilief, war es leichter für mich, auf ihn zuzugehen. Ich sagte mein übliches: »Ich habe mich verlaufen, bitte helfen Sie mir, und können Sie mir den Weg zu diesem Hotel beschreiben?« Der Mann schaute mich nachdenklich an, überlegte, wo das Algonquin lag, und schickte mich in die Richtung, von der wir beide hofften, dass es die richtige war. Einige Tage später erhielt ich eine E-Mail von diesem Mann. Ja, Sie haben richtig gelesen: eine E-Mail. Er erzählte mir, er könne es kaum glauben, dass genau zu jener Zeit an jenem Tag die Autorin River Jordan an einer Straßenecke in New York auf ihn zugekommen war; doch dann hatte er auf meine Website geschaut, meinen Blog gelesen und gesehen, dass ich es tatsächlich gewesen war. Der Mann lebte in Tennessee und hatte eine meiner Signierstunden in Nashville besucht. Er und seine Frau waren zufällig zu einem spontanen Wochenendurlaub in New York gewesen. Sie war gerade zur Maniküre gegangen. Er hatte eine Weile in dem Schönheitssalon gewartet; dann war er hinausgegangen und hatte sich einfach an die Ecke gestellt und sich umgeschaut. Schließlich tauchte in genau jenem Augenblick *ich* auf, um nach dem Weg zu fragen. Millionen Menschen in der Stadt und auf der Straße, die an Straßenecken vorbeikamen. Millionen exakte Augenblicke, die sich kreuzten, und da war ich – wie irgendeine verrückte Figur, die einem Buch entsteigt und nach dem gelben Ziegelsteinweg fragt.[3]

Dieser seltsame Gedanke von einem »Reisevermittler des Universums« taucht wieder auf, als ich sechs Monate nach meinem Zusammentreffen mit Lucca hochschaue. Da ist er wieder. Aus heiterem Himmel. Er durchquert gerade ein Parkhaus. Dieses Mal wirkt er allerdings nicht so gut gelaunt.

»Hallo Lucca, wie geht es Ihnen?« Das ist eine gute Frage, denn heute wirkt er etwas lustlos, ohne die überschwängliche gute Laune vom letzten Mal.

»Sie wissen meinen Namen?« Er bleibt stehen und dreht sich zu mir um.

---

[3] Eine Anspielung auf das bekannte amerikanische Kinderbuch »Der Zauberer von Oz«.

»O ja! Sie haben mir einmal beim Wenden geholfen, damit ich aus dem dichten Verkehr herauskam.« Ich deute mit dem Finger auf ihn. »Sie haben mich wieder auf Kurs gebracht. Und Sie wissen es nicht, aber Sie waren an dem Tag ›mein‹ Fremder.«

»*Ich* war Ihr Fremder? Ich?« Er deutet auf seine Brust und versichert sich, dass ich wirklich ihn meine, so als würde ich gerade mit fünfzig Leuten sprechen. Doch wir sind momentan allein im Parkhaus. Es wird später und das Licht schwindet rasch.

»Ja, das waren Sie. Ich bete jeden Tag für einen anderen Fremden, und an dem Tag waren Sie mein Fremder.«

»Sie haben für mich gebetet?« Ein ernster Ausdruck tritt in seine Augen und ein gedämpfter, fast ehrfürchtiger Ton in seine Stimme.

»Ja. Sie wussten es nicht, aber ich habe für Sie gebetet.«

Er schiebt seine Hände in die Hosentaschen, steht da, schaut auf einen Punkt irgendwo über meinem Kopf und überlegt. »Ich werde nach Hause gehen und darüber nachdenken.«

»Also gut. Ich wünsche Ihnen einen schönen Tag, Lucca.«

»Oh, ab jetzt wird mein Tag viel besser sein.« Dann gehe ich meines Wegs und er seines. Vielleicht treffe ich ihn nie wieder, aber dieses Mal war genug, denn manchmal müssen die Menschen es erfahren, dass sie jemandem besonders aufgefallen sind. Dass sie über drei Flughäfen und mehrere Zeitzonen, verschiedene Städte und geografische Grenzen reisen können und trotzdem genau da landen, wo sie sein müssen, um die Botschaft zu hören, die für sie bestimmt ist.

In Luccas Fall glaube ich, dass dies der Tag war, an dem er diese Botschaft am dringendsten brauchte. Und so kam ich zur gleichen Zeit durchs Parkhaus gelaufen wie er. Das ist nicht einfach ein Zufall.

In Gesundheit und Krankheit

Jetzt braucht's der Tröstung keine als Gebet.

Shakespeare, Heinrich VIII.

Seit Monaten bete ich für Kranke. Wenn es nicht für die Person selbst ist, der ich mich vorstelle, dann oft für ihre Mutter, Tochter, ihren Sohn oder Ehemann. Die Liste ist lang und die Nöte sind groß. Wen ich auch treffe, alle scheinen dringend einen Hauch jener guten alten »Salbe von Gilead« zu brauchen. Aber jetzt ist es mein Mann, der krank und in der Notaufnahme ist. Eine ganze Monsterlawine von Symptomen hat ihn überrollt. Sein Fieber und die Austrocknung haben mir solche Sorgen gemacht, dass ich ihn schließlich dazu gedrängt habe, zum Arzt zu gehen. Und natürlich ist Wochenende, also ist unsere einzige Chance die Notaufnahme. Allein der Umstand, dass ich es tatsächlich geschafft habe, ihn ins Auto zu setzen und dieser unnötig aufwändigen Behandlung mehr oder weniger zuzustimmen, zeugt davon, wie krank er wirklich ist. Immerhin haben wir es hier mit meinem Mann zu tun, der einmal eine Platzwunde an seinem Kopf mit Isolierband verpflastert hat, um weiterarbeiten zu können. Kein Witz!

Nun durchlaufen wir das komplette Notaufnahme-Warteprogramm. Endlich sind wir in einem Behandlungszimmer angekommen. Die Krankenschwester ist freundlich, eine Frau der leisen Töne. Sie spricht sehr behutsam mit ihm – ich gestehe, das war nicht der Ton, den ich angeschlagen habe, um ihn ins Auto zu bekommen! Ich weiß, dass er heute garantiert nicht ihr erster Patient ist. Sie hat schon eine lange Schicht hinter sich und der Warteraum ist brechend voll. Besorgte und von Schmerz gezeichnete Gesichter hat sie heute schon im Überfluss gesehen.

Ich lausche ihrer sanften Stimme, beobachte, wie sie in ihrer ruhigen Art meinen Mann berührt und ihm versichert, dass sie ihn versteht. Mit einem Mal weiß ich, dass sie die Person ist, für die ich heute beten soll. Doch sie tut ihre Arbeit, und die besteht darin, sich um meinen Mann zu kümmern, und nicht, jemandem zuzuhören, der sagt: »Wissen Sie was? Ich habe da diesen Vorsatz, und …« Die Sorge, ich könnte die Menschen belästigen, sie in ihrem Leben stören oder dabei ein bisschen verrückt wirken, ist nicht verschwunden. Irgendwie schaffe ich es aber, mich Tag für Tag durch das gleiche Szenario zu quälen, mir selbst und den Befürchtungen zum Trotz, was andere über mich denken könnten.

Mein Mann zittert vor Schüttelfrost und stöhnt tatsächlich vor Schmerzen, und ich sitze hier und denke darüber nach, für diese Frau zu beten und ob ich es ihr sagen soll oder nicht. Außerdem denke ich über die Umstände hier nach und frage mich, wie man meine Erklärung zu meinem Gebetsprojekt wohl aufnehmen wird. Überall kranke Menschen, und ich sage der Krankenschwester, dass ich für *sie* beten werde? Ich fühle mich wie eine seltsame Version von Dorothy und Toto, die um Audienz beim Zauberer von Oz bitten. Ich bin ständig paranoid, und trotzdem zwinge ich mich vorwärts, auch wenn ich noch nichts sage.

Es geht weiter und wir werden in einen Raum geschickt, wo wir auf den Arzt warten sollen. Ich wandere ein bisschen im Zimmer hin und her, während mein Mann sich stöhnend aufs Bett legt. Immer wieder werfe ich einen Blick aus der Tür, um zu schauen, ob ich die Krankenschwester sehen kann. Denken Sie bitte nicht, dass ich kein Mitgefühl mit meinem Ehemann habe. Ja, ich bete auch für ihn, aber in diesem Moment weiß ich vor allem, dass ich mit der Schwester in der Notaufnahme reden muss. Wieder öffne ich die Tür und spähe hinaus. Da ist sie. Sie steht neben einer anderen Tür. Ich winke ihr, zu mir zu kommen. »Ich kann hier nicht weg. Ich muss einen Patienten beobachten. Sie müssen zu mir kommen.« Ich sage meinem kranken Ehemann, dass ich gleich wieder da bin. Das Beste an meinem Mann in diesem Moment ist sein Verständnis. Er fand meinen Neujahrsvorsatz sehr gut und hat sich daran gewöhnt, dass ich immer wieder »Einen kleinen Moment« sage und dann in der Menschenmenge verschwinde, um mit jemandem zu sprechen.

Ich gehe zu der Krankenschwester und erzähle ihr das Gleiche, das ich allen anderen auch sage. *Sie sind heute meine besondere Fremde, für die ich bete.* Mir wird bewusst, dass wir von kranken Menschen umgeben sind. Es scheint, als brauche jeder hier Gebet. Doch es ist diese Frau, die gesund aussieht und sich um andere kümmert, die meine ungeteilte Aufmerksamkeit hat. Und statt mich darauf hinzuweisen, wie absurd das ist, tritt ein seltsamer Ausdruck in ihre Augen und ein Lächeln überzieht ihr Gesicht. »Danke. *Vielen Dank!*«, erwidert sie.

Ich gehe bereits wieder weg, drehe mich aber noch einmal um und sage: »Kein Problem. Ich wollte es Ihnen nur sagen.«

»Warten Sie«, ruft sie mir nach. Ich gehe zurück und stelle mich zu ihr. »Mein Mann wurde gerade erst am offenen Herzen operiert«, sagt sie. Dann bleiben viele Worte ungesagt, doch die Tränen in ihren Augen sprechen weiter.

»Sie machen gerade eine schwere Zeit durch, nicht?«

»Ja«, antwortet sie, »es ist eine schwere Zeit.« Und sie dankt mir noch ein paar Mal, obwohl es nicht nötig ist. Es ist niemals nötig. Mir reicht es zu wissen – wirklich zu wissen –, dass Fremde Gebet brauchen. Und dass die Fremden, die Gott mir aufs Herz legt, mein Gebet manchmal am allerdringendsten brauchen.

Eines lerne ich durch mein Gebet für Fremde: Ich erwarte voll und ganz, dass diese Gebete – obwohl sie von mir als dritter Person, als unschuldiger Zuschauerin ohne eigene Absichten kommen – erhört werden. Ich *spüre* sogar, dass sie erhört werden. Der Glaube, der mit diesen Gebeten verbunden ist, ist greifbar. Es ist ein anderer Glaube, als wenn ich für meine Kinder, meine

Familie und meinen Mann bete. Wenn ich für diejenigen bete, die mir am nächsten stehen, kommen mir meine Gebete beinahe selbstsüchtig vor. Ich bete für meine eigene Familie, weil ich das Bedürfnis habe, dass diese Liebe weiterbesteht. Dass es meinen Lieben jetzt und weiterhin gut geht, dass sie in Sicherheit sind, dass sie glücklich sind – denn für mich Südstaatenpflanze, die aus einem eng vernetzten sozialen Umfeld stammt, ist ihr Glück mit meinem Glück untrennbar verbunden. (Vergessen wir mal, dass das sehr nach Koabhängigkeit klingt.) Deshalb weiß ich, dass ich meinerseits ein sehr egoistisches Bedürfnis habe, dass diese Gebete erhört werden. Ich erbitte das, was meine Kinder, Familie und Freunde meiner Meinung nach für ihr Leben brauchen. Unglücklicherweise werden damit meine Gebete so etwas wie diese alten Bestelllisten in Lebensmittelläden oder Drogeriemärkten, wo die Leute anrufen, ihre Bestellung aufgeben und sich die Waren noch am gleichen Tag liefern lassen konnten. Ein wunderbares System. Und genauso sehen meine Gebete für meine Familie aus. Vorgefertigte Gebete zum Abhaken, Gebete um Sicherheit, Bewahrung, Liebe, Arbeit, Glück, Frieden und Wohlstand der besten Art, um den Erfolg in ihrem Leben, der den größten Wert hat.

Aber für Sharon zu beten? Um Kraft für sie zu beten in dieser schweren Zeit, in der sie gegen Angst und Erschöpfung ankämpft, den ganzen Tag lang für Kranke sorgt und dann nach Hause geht, wo sie ihren Mann nach einer schweren Operation pflegt? Das ist nicht sehr egoistisch. Was bedeutet es schon für mein Leben, ob Sharons Last etwas leichter wird oder ihr Ehemann überlebt? Das wäre eine Frage für die Ewigkeit, aber ich glaube, es ist viel wichtiger, als mir klar ist. Ich glaube, dass unser Leben eines Tages auf die Momente zurückgeführt wird, in denen wir selbstlos waren. In denen wir uns Zeit für ein freundliches Wort oder ein offenes Ohr genommen haben. Ich glaube einfach, dass das eines Tages sehr viel bedeuten wird.

Grippestimmung

Das Werk gibt dem Wort innere Stärke, doch das Gebet erwirbt für Taten und Worte innere Kraft.

Bernhard von Clairvaux

Jeden Tag offen für einen neuen Fremden zu sein, der auf seine Chance wartet, ist nicht immer leicht, aber gewöhnlich tauchen diese Fremden einfach auf. Ich komme um die Ecke, sie kommen von Weitem in Sicht, und ich weiß: Er oder sie *ist es.* Ich kann es nicht erklären. Trotz allem Guten, das dieser Vorsatz in mein Leben gebracht hat, muss ich mich immer noch bewusst bemühen, mich aus meinem eigenen Leben, meinen Sorgen und meinen Terminen herauszuziehen. Es wäre eine Übertreibung, zu sagen, dass ich dadurch ein besserer Mensch geworden wäre. Wenn überhaupt, zeigt es mir genau, wer ich bin. Und wer ich nicht bin.

Das Ganze ist wie ein großer Schubs und ein Zwinkern vom Himmel, der mir sagt: »Los, raus mit dir, du menschenscheuer Schreiberling, du besorgte Mutter, überforderte Ehefrau und termingesteuerte Was-auch-immer! Stell einmal am Tag jemand anderen über deine eigenen Bedürfnisse, und zwar jemanden, den du nicht kennst und möglicherweise nie wiedersehen wirst. Ich will sehen, wie du dich streckst und über dich hinauswächst!«

An manchen Tagen strecke ich mich besser als an anderen. An manchen Tagen sind meine Streckmuskeln außer Betrieb.

An manchen Tagen bin ich einfach nur ein wertloser Haufen Erde, der Gebete zu Gott hinaufschleudert wie Dreckklumpen. Heute ist ein Dreckklumpen-Tag. Ich fühle mich nicht gut. Ich werde heute nicht mal für jemanden beten. Das habe ich beschlossen. Vorsätze sind dazu da, nicht eingehalten zu werden. Ich bin krank; irgendeine Grippe. Ich fühle mich, als hätte mich ein Gorilla angesprungen und zusammengeschlagen. Meine Haut tut weh. Ich plane, mein Gebetsprojekt heute schlicht und einfach zu schwänzen. Was sollte sich auch ändern, wenn ich an einem Tag einmal nicht für einen Fremden bete? Die Welt wird deswegen schon nicht zusammenbrechen. Und überhaupt: Wer würde schon wollen, dass eine bakterienverseuchte, fiebergeplagte Verrückte für ihn oder sie betet? Mein einziges Problem ist, dass ich zum Supermarkt fahren muss, um eine Medizin gegen Alles-tut-mir-weh-meine-Nase-läuft-und-ich-niese-ständig zu besorgen. Eines jedenfalls steht fest: Ich werde mit niemandem reden; ich werde noch nicht einmal jemanden ansehen. Keinesfalls. Ich werde die Medizin holen und an der Selbstbedienungskasse bezahlen, damit ich nicht mal mit einer Kassiererin reden muss. Genau das mache ich gerade, als mir einfällt, dass ich auf der anderen Seite des Supermarkts etwas aus der Milchproduktеabteilung brauche. Also trotte ich dorthin, während ich über die guten alten Zeiten grummele, in der die Leute nur einmal alle Jubeljahre in einen Laden mussten statt dreimal pro Woche.

Und dann sehe ich eine Frau in einem Gang, die mir ins Auge springt. Na super. Jetzt spüre ich jenes bekannte Zwicken in der Magengegend, doch ich bin fest entschlossen, es zu ignorieren. Heute bin ich meine eigene »Fremde des Tages«, denn genau so fühle ich mich. Ich schließe die Tür der Kühlvitrine mit den Milchprodukten und drehe mich um, und bevor ich weiß, was vorgeht, habe ich die Frau nach ihrem Namen gefragt.

»Margaret«, antwortet sie.

Mit der mürrischsten, begeisterungslosesten Stimme, die Sie sich vorstellen können, sage ich: »Margaret, ich bete jeden Tag für einen Fremden, der mir über den Weg läuft, und heute sind Sie meine besondere Fremde.«

Margaret macht drei ganze Schritte rückwärts, als ich das sage. Sie starrt mich an und holt tief Luft, während ihre Augen sich mit Tränen füllen. Dann stürmt sie auf mich zu, packt mich, umarmt mich fest und sagt: »Danke, danke, danke!« Sie lässt mich gar nicht mehr los und wiederholt die Worte immer wieder. Ich versuche, einen Schritt zurückzutreten, wenigstens, um sie vor den seltsamen Keimen zu schützen, die ich mit mir herumtrage, und frage sie, ob es etwas Besonderes in ihrem Leben gibt, für das ich beten soll. »Für alles«, sagt sie. »Für absolut alles. Für meine Familie.« Dann dankt mir auch Margarets Tochter, die mit ihrer Mutter beim Einkaufen ist und alles gehört und gesehen hat. Sie geht an mir vorbei, als ihre Mutter schließlich weitergegangen ist, und sagt noch einmal: »Danke nochmals. Vielen Dank. Sie wissen gar nicht, was das bedeutet.«

Ich denke: *Gebet ist nicht nur etwas für Sonntage,* und es ist nicht nur auf »Müde bin ich, geh zur Ruh« reduziert oder auf das Tischgebet beim jährlichen Thanksgiving-Essen. Gebet ist vielleicht eine der stärksten Verbindungen zwischen Menschen auf der Welt. Eine Kette, die von einem Lebewesen zum nächsten verläuft, eine unsichtbare Kraft, die sie mit dem geheimnisvollen Unbekannten verbindet. Mit dem Ort, an den Gebete gehen und wo sie wohl eingefangen, geöffnet und beantwortet werden.

Etwas bringt mich dazu, aus meinem selbstbezogenen, motivationslosen Schlechtfühl-Versteck zu kommen. Etwas bringt mich dazu, ernstlich für Margaret zu beten, sie vor Gott zu bringen und seinen Segen für ihr Leben zu erbitten, während sie und ihre Tochter davonziehen. Das ist doch nicht zu viel verlangt, oder? Ein Augenblick, um still in meinem Herzen zu beten. Ein Augenblick, um das Tempo zu verringern und einem Fremden voller Mitgefühl Gebet anzubieten. Ich glaube an Wunder. Ich glaube, dass die dunkelste Flut eine unerwartete Wendung in eine andere Richtung nehmen kann. Ich glaube, dass das Leben erfüllt sein soll, Ziele erreicht werden sollen und dass die Menschen, die unseren Weg kreuzen, uns alle etwas beizubringen haben, wenn wir nur einen Augenblick innehalten und zuhören. Margaret hat mich gelehrt, dass meine Gebete bei einem Menschen etwas bewirken können – ganz gleich, ob ich krank oder gesund bin, müde oder nicht. Ich glaube, ich hebe mir das Schwänzen für andere Dinge auf … wie Boden wischen oder Wäsche waschen.

Einfache Gebete

Gebet ist kein unproduktiver Zeitvertreib von alten Frauen. Richtig verstanden und angewandt, ist es das wirksamste Handlungsinstrument überhaupt.

Mahatma Gandhi

Viele zitieren gern den berühmten Ausspruch von Nietzsche: »Was mich nicht umbringt, macht mich stärker.« Ich bin zu einer etwas anderen Überzeugung gelangt, nämlich, dass das Leben einen so niederschlagen kann, dass das, was einen nicht umbringt, einen wünschen lässt, man wäre tot. Darum gibt es das Wort *Selbstmord* in unserem Vokabular. Ein Mensch kann tatsächlich an einen Punkt gelangen, an dem Weiterleben keine Option zu sein scheint.

Im Supermarkt steht neben mir eine Frau, die aussieht, als wäre sie am Ende ihrer Kräfte angelangt. Sie sieht müde und angeschlagen aus. Das Leben hat sie umgeworfen und es fällt ihr schwer, wieder aufzustehen. Ich habe einmal eine Frau kennengelernt, die ganz ähnlich aussah. Die Umstände unserer ersten Begegnung waren so einzigartig, dass sie dachte, ich wäre direkt aus einer Art himmlischen Wolke gestiegen und auf ihrer Türschwelle gelandet. Sie glaubte tatsächlich, ich sei ein Engel. In Anbetracht der Umstände hatte sie guten Grund dazu. Noch Minuten vor unserer Begegnung hatte sie ernsthaft ihren Selbstmord geplant, dabei aber ein letztes Gebet zum Himmel geschickt, in etwa: »Herr, wenn du willst, dass ich weiterlebe und heute nicht sterbe, dann schick mir jemanden an die Tür, der sich einfach meine Geschichte anhört.« Eine einfache Bitte. Noch bevor sie vom Boden aufstehen konnte, wo sie gekniet hatte, hörte sie mein Auto, mit dem ich gerade in die leere Einfahrt bog. Wirklich, so war es!

Ich war zufällig mit dem Auto in der Gegend unterwegs und sah ein »Zu verkaufen«-Schild im Garten eines Hauses. Eigentlich wollte ich gar kein Haus kaufen, aber aus einem unerfindlichen Grund dachte ich, ich sollte es mir einmal näher anschauen. Es könnte ja sein, dass ich jemanden traf, der gerade auf Haussuche war und einen guten Tipp brauchte. In der Einfahrt stand kein Auto und das Haus schien leer zu sein, also bog ich in die Einfahrt ein und parkte. Ich stieg aus und versuchte, durch die Scheibe der Haustür zu spähen, als plötzlich die Tür aufflog. Die Frau, die dort stand, starrte mich mit einem verstörten Ausdruck in den Augen an. Sie bat mich herein, damit ich mir das Haus anschauen konnte, doch dann drehte sie sich zu mir um und sagte in etwa: »Könnten Sie sich womöglich ein bisschen Zeit nehmen und sich meine Geschichte anhören?« Ehrlich gesagt konnte ich das eigentlich nicht – ich musste noch zur Reinigung, einkaufen und nach Hause fahren, um das Abendessen vorzubereiten; ich hatte keine Zeit, um ihr zuzuhören. Aber ich tat es trotzdem, ohne zu wissen, dass sie gerade darüber nachgedacht hatte, ihrem Leben ein Ende zu setzen.

Sie erzählte ihre Geschichte von Anfang an, oder vielleicht begann sie auch in der Mitte – das spielt eigentlich keine Rolle. Sie hatte ein paar harte Schläge einstecken müssen, das Leben war grob mit ihr umgesprungen, und eine schlimme Begebenheit hatte zu einer langen Kette von Ereignissen geführt, die immer schlimmer wurden. Ungeachtet dessen schienen die Möglichkeit, ihre Geschichte zu erzählen, und die Tränen, die ihre Worte begleiteten, die Medizin zu sein, die sie brauchte. Als sie fast am Ende ihrer Geschichte angekommen war, erzählte sie mir noch davon, was sie gebetet hatte, kurz bevor sie mein Auto in der Einfahrt hörte. Als ich ging, weinte sie und umarmte mich. Sie hatte kein Auto mehr, also packte ich am nächsten Tag für sie ein paar Lebensmittel in eine Kiste und steckte im letzten Moment noch eine meiner alten Bibeln dazu. Dazu legte ich einen Zettel mit meiner privaten und geschäftlichen Telefonnummer. Sie war nicht im Haus, als ich kam, also ließ ich die Kiste vor ihrer Tür stehen. Sie rief mich ein paar Mal an und das Leben wurde besser für sie. Bald darauf zog sie zurück nach Virginia, um in der Nähe ihrer Tochter zu sein, und ich hörte danach noch einige Male von ihr.

Das liegt nun schon einige Jahre zurück und ich bin mehrere Bundesstaaten von jener Frau entfernt, aber als ich heute an der Frau im Supermarkt vorbeikomme, fällt mir auf, dass sie abgehärmt, verbraucht und müde aussieht. *Ich habe das schon einmal gesehen*, denke ich. Ich meine nicht jenes abgehärmt, verbraucht und müde, das ich selbst am Ende scheinbar jedes Tages empfinde. Ich meine, dass das Leben hart mit ihr umgesprungen ist. Seit heute, seit dieser Woche oder schon ewig läuft es immer schlechter für sie. Ich drehe mich um und frage nach ihrem Namen. »Lisa«, sagt sie.

Ich erzähle ihr von meinem Vorsatz und sage ihr, dass ich für sie beten werde. Sie dankt mir. Ich bin schon ein paar Schritte von ihr entfernt, doch dann drehe ich mich um, gehe auf sie zu und nehme mir die Zeit, sie zu fragen, ob sie ein bestimmtes Gebetsanliegen hat. »Ja«, sagt sie. »Meine Küche wird gerade umgebaut, und es ist das reinste Chaos.« Sie fährt sich mit einer Hand durchs Haar, und es ist die Hand einer Frau, die hart arbeitet. Eine aufgesprungene, raue, schmutzige Hand. »Es wäre schön, wenn Sie beten könnten, dass ich die Küche wieder in Ordnung kriege.« Ich erzähle ihr, dass ich auch schon Küchenumbauten hinter mir habe, dass ich das Gefühl kenne und dass ich dafür beten werde, dass ihre Küche wieder in Ordnung gebracht wird. Ich wende mich zum Gehen, doch sie steht immer noch da und denkt nach. Schließlich setzt sie hinzu: »Und bitte beten Sie, dass ich ein gutes Leben habe. Mehr will ich gar nicht, nur ein gutes Leben.«

»Na sicher. Ist gebongt. Ein gutes Leben für Lisa.« Und das Gefühl, das Lisa mir vermittelt, ist, dass sie mit »gutes Leben«

genau das meint: ein einfaches Leben. Die grundlegenden Dinge. Ein Dach über dem Kopf, Nahrung und, wenn es nicht zu viel verlangt ist, Liebe.

Es vergehen Monate, bis ich Lisa wiedersehe. Ich sehe sie, als ich aus dem gleichen Laden komme und sie mit einer Freundin hineingeht. Sie sprüht richtig vor Freude, so sehr strahlt sie. Schon die Luft, die sie umgibt, scheint heller zu sein. Ich lächele sie im Vorbeigehen an. Sie dreht sich um und fragt: »Hey, kenne ich Sie nicht?«

»Ja«, erwidere ich, »wir haben uns an dem einen Abend in dem Gang hier getroffen, als …« Rasch unterbricht sie mich. »Stimmt, ich erinnere mich! Ich erinnere mich an Sie!« Vielleicht möchte sie nicht, dass ich mich so an sie erinnere, wie ihre Verfassung an jenem Abend war, oder vielleicht ist ihr die ganze Sache mit dem Gebet auch vor ihrer Freundin peinlich.

»Wie steht es denn um die Küche?«

Ihre Freundin beantwortet mir die Frage. Sie zieht ein Mobiltelefon hervor und tritt an mich heran. »Ich zeige Ihnen, wie es steht. Schauen Sie sich das nur an. Alles fertig!«

Ich nehme mir Zeit, um mir die Fotos alle anzuschauen. Ich schaue sie bewusst an und bewundere die Qualität der Arbeit, die Farben der Fliesen, das Design der Schränke. Die Küche ist sehr schön. Wirklich. Die Hände dieser hart arbeitenden Frau haben Großartiges geleistet. Sie ist merklich glücklicher, und es scheint, als würde ihr Gebet um ein einfaches, gutes Leben erhört. Ein kleines Haus, das sie ihr Eigen nennen kann, eine funktionierende Küche, eine Freundin, ein gutes Leben voller einfacher Dinge. Ich sage ihr, wie schön alles aussieht, und wünsche ihr einen schönen Abend. Es ist ein gutes Gefühl, sie lächeln zu sehen.

Was ich noch erstaunlicher finde, als dass Lisa gut aussieht und ihr Leben eine Wendung zum Besseren genommen hat, ist, dass ich sie nun so gesehen habe; das hat das Licht in meinem Leben etwas heller gemacht.

Manche Menschen scheinen nicht viel zu brauchen. Sie wünschen sich nur jemanden, der sich ihre Geschichte anhört – ihnen wirklich zuhört. Oder einfach ein gutes Leben. Sie wünschen sich nur die grundlegenden Dinge. Ein Dach über dem Kopf und jemanden, den sie lieben können.

Ich steige in mein Auto, lasse die Scheibe herunter und atme die Abendluft ein, dankbar für die einfachen Freuden: ein warmes Haus, eine wunderbare Freundin, einen Teller Suppe. Ein gutes Leben.

Über Engel und ein Gebet

Gebet ist nichts weiter als mit Gott befreundet zu sein.

Teresa von Avila

Zum Leben eines Autors gehört das Reisen, und in den letzten Wochen habe ich viele Kilometer zurückgelegt. Mein neuester Roman, *Saints in Limbo*, ist vor Kurzem erschienen, und seitdem reise ich zu Buchfestivals, Signierstunden und Konferenzen, um die Hauptfigur der Geschichte, Velma True, vorzustellen.

Monate sind seit dem Beginn meines Gebetsprojektes vergangen und ich bete noch immer für Fremde daheim und unterwegs, wenn ich auf Reisen bin. Und natürlich bete ich immer noch aus tiefstem Herzen für meine Söhne und alle, die in Kriegsgebieten als Soldaten Dienst tun. Heute ist einer jener chaotischen Flughafentage: Das schlechte Wetter ist in einen Sturm umgeschlagen und Flüge werden gestrichen oder verspäten sich. Ich bin erschöpft; die vielen Tage unterwegs stecken mir wie Blei in den Knochen. An jedem Flugsteig sind alle Sitzplätze besetzt. Jeder Tisch im Café ist bis auf den letzten Platz besetzt. Ich finde einen freien Platz auf dem Boden, danke Gott für die Erfindung von Jeanshosen und parke mich mit meinem Handgepäck auf einem Platz an der Wand.

Nach nur wenigen Minuten findet ein junger Mann in Uniform, der genauso reisemüde aussieht wie ich, den letzten freien Platz, nämlich neben mir auf dem Boden. Ich bin auf dem Heimflug von einem Buchfestival, er ist auf Heimaturlaub von seinem Einsatz im Irak. Bei diesem langen Aufenthalt auf einem hektischen Flughafen haben wir beide einen kleinen gemeinsamen Platz gefunden. Die Stimmen von Reisenden sind überall. Weitere Verspätungen werden angesagt, Flüge werden umgeleitet; andauernd werden irgendwelche Leute ausgerufen. Es ist ein lauter Platz, aber wir sitzen hier mitten im Chaos in unserer kleinen Nische und unterhalten uns. Für den jungen Mann in Uniform ist dieser Heimaturlaub etwas ganz Besonderes: Er wird zum ersten Mal seine neugeborene Tochter sehen.

Ich will zu ihm sagen: *Junge, du bist noch viel zu jung, um Papa zu sein. Du bist doch selbst noch ein Baby.* Doch das ist nur mein Mutterherz. In Wirklichkeit ist er ein intelligenter, engagierter junger Mann, der seinem Tagesbefehl folgt. Ist es in Ordnung, dass ich innerlich ein bisschen zittere? Ist es in Ordnung, dass mir Tränen in die Augen treten, als er mir erzählt, wie besorgt seine Mutter war und dass sie es sich nicht nehmen ließ, die ganze Nacht die Küste entlang nach Norden zu fahren, um ihn bei seiner Ankunft in Empfang zu nehmen? Ich schlucke schwer, versuche, meiner Gefühle Herr zu werden und wende den Blick ab. »Ich weiß, wie sie sich fühlt«, antworte ich. »Ich habe zwei Söhne dort drüben.« Mein Blick bleibt abgewandt.

Er bemerkt, dass ich schweigsam geworden bin, und sagt ein paar freundliche Worte wie: »Keine Sorge. Es ist wirklich nicht so schlimm da drüben.«

Ich nicke und sage etwas Dummes wie: »Wirklich? Nicht so schlimm? Na, das ist gut.«

Ich erzähle ihm von meinen Söhnen im Irak und in Afghanistan und meinem Vater, der in Vietnam war. Wir sprechen über Kriege und Mütter und kleine neugeborene Mädchen. Dann lässt sich Daniel ein klein wenig hinter die Fassade blicken, als er sagt: »Ich mache mir allerdings ein bisschen Sorgen. Es ist meine dritte Runde. Da frage ich mich ... Sie wissen schon ... wie lange meine Glückssträhne noch anhalten wird.«

Wenn ich jetzt einen Engel aus dem Himmel holen könnte, würde ich es tun. Ich würde ihn packen und hinter Daniel stellen und sagen: »Beschütze ihn, breite deine Flügel weit aus, umschließe ihn zum Schutz.« Ja, das würde ich. Ich würde eine ganze Engellegion herunterholen und sagen: »Beschützt alle guten Daniels auf der Welt. Diese intelligenten, jungen, mutigen und engagierten Menschen. Beschützt sie über alles hinaus, was ich mir vorstellen kann, denn wir brauchen sie, wenn diese Welt überleben soll. Wir brauchen diese jungen Männer und Frauen mit ihren vom Kampf gezeichneten Gesichtern, ihren höflichen Manieren und ihrer Bereitschaft zur Verteidigung. Der Verlust eines einzigen von ihnen betrifft uns alle, denn ich habe für eine Mutter gebetet, der gerade die Flagge unseres Landes überreicht wurde[4], und für einen Vater, der mit gebeugtem Kopf und spürbarem Kummer in seinem kleinen Geschäft arbeitet, in dem das Bild seines gefallenen Sohnes einen Ehrenplatz hat.« Das Gesicht jener Mutter, der von Kummer gebeugte Körper jenes Mannes, dieser wunderbare junge Mann am Flughafen – sie sind zu *meinen* Leuten geworden. Und dass Daniel wohlbehalten nach Hause kommt, um seine kleine Tochter großzuziehen, ist mir so wichtig, dass ich nur beten kann.

4 In den USA ist es bei der Beerdigung von gefallenen Soldaten üblich, dass dem nächsten Verwandten die amerikanische Flagge überreicht wird, die zuvor über den Sarg gebreitet war. (Anm. d. Übers.)

Reue

Eines der Geheimnisse im Leben ist, dass alles, was sich wirklich zu tun lohnt, das ist, was wir für andere tun.

Lewis Carroll

Wenn meine Mutter mich in den Armen wiegte, sang sie oft das Lied »Hang Down Your Head, Tom Dooley« (»Lass den Kopf hängen, Tom Dooley«). Später im Lied heißt es »poor boy, you're bound to die« (»armer Junge, du musst sterben«). Ich weiß nicht, warum sie dieses Lied sang, außer, dass es einen guten Rhythmus hat, um ein Kind zu wiegen.

Ich hatte schon jahrelang nicht mehr an dieses Lied gedacht oder daran, dass es für mich so etwas wie ein Wiegenlied war, bis ich einen jungen Mann traf, der als Kellner arbeitete. Wie gewöhnlich (oder jedenfalls ziemlich oft) hatte ich eine Arbeitspause eingelegt und war allein, nur mit dem Buch, das ich gerade las, Mittag essen gegangen. Der junge Mann, der mein Kellner war, hatte meine Bestellung aufgenommen, frischen Kaffee gekocht und mich höflich bedient, während ich dort in aller Seelenruhe am Fenster saß, las und schrieb. Doch als er zurückkehrte, um meinen Kaffee aufzufüllen, musste ich meinen üblichen Text loswerden, der mit den Worten endete: »Heute sind Sie mein Fremder.«

Seine Reaktion war in den vielen Monaten, in denen ich nun schon mit meiner Begrüßung in das Leben von Menschen platze, eine Premiere: Er ließ den Kopf hängen. Mit einem Schlag und ungehemmt ließ er das Kinn bis auf die Brust fallen. Über seine Lippen kam ein seufzender, klagender Laut. Vor mir stand ein junger Mann, der eine Beichte nötig hatte.

»Hey, Tom«, flüsterte ich, während ich behutsam den Rücken seiner rechten Hand berührte, die auf dem Tisch ruhte. Ich war etwas besorgt, dass er in Ohnmacht fallen könnte. »Das ist nichts Schlimmes, wissen Sie? Ich bete nicht für Sie, weil Sie etwas falsch gemacht haben. Es ist einfach ein Gebet für gute Dinge in Ihrem Leben.«

Da hebt er den Kopf, schaut mich an und schluckt schwer. Er blinzelt rasch ein paar Mal und ich sage ihm, dass sein Kaffee gut schmeckt. Alles ist in Ordnung ... doch ganz ehrlich: Ich weiß nicht, was zwischen Gott und Tom oder anderen Menschen in seinem Leben los ist. Vielleicht, nur vielleicht, braucht er für irgendetwas eine Art Absolution. Damit will ich gar nicht über ihn urteilen. Ich achte täglich darauf, wie ich über andere urteile, und die Dinge, die die meisten Menschen wahrscheinlich verurteilen würden, rühren mich nicht. Natürlich habe ich auch meine »roten Tücher«, das können Sie mir glauben. Ich werde sauer, wenn ich höre, dass Bekleidungsfirmen Tangaslips für siebenjährige Mädchen herstellen, dass Geschäfte sie verkaufen oder dass irgendwer sie kauft. Wenn es um solche Dinge geht, dann bin ich sicher relativ schnell mit einem Urteil bei der Hand – aber nicht so sehr bei den Menschen, die ich täglich treffe. (Es sei denn, sie gehören zu einer der drei genannten Kategorien; dann habe ich doch das ein oder andere zu sagen.) Aber mein Kellner Tom? Soweit ich sehen kann, ist er viel zu jung, um überhaupt ernsthafte Vergebung zu brauchen. Was kann er schon in seinem jungen Leben getan haben, dass er den Kopf bereits jetzt so tief hängen lässt?

Während er mich weiter bedient, mir mein Essen bringt, mir *dient*, bete ich, dass Gott ihm die Lasten, die er trägt, abnimmt – auch wenn er sie selbst verschuldet hat. Jedes Mal, wenn er an meinen Tisch kommt, wechselt er noch ein paar Worte mit mir. Er fragt mich, was ich lese, und ich zeige ihm den Buchtitel. Wir reden über ein paar Bücher, die er gelesen hat, und ich empfehle ihm einige, denn das ist mein Beruf: Ich verteile Geschichten wie ein Arzt Rezepte. Nimm ein Kapitel von diesem und vierzig Seiten von dem da und ruf mich morgen früh noch einmal an.

Als ich gehe, bete ich im Stillen, dass Toms Tage angefüllt werden mit Dingen, an die er glaubt, und dass er auf die Entscheidungen, die er trifft, stolz sein kann.

Denn wirklich: Die Erinnerung an nur *einen* Tom Dooley, der den Kopf hängen lässt und sich auf seinen Tod vorbereitet, reicht mir für ein ganzes Leben. Doch die Welt ist voller Tom Dooleys, alte und junge Leben voller Reue und der Suche nach einer Absolution von alten Narben oder neuen Sünden.

~

Mein Mann hat ein paar Lieblingsrestaurants in der Stadt. Alle von ihnen sind in der Nähe, privat betriebene »Nachbarschaftsrestaurants«. Dieses hier ist, gelinde gesagt, ungezwungen. Auf der Karte stehen Sandwiches, Steaks und Hausmannskost, die einfach und unkompliziert serviert werden. Eines unserer Lieblingsgerichte auf der Karte sind die besten scharf gewürzten Hähnchenflügel in der Gegend. Das Restaurant ist mehr Bar als Esslokal. Es gibt eine Art Biergarten, wo ich gern sitze. Im Sommer liegt er schattig unter Bäumen und ist weit weg von den Fernsehgeräten, auf denen Sport oder Nachrichten laufen.

Ich bin eben fertig mit meiner Radiosendung, als mein Mann anruft. Er ist gerade zu einem späten Mittagessen in diesem Restaurant, das zufällig in der Nähe des Radiosenders liegt, also sage ich ihm, dass ich vorbeikommen, Hallo sagen und einen Happen essen werde. Als ich ankomme, sitzt er dort, wo ich ihn erwarte – an der Bar, wo er schneller bedient wird … behauptet er jedenfalls. Wenn ich auf dem Barhocker sitze, reiche ich mit den Füßen nicht auf den Boden, deswegen bleibe ich meistens stehen und gönne meinem reisegebeugten, computerarbeitgeplagten Rücken eine Verschnaufpause. Bei dem sympathischen Barkeeper bestelle ich einen Salat und warte. Mein Mann redet mit einem Geschäftspartner über geschäftliche Dinge; sie schauen sich Muster für Bodenbeläge an. Ich sitze zufrieden daneben, denke nach, arbeite im Kopf an der Radiosendung für nächste Woche oder einem aktuellen Roman, den ich bald abliefern muss.

Bevor der Salat eintreffen kann, kommt ein alter Mann in die Bar, schaut über das Meer von hauptsächlich leeren Stühlen und wählt den Barhocker neben mir. Es gelingt mir, ein Seufzen zu unterdrücken. Er sieht aus wie mit Füßen getretene, alte Erwartungen. Wie ein Mensch, der ein paar falsche Entscheidungen getroffen hat, die ihn vom Weg abgebracht haben – und nun steckt er in den Überbleibseln seines Lebens fest. Er sieht aus wie jemand, der schon am frühen Nachmittag in einer Bar sitzt. Wie jemand, der die Zeit totschlägt, bis im Fernsehen vielleicht etwas kommt – eine ernst zu nehmende Unterhaltungsshow oder ein Krimi mit einem Verbrechen, das aufgeklärt werden muss –, das ihn seine Fehler der Vergangenheit für eine Weile vergessen lässt.

Er bestellt ein Bier und nichts zu essen. Ich versuche, ihn zu ignorieren, als mein Salat serviert wird, und plötzlich habe ich einen Bärenhunger und haue rein. Zu meiner Linken sind mehrere freie Hocker, doch er hat die Entscheidung getroffen, sich auf den direkt neben mir zu setzen. Ich nehme einen weiteren Bissen. Zwei Stunden lang habe ich ununterbrochen im Radio geredet. Mein Hals tut weh und ich will eigentlich nicht mehr reden. Doch im Grunde spielt das alles keine Rolle. Ich weiß, was gleich kommt, denn ich habe das Bauchgefühl, dass dies keine zufällige Begegnung ist. Schon bald gebe ich dem vertrauten Drängen nach, lege meine Gabel weg und beuge mich zu ihm hinüber.

»Wie heißen Sie?«, frage ich ihn, und damit beginnt er, mein persönlicher Tanz mit dem Geständnis, was ich hier tue. Das Blatt wendet sich, als er ein eigenes Geständnis ablegt.

»John«, sagt er, und in diesem Fall scheint ihn irgendetwas zu bewegen. Ein alter Mann voller Reue und Fragen. Und dann fragt er, gefühlvoll nachdenklich angesichts meines Vorsatzes: »Sie machen das jeden Tag?«

»Mehr oder weniger.« Ich suche nach einer Visitenkarte, habe aber keine parat. Mein Mann, der zufällig zugehört hat, zieht eine von meinen Karten aus seiner Brieftasche, reicht sie mir und setzt sein eigenes Gespräch mit seinem Kollegen über die Arbeit fort.

»Also, John, ich bin Schriftstellerin und …« Ich versuche, es mehr oder weniger sachlich zu sagen – ich habe einen normalen Job. Ich bin kein Priester oder Pastor, der als Missionar in die Bars dieser Welt ausgesandt ist. Mein Beruf ist einer unter vielen. Aber mir wird bewusst, dass Schriftstellerin zu sein und Bücher zu veröffentlichen keineswegs etwas Würdigeres oder Beeindruckenderes ist als der Umstand, dass ich momentan hier bei diesem Mann sitze und mich auf sein kaputtes Leben konzentriere. Und ja, es ist kaputt. Mit leiser Stimme deutet er einige Dinge an, irgendwie gedämpft, als wäre ich doch ein Priester auf der anderen Seite des Vorhangs. Dinge, von denen ich nicht weiß, ob ich sie wirklich verstehe, außer vielleicht der Sache mit seiner Frau, dass vielleicht alles seine Schuld ist und dass er jetzt allein in einer kleinen Wohnung um die Ecke lebt. »Ich habe eine Tochter«, teilt er mir mit, »und sie besucht mich öfter.«

Ich weiß, wie verrückt das Leben sein kann und wie ein falscher Schritt dazu führen kann, dass man sich fühlt wie Alice im Wunderland, die allein und irgendwo im Kaninchenloch gefangen ist. Das bewahrt mich davor, allzu überheblich zu werden.

Er hat einen Dreitagebart – nicht aus modischen Gründen. Seine Kleidung ist zerknittert und der Schlaf, den er in letzter Zeit bekommen hat, reicht nicht aus. Er ist gebrochen, einsam, ein Mann voller Reue. Er ist wie eine Südstaatenversion der Hauptperson aus Hemingways *A Clean, Well-Lighted Place*.

»Sie beten für solche Leute? Ich meine, Sie machen das immerzu?«, fragt er mich noch einmal.

»Ja.«

»Denk mal einer an … da komme ich heute hierher und finde Sie. Das ist wichtig, was Sie da tun. Es ist eine Gabe, wissen Sie? Es verändert Menschen.«

»Ich weiß nicht. Es war ein Neujahrsvorsatz.«

Er schaut mich mit trüben Augen, aber ernstem Blick an. »Schauen Sie, was ich sagen will … stellen Sie sich nur vor, dass ich auf Sie treffe, statt auf …« Er schaut sich an der Bar um. »… na, Sie wissen schon.« Dann konzentriert er sich auf mein Gesicht. »Aber jetzt bin ich hier und rede mit Ihnen über andere Dinge. Über das Leben und Sterben und Dinge wie Gott.«

Ich rede nicht viel. Ich höre einfach zu, werfe hier und da ein Wort ein. Dann esse ich meinen Salat auf. »Ich muss gehen, John. Es war schön, Sie kennenzulernen.«

Er nimmt meine Karte von der Bar. »Die werde ich behalten, das können Sie mir glauben. Ich werde auch an Sie denken. Ich werde an das denken, worüber wir geredet haben.«

»Und ich werde Sie nicht vergessen. Darauf können Sie sich verlassen.«

Ich sage die Wahrheit. Und später am Abend bete ich für John. Inzwischen fragen mich die Leute, wie diese Gebete aussehen, wie sie klingen. »Betest du einfach dafür, dass Gott sie segnet?« Ja. »Stellst du dir den Segen manchmal bildlich vor, zum Beispiel als ein weißes Licht?« Ja, manchmal.

Aber es gibt manchmal auch andere Dinge. Es gibt Gebete für einen Mann, dass er Vergebung finden möge und sich selbst sein nicht gut geführtes Leben vergeben kann. Es gibt jede Menge Raum für solche Gebete. Wie jener alte Tom Dooley aus dem Lied werden wir alle irgendwann sterben, aber ich stelle mir lieber vor, dass wir dabei den Blick in hoffnungsvoller Erwartung nach oben gerichtet haben.

Kaufhäuser und andere Labyrinthe

Gebet, das nur aus dem Mund kommt, ist kein Gebet.

Jamaikanisches Sprichwort

Ich wurde gezwungen, einkaufen zu gehen. Nicht von einem Menschen, denn das würde bei mir normalerweise nicht funktionieren. Es ist immer ein Vortragstermin, ein Buchfestival, eine Signierstunde, *etwas*, das mich dazu bringt, etwas »Passendes« zum Anziehen zu kaufen. Doch dabei fühle ich mich so sehr in der Falle wie eine Maus im Labyrinth – irgendwo am Ende liegt bestimmt der Käse, ein winziges Stück Käse in Form eines neuen Outfits.

Was ich aber noch mehr hasse als einkaufen zu gehen, ist, im Geschäft die Kleidung anzuprobieren. Gelegentlich finde ich in einem Laden eine Mitarbeiterin, die die Sache wenigstens erträglich macht. Meine »Fremde des Tages« war eine solche Person. Eine lächelnde Studentin, die mir geduldig anbot, mir größere und kleinere Größen zu bringen. Sie war einer von jenen Menschen, die niemals aufgeben. Als wäre das nächste großartige Outfit immer gleich hinter der nächsten Ecke, aber schon in greifbarer Nähe.

Meine Cousine ist eine fantastische Einkäuferin. Aber sie ist auch tausend Meilen weit weg. Manchmal versucht sie eine Art »Gesprächstherapie« gegen meine Einkaufsphobie: Sie fragt mich, was ich brauche oder wonach ich suche, und versucht, mich im richtigen Kaufhaus in die richtige Abteilung zu lotsen, während ich am Mobiltelefon mit ihr spreche. Die ganze Sache frustriert mich ohne Ende. Sie ermüdet mich schrecklich. Lieber schreibe ich noch einen Roman. Wirklich.

Aber heute musste ich einkaufen gehen, und glücklicherweise war da Cathy, die die Angelegenheit etwas erträglicher machte. Während sie noch meine endgültige Auswahl abkassiert, muss ich ihr sagen, dass sie meine Fremde ist. Doch statt sich auf diesen Teil zu konzentrieren, fragt sie noch einmal nach meinem Namen. Als ich ihn wiederhole, sagt sie: »Warten Sie – ich kenne den Namen! Sie sind Schriftstellerin?«

»Schreiben kann ich *viel* besser als einkaufen.«

»Der Buchclub meiner Mutter hat eines von Ihren Büchern gelesen. Es hat ihr wahnsinnig gefallen. Es ist eines ihrer Lieblingsbücher!«

Okay, mein Einkaufsbummel ist gerade etwas erfreulicher geworden. Es war die ganze Tortur in der Ankleidekabine wert, nur diese Worte zu hören. Wir sprechen ein Weilchen über Buchtitel und welchen ihre Mutter gerade gelesen hat. Cathy fragt, wann ich mal wieder eine Signierstunde in der Nähe abhalte. Ganz gleich, wer ich für ihre Mutter bin, ich habe nicht vergessen, wer Cathy für mich ist.

»Cathy, bevor ich gehe, haben Sie ein besonderes Gebetsanliegen?«

Es tritt nur eine ganz kurze Pause ein; die Antwort hat sie eigentlich schon auf der Zunge. Ich finde es schön zu wissen, worum man beten will. Vielleicht ist es gut zu wissen, wonach man sucht, was man will oder braucht, worauf man hofft.

»Meine Zukunft. Ich würde wirklich gern wissen, was mein Ziel im Leben sein soll.«

»Das ist ein sehr gutes Gebetsanliegen«, sage ich zu ihr, und dann verabschiede ich mich.

Später am Abend bete ich dafür, dass sie genau das findet, dass Gott ihr zeigt, was für sie in dieser Phase ihres Lebens dran ist. Denn Lebensphasen wechseln, das Leben ändert sich, und ich glaube, neue Ziele können in jedem Alter geboren werden. In meinem Leben habe ich schon viele Leben gelebt. Anders formuliert, in meiner Lebensgeschichte gibt es viele verschiedene Kapitel, und manchmal scheint jedes für seine Zeit ein eigenes Ziel zu haben. Da können Sie jeden fragen, der mich kennt. Schieben Sie es auf den kreativen Geist, das Schriftstellerleben oder was auch immer, aber ich könnte Ihnen Geschichten erzählen, bis Sie hundertzwei sind. Was ich Cathy noch mit auf den Weg geben will, ist mehr, als wofür sie zwischen den Kunden Zeit hat. Dass ich tatsächlich für ihr Lebensziel beten werde, das aber vielleicht nicht in jeder wechselnden Phase ihres Lebens sichtbar wird. Mein Leben verändert sich immer noch, und inmitten meines Daseins als das, was meist als »Südstaatenautorin von Gothic-Romanen« bezeichnet wird, führe ich meinen Neujahrsvorsatz aus und schreibe die Geschichten auf. Das Unerwartete hat seinen Platz auf dem Weg des Lebens. So wie es ein unerwartetes Vergnügen war, Cathy kennenzulernen.

Neue Freunde

Gott kann auch aus einem verwirrten Gebet den Sinn herauslesen.

Richard Sibbes

Für die Menschen, für die ich bete, bin ich eine Fremde, aber das Gebet ist mir nicht fremd. Es ist so in mein Leben eingewoben, dass ich gelernt habe, an seine Kraft zu glauben. An manchen Tagen haben diese Gebete eine kraftvolle Reaktion hervorgerufen und etwas wie einen Luftzug erschaffen, der in die Ritzen meines Daseins eingedrungen ist und Veränderungen bewirkt hat – entweder bei mir oder bei einem anderen Menschen.

Momentan ist mein Lieblingsgebet: »Herr … schau doch herab«, das aus dem Roman *River Rising* von Athol Dickson stammt. Mir gefällt dieses einfache Gebet aus vielen Gründen, aber hauptsächlich bedeutet es für mich, dass Gott tatsächlich hinabschauen wird, und wenn er das tut, wird es in Gnade und Barmherzigkeit geschehen. Ja, Herr, schau hinunter zu uns, denn wir haben unzählige Probleme.

Ich habe auf Knien gebetet, im Bett liegend, mit gefalteten Händen am Tisch und während ich die Autobahn entlanggefahren bin. Meistens bete ich still und allein. Ich bin kein Mensch für laute Gebete und auch keiner, der mit anderen über das Beten spricht. Doch trotzdem bete ich nun für Fremde, öffne mein Herz und spreche mit Ihnen, meinen Lesern, über Gebet.

Manchmal waren meine besten Gebete die, die kamen, wenn ich am Ende meiner Kräfte war. Trostlose und verzweifelte Gebete, meistens mit dem Kopf gegen das Lenkrad gelehnt. Solche Gebete waren mehr oder weniger meine »Herr, schau doch herab«-Gebete. Oder wenn ich einfach eine Situation losgelassen habe, weil ich erkannte, dass ich sie nicht in der Hand hatte. Dann das Gefühl, dass Gott tatsächlich wusste, wie sich meine aktuelle verzweifelte Situation wenden würde. Und dass er da sein würde, ganz gleich, was geschah.

Gebet hat für mich schon immer die direkte Verbindung zu Gott bedeutet. Doch es war gewiss nie ein Einstieg zum Gespräch mit anderen Menschen. Aber als genau das erweist sich nun das Gebet – ein Gesprächseinstieg meinerseits, der das Potenzial hat, möglicherweise sogar dauerhafte Beziehungen aufzubauen, die weit über kurze Gespräche und eine peinliche Vorstellung hinausgehen.

Mehr als einmal pro Woche sehe ich Josh. Er winkt mir quer über den Parkplatz meines Stammladens zu und ruft: »Hi, River Jordan!« Ich rufe zurück: »Schön dich zu sehen, Mann!« Denn es ist die Wahrheit. Das ist mein Freund Joshua. *Mein Freund*, genau so nenne ich ihn, und so würde ich ihn Ihnen vorstellen. Ich glaube, wir haben uns nie länger oder tiefgründiger unterhalten, abgesehen davon, dass er mir einmal mit meinen Einkaufstaschen zum Auto geholfen hat und ich merkte, dass er mein »Fremder des Tages« ist. Ich bremste herunter, wie ich es in solchen Situationen immer tue. Ich musste aufhören, durch meine Tagesaufgaben zu hetzen, nach seinem Namen fragen und ihm sagen, was ich vorhatte. Niemals werde ich sein Lächeln vergessen, als ich ihm erklärte, dass ich für ihn beten würde. Dann fragte er nach meinem Namen und es entwickelte sich ein echtes Gespräch. Das ist schon eine Weile her, und nun, viele Gespräche später, nehme ich Anteil an seinem Leben. Ich weiß, dass er sechs Kinder und vier Enkel hat und dass er gern angelt. Ich weiß von seinen zwei Jobs und dem einen Job, den er verloren hat.

Eines Abends ruft er meinen Namen, doch er wirkt niedergeschlagen, gar nicht so fröhlich wie sonst, und ich frage ihn, was los ist. »Auf uns kommen schwere Zeiten zu«, erzählt er mir. »Mir wurden die Stunden gekürzt und wir kommen kaum zurecht.«

Er hat einen Kloß im Hals, als er mir davon berichtet, und ich muss gestehen – ich erstaunlicherweise auch. Es geht mir wirklich nahe. Hier ist ein Mensch, der normalerweise kaum auf meinem Radar auftauchen würde, und jetzt weiß ich nicht nur Einzelheiten aus seinem Leben, sondern bin auch besorgt, ob bei ihm alles gut läuft. Unser Leben ist auf eine Art und Weise miteinander verbunden, die sich früher, von einem Hallo oder Dankeschön im Vorbeigehen abgesehen, nicht entwickelt hätte. Was mir wichtig ist, ist ihm auch wichtig. Es kümmert ihn, wenn mein Auto liegenbleibt. Es kümmert mich, ob sein Leben gut ist oder ob er schwere Zeiten durchmacht. »Keine Sorge«, sage ich zu ihm. »Ich werde besonders für dich beten, und alles wird wieder gut.«

»Das hoffe ich, River. Und danke. Das weiß ich zu schätzen.«

In diesem Jahr meines Lebens haben mir mehr Menschen gedankt als in allen meinen anderen Jahren zusammengenommen. Für etwas so wenig Greifbares und Unsichtbares wie Gebet.

Irgendwo in meiner Erinnerung taucht eine Information auf, die ich einmal aufgeschnappt habe: In einer der vielen alten Sprachen der amerikanischen Ureinwohner bedeutet das Wort für »Freund«, wenn ich es richtig verstanden habe, »einer, der meine Last trägt«. Wenn das stimmt, dann ist Josh wirklich mein Freund, denn als ich ihn einmal ein paar Tage nicht sehe, fange ich an, im Geschäft nach ihm zu fragen. »Geht es ihm gut? Hat er eine andere Arbeit bekommen? Ich habe gehört, ihm wurden die Stunden gekürzt!«

Dann, eines Abends, komme ich in den Laden und höre ein vertrautes: »Hey, River Jordan!« Und da ist er, mit seinem gewohnten Lächeln. Er berichtet, dass er jetzt vormittags eine neue Arbeit hat und dass er diesen Job ebenfalls behalten kann. Sein Leben läuft wieder besser. Das sind gute Nachrichten für uns beide.

Eines weiß ich ganz sicher: Obwohl ich unterwegs immer wieder die Last von anderen auf mich genommen habe, haben sie auch meine eigene Last erleichtert. Ich habe so viele wunderbare Menschen kennengelernt, und ich werde sie nie vergessen. Ich sehe sie heute zu den seltsamsten Gelegenheiten wieder, Gesichter, die ich längst vergessen geglaubt hatte. Eine Person, die – wie Josh an jenem ersten Abend – stehen bleibt, sich umdreht und fragt: »Moment mal, wie heißen Sie?« Da ist er, jener Schnappschuss von ihm, wie er Einkaufswagen über einen dunklen Parkplatz schiebt, und über ihm spannt sich die Sommernacht aus. Wenn ich eine alte, alte Frau bin, werde ich mich zu den seltsamsten Gelegenheiten an sein Gesicht und die Gesichter all jener Fremden erinnern. Diese Menschen und ihre Geschichten werden mir gute Begleiter sein. Ich hätte mir nie träumen lassen, dass diese Welt von Beziehungen und Freundschaften nur ein Gebet weit entfernt ist.

Sonderlinge

Es gibt Gedanken, die Gebete sind.
Es gibt Momente, in denen die Seele auf den Knien ist,
ganz gleich, welche Haltung der Körper einnimmt.

Victor Hugo

Ich habe genug Probleme. Medizinische Tests, die anstehen, und eigene Sorgen. Schmerzen hier und dort, die anzeigen, dass etwas nicht normal ist, aber »nicht normal« ist momentan etwas nicht Definierbares. Also warte ich auf die Ergebnisse einer Nierenuntersuchung, um zu sehen, ob es gute Nachrichten gibt oder noch mehr, worüber ich beunruhigt sein sollte. Doch ich habe den Entschluss gefasst, meinen Blick von meinen eigenen Sorgen abzuwenden, um in der Menschenmenge nach einem Fremden zu suchen, und dabei wird meine Seele weich und empfänglich für den Tag. Wenn ich heute für einen Fremden beten soll, wird es jemand hier sein, in diesem Geschäft, in dem ich einkaufen gehe, bevor ich wieder nach Hause gehe und weiterschreibe.

Ein Mann auf dem Fußweg ruft mir ein »Hallo« zu. Es ist kein gewöhnliches Hallo. Es ist eines, das andere Menschen dazu bringen würde, schneller zu laufen, um ja davonzukommen. Als ich ihn anschaue und »Hi« sage, sehe ich den Grund.

Er ist etwas anders gebaut als andere Menschen. Ein Auge sitzt etwas tiefer als das andere, und der Rest seines Gesichts ist ebenfalls asymmetrisch, so als wäre es nicht ganz fertig geworden – wie Ton, der mitten im kreativen Prozess beiseitegelegt wurde. Sein Körper ist sehr groß, hängt aber ganz schief. Seine Hosen reichen nur knapp bis zu seinen Knöcheln und seine weißen Socken schauen deutlich darunter hervor. Ich frage ihn, wie es ihm geht, und er antwortet: »Gut.« Dann gehe ich ins Geschäft und denke, dass er mein Fremder ist, aber ich bleibe nicht stehen. Zuerst überlege ich, dass ich ihn vielleicht irgendwie beleidige, wenn ich ihn anspreche und ihm sage, dass ich heute für ihn beten werde. Doch dann entscheide ich, dass es trotzdem das Richtige ist. Als ich mich schließlich mit meiner Schwester getroffen, meinen Umtausch erledigt und das Geschäft wieder verlassen habe, ist er nicht mehr da. Aber ich vergesse ihn nicht. Ich komme nach Hause und bete für ihn und sein freundliches Hallo. Dafür, dass er es wagt, mit Menschen zu sprechen, mit Fremden auf der Straße. Ich bete, dass er einen Freund in seinem Leben hat, einen wirklich guten Freund. Jemanden, auf den er sich verlassen kann und der ihn so sieht, wie er wirklich ist.

Dann bete ich für die Einsamen und für diejenigen, die in den Augen dieser Welt hässlich sind, weil sie nicht in die glückliche, schöne Form passen, die wir erschaffen haben. Für die Verlorenen, Ausgestoßenen und Zurückgewiesenen in dieser Welt. Ich bete, dass Gott ihnen Freunde schenkt. Wirklich wunderbare Freunde. Und dass Gott mir hilft, solch eine Freundin zu werden. Mein Mann sagt ohnehin, dass ich ein Magnet für Sonderlinge bin.

»Du ziehst sie an wie das Licht die Motten. Irgendwie musst du sie einfach ansprechen.«

Ich habe nicht direkt etwas dagegenzusetzen. Doch andererseits nannte man auch den Schriftsteller J. D. Salinger den Schutzheiligen der Sonderlinge und Ausgestoßenen. Das ist ein großer Titel und ein Amt, gegen das ich nichts hätte. All das hilft mir aufzuhören, an mich selbst zu denken. Wenigstens für ein, zwei Augenblicke am Tag. Doch ich könnte meinem Mann noch einen anderen Grund nennen, warum die Sonderlinge mich immer finden, einkreisen, sich bei mir wohlfühlen und in meiner Nähe landen. Ich bin einer von ihnen. Das spüren sie. Ich bin das Mädchen, das von draußen hineinschaut oder von drinnen hinaus, je nachdem, wo die anderen Kinder gerade spielen. Ich bin die Frau, die es vor Jahren schaffte, nach dem Toilettenbesuch mit einem in der Strumpfhose festgeklemmten Rock durch ein ganzes Einkaufszentrum zu laufen. Sonderliche Geschichten, in denen ich die Hauptrolle spiele – die gibt es zuhauf. Doch die Sonderlinge brauchen meine Geschichten nicht. Sie haben einen siebten Sinn. Sie erkennen mich.

Als ich in der folgenden Woche wieder ins gleiche Geschäft komme, arbeitet er zu meiner großen Freude tatsächlich dort. Stolz trägt er ein Shirt mit dem Firmennamen und ein Namensschild. Ich spreche ihn immer noch nicht an, aber ich komme nach Hause und erzähle meinem Mann: *Weißt du, wer jetzt einen Job hat?! Der Sonderling!*

Fakt ist, dass Gott es wieder einmal geschafft hat, mich mitten in meinen Sorgen und Bedenken aus meiner eigenen Haut und Fixierung auf mein eigenes Leben zu ziehen und tiefes Mitgefühl für einen Menschen zu wecken, den ich nicht kenne und vielleicht nie wiedersehen werde. Wie tief und wie lange? Spielt das eine Rolle? Ich glaube, drei leidenschaftliche Minuten sind viel wirkungsvoller als ein ganzes Leben in lauwarmer Zwiespältigkeit.

In den folgenden Wochen behält der Mann seinen Job, und er und mein Ehemann entwickeln ihr ganz persönliches Geplänkel – eine seltsame Art von Kommunikation, durch die sie einander verstehen. Eines Tages nehmen wir an einem Nachbarschaftspicknick teil und sehen unseren Freund, der mit seinem seltsamen, ungeschickten Schritt zwischen den anderen Menschen hindurchläuft. Ich gehe auf ihn zu, überrascht und erfreut, ihn – was? Draußen? – zu sehen. Mehr oder weniger allein. »Hey«, sage ich, »wie geht es Ihnen?« Er erkennt, glaube ich, den ehrlichen Ton in meiner Stimme. Er nimmt meine Hand, schüttelt sie heftig und wünscht mir äußerst enthusiastisch ein »Frohes neues Jahr!«, obwohl es ein heißer, schwüler Tag ist und der Januar noch Monate entfernt. Es ist seine Version eines Gebetes, sofern es mich betrifft. Ein Segen von dem Mann. Er wünscht mir von ganzem Herzen alles Gute. Das nehme ich an jedem Tag des Jahres gern an. »Frohes neues Jahr«, antworte ich und meine es von ganzem Herzen so.

Feuer-Eifer

Beten ist gut, es macht das Herz froh.

Fjodor M. Dostojewski

Ein heller, leuchtender Stern, das ist sie. Das fällt mir zuerst auf, bringt ein Lächeln auf meine Lippen, als ich an ihr vorbeigehe. Sie schlägt eine Saite für himmlische Bedürfnisse auf der Erde an. Ausgerechnet ein Lieblingszitat von Jack Kerouac fällt mir dazu ein: Die einzigen Menschen für mich sind die verrückten, die verrückt nach Leben sind, verrückt nach Gesprächen, verrückt nach Rettung – und all das gleichzeitig wollen. Diejenigen, die nie gähnen oder etwas Gewöhnliches sagen, sondern brennen, brennen, brennen wie ein römisches Licht, das sich explosionsartig wie Spinnenbeine über die Sterne ausbreitet, und in der Mitte sieht man das blaue Licht aufleuchten, und alle machen »Ahhhh!«[5]

Es ist diese Art aufgestauter, gerade eben kontrollierter Eifer. Sie arbeitet vor dem Laden und sammelt Spenden für ein christliches Kinderhilfsprojekt. Und sie klatscht in die Hände, singt ein Lied, läuft ein wenig hin und her. Ihr Tanz hat Rhythmus. Ich lächele, als ich an ihr vorbeigehe; dann drehe ich mich um und gehe zurück zu ihr. Es scheint mir, als würde es dieses Jahr ständig so laufen: dass ich mich mitten im Schritt, mitten im Fluss umdrehe. Ich stelle mich vor und frage nach ihrem Namen.

»Estelle«, sagt sie mit einem Zwinkern und einem kurzen Winken, als wolle sie trotz allem einen Rhythmus einhalten, den nur sie hören kann.

Ich erkläre ihr mein Gebetsjahr, erzähle von den Menschen, die ich dabei kennenlerne, und wie sie mir auffallen – jeden Tag

---

5 Jack Kerouac: On the Road

besondere Menschen. Ich sage ihr, dass sie heute meine »Fremde des Tages« ist. Das Funkeln in ihren Augen explodiert wie die Lichter, die Kerouac beschreibt. Sie brennen immer heller, heißer und schauen mich mit einem ganz neuen, prüfenden Blick an.

»Und wie heißen Sie?«, fragt sie mich.

Dann sagt sie mir, dass sie auch für mich beten wird. »Genau genommen«, sagt sie, »werde ich gleich jetzt für Sie beten.«

Sie brennen, brennen, brennen, diese Menschen wie Estelle. Ihr Licht kann man schon aus der Ferne erkennen. Irgendwie bleiben sie immer furchtlos. Und wenn das Leben sie gebeutelt hat, zeigen sie es nicht.

Sie packt mich tatsächlich! Diese energische kleine Frau, die nur ungefähr so groß ist wie meine Tante Leaner, die mit ihren scharfen Worten Berge versetzen konnte. Estelle nimmt meine Hand und zieht mich näher zu sich. Dann betet sie für mich und erinnert mich dabei so sehr an Esther, die obdachlose Frau aus dem Park.

Doch das Erste, was ich denke, ist: *Bitte bete nicht in der Öffentlichkeit für mich, bete später für mich, so wie ich!* Mir ist bewusst, dass hinter mir Menschen in den Laden laufen und herauskommen, Menschen den Parkplatz überqueren … Menschen überall! Bin ich verlegen? Wie ein Drittklässler, der gezwungen wird, beim Talentwettbewerb etwas vor der ganzen Schule vorzuführen!

Dann geschieht trotz alter Erinnerungen und befangener Momente etwas Überraschendes: Als die Worte von ihrer Zunge gleiten, als ich die wohltuenden Worte über mich fließen höre, wie sie um Gutes für mein Leben bittet, um klare Wegweisung und die vollkommene Erfüllung meiner Bestimmung im Leben, will ich sagen: *Bete weiter! Komm schon! Bete noch einmal für mich, Estelle.* Doch plötzlich beendet sie ihr Gebet für mich ebenso plötzlich, wie sie es begonnen hat.

Sie lächelt und tritt einen Schritt zurück. »Ich werde wieder für Sie beten, wenn Gott mich an Sie erinnert«, sagt sie. »Ich werde mich nicht einmal an Ihren Namen erinnern müssen; ich werde Ihr Gesicht sehen und Bescheid wissen.«

Und mir nichts, dir nichts spricht sie das aus, was ich bisher in diesem Jahr erlebt habe. Gesichter fallen mir ein, Gesichter von so vielen Menschen, mit denen ich für einen Augenblick eine Verbindung hatte oder für die ich still gebetet habe, ohne je mit ihnen zu sprechen. *So könnte es also sein*, denke ich. Jeder von uns betet für Fremde, erinnert sich an sie, betet wieder für sie. Für immer. Vielleicht ist das eine große Chance. Heute, als ich im Fernsehen die Nachrichten aus aller Welt sehe, hoffe ich, dass es so ist. Und ich bin dankbar, dass es in dieser Welt Menschen voller Feuer gibt, Menschen mit einem furchtlosen Glauben, die bereit sind, sich zu erinnern und der Erinnerung einen Segen folgen zu lassen.

Mit Furcht und Zittern

Mut ist Angst, die gebetet hat.

Corrie ten Boom

Warum habe ich solche Angst? Ich will doch nur mit einer Fremden reden und ihr sagen, dass ich für sie bete. Dass sie mir besonders aufgefallen ist und dass ein Teil von mir sie nie vergessen wird. Ich mache das Ganze doch schon seit Monaten und trotzdem … zittere ich noch.

Ich beobachte eine Frau in einem Restaurant, in dem ich zu Abend esse. Sie bekommt viele Anrufe, geht immer wieder nach draußen, läuft hin und her und telefoniert. Es ist Margarita-Abend, und an ihrem Tisch stehen schon ein paar Krüge. Ich sehe sie durchs Fenster und versuche, einfach zu essen, sie nicht zu beobachten, nicht aufmerksam zu sein. Dann kann ich nicht mehr ignorieren, dass sie meine »Fremde des Tages« ist, und versuche noch einmal zu überlegen, wie ich es schaffen soll, aus heiterem Himmel auf eine Fremde zuzugehen und mit ihr zu reden.

Ich bin keine Frau, die sich vor vielen Dingen fürchtet. Nicht dass mir die genetische Veranlagung fehlen würde, die dazu führt, dass ich mir Sorgen um meine Familie mache, denn ich mache mir Sorgen. Dagegen muss ich ständig ankämpfen. Aber ängstlich bin ich eigentlich nicht. Ich reise allein, habe keine Angst vor Gewittern oder Gespenstern. Doch einem Fremden zu sagen, dass er in meinem Herzen und meinen Gedanken sein wird, bevor ich schlafen gehe … das ist furchterregend. Und ich glaube, der Grund dafür ist der tief sitzende menschliche Wunsch, nicht abgelehnt zu werden. Ich will nicht, dass mich jemand für verrückt, exzentrisch oder distanzlos hält. Doch andererseits – obwohl ich diese Worte schreibe, ist es mir eigentlich egal, ob jemand mich für verrückt hält. Ich schreibe Südstaaten-Gothic-Romane, und die meisten Figuren darin sind irgendwie ungewöhnlich, exzentrisch. Ich finde, mit ihnen lässt es sich gut aushalten, und für eine Romanautorin aus den Südstaaten kann das gewisse »Anderssein« das Alleinstellungsmerkmal einer *großartigen* Autorin sein.

Aber direkte Ablehnung von Menschen, wenn sie nichts mit der Schriftstellerei zu tun hat – das ist eine andere Geschichte. Vielleicht hat es mit dem Talentwettbewerb zu tun, den ich in der dritten Klasse über mich ergehen ließ, als ich vor einer Horde kichernder Klassenkameraden Klavier spielen musste. Ich verlor den Wettbewerb gegen ein Mädchen, das im Ballettröckchen einen Stepptanz hinlegte. Verlor haushoch. Die Stimmen wurden laut ausgezählt und einzeln mit Kreidestrichen neben unseren Namen an der Tafel vermerkt. Ich bekam zwei Stimmen. Eine davon war meine eigene. Kurz danach bettelte ich meine Mutter an, mit dem Klavierunterricht aufhören zu dürfen. Am Ende gab sie nach, wofür ich ihr heute noch Vorwürfe mache. Jahre später fand ich nämlich heraus, dass meine Klavierlehrerin fand, ich habe echtes Talent, sei vielversprechend und die beste Schülerin, die sie je unterrichtet hatte. Heute ist der einzige Nutzen, den ich aus den Klavierstunden gezogen habe, dass ich ziemlich schnell tippen kann, aber wenigstens ist das eine nützliche Fähigkeit.

Ich glaube, irgendwo in meiner Seele hallt noch jedes Mal, wenn ich auf Fremde zugehe, jene Ablehnung aus der dritten Klasse nach. Es ist die gleiche Ablehnung, die jeder von uns erlebt hat, wenn im Sportunterricht Mannschaften gewählt und wir nicht gleich am Anfang aufgerufen wurden. Es ist die gleiche Ablehnung, die wir erlebt haben, wenn wir beim Buchstabierwettbewerb schon beim ersten Wort einen Fehler machen und uns wieder hinsetzen müssen. Manchmal denke ich, was ich aus diesen Kindheitserfahrungen lernen sollte, war, dass ich sie tatsächlich überleben konnte. Ich weiß nicht genau, was ich sonst aus diesen Erlebnissen mitgenommen habe. Aber eines habe ich, glaube ich, gelernt: Wenn du beliebt sein willst, besorg dir ein Ballettröckchen.

»Entschuldigen Sie bitte, aber dürfte ich Sie nach Ihrem Namen fragen?« Ich springe ins kalte Wasser, bevor ich mich daran erinnern kann, dass ich Angst habe.

Die Margarita-Dame hat bereits getrunken, und es war wohl die Art von Trinken, bei der man irgendwann gemein wird. Ich war schon in genug Bars um zu erkennen, wie Menschen in die eine oder andere Richtung reagieren können, wenn sie ein paar Gläser zu viel getrunken haben. Ich habe sie beobachtet, versucht mir zu überlegen, wie ich sie ansprechen kann, aber sie hat mich ebenfalls beobachtet. Wahrscheinlich denkt sie, dass ich sie verurteile, beurteile, ihr schlechte Noten erteile. Aber das habe ich nicht. Ich habe nichts gegen Tequila, solange jemand ihr den Autoschlüssel wegnimmt.

Auf meinem Weg aus dem Restaurant gehe ich an dem Tisch, an dem sie zusammen mit einer großen Gruppe wahrscheinlich etwas feiert, neben ihr in die Knie. Als ich nach ihrem Namen frage, wirft sie mir einen eisigen Blick zu, wendet sich ihrer Freundin zu und sagt: »Sie will meinen Namen wissen.« Der Satz ist von einem stark sarkastischen Unterton begleitet. Das kümmert mich nicht. Meine Antwort:

»Hören Sie, Sie müssen mir eigentlich gar nicht Ihren Namen sagen. Ich habe Sie angesprochen, weil ich einen Vorsatz habe. Ich bete jeden Tag für einen Fremden, und heute sind Sie meine Fremde.«

»Na, ist das nicht nett?!« Der gleiche triefende Sarkasmus.

»Heute Abend, bevor ich schlafen gehe, werde ich Ihnen besonders Gottes Segen wünschen. Ich werde dafür beten, dass alles Gute eintrifft, worauf Sie in Ihrem Leben hoffen. Das ist alles. Passen Sie auf sich auf.«

Das Entscheidende in den wenigen Minuten, in denen sich diese Szene abspielte, war, dass ich tatsächlich meinte, was ich sagte. Ich meinte es auch noch, als ich ins Bett ging und an sie dachte und um tief greifende Heilung für die dunklen Stellen in ihrer Seele betete, für ihre Gesundheit und ihr Glück. Ich meinte es leidenschaftlich ernst. Denn es geht nicht darum, dass jemand sentimental wird und mich umarmt, sondern darum, dass das Beten für Fremde mir hilft, ein besserer Mensch zu werden. Ich tue das Ganze für mich.

Hinterhältig

Wenn ihr betet, dann vergebt zuerst allen, gegen die ihr einen Groll hegt, damit euer Vater im Himmel euch eure Sünden auch vergeben kann.

Jesus (Markus 11,25)

Zu meinem Entschluss, für Fremde zu beten, gehört auch, dass ich nie weiß, was mich erwartet. Ganz ehrlich: Fremde anzusprechen macht einen durchschnittlichen Tag durchaus abenteuerlicher.

Dieses Mal komme ich gerade aus dem Mobiltelefon-Laden, als jemand meine Aufmerksamkeit erregt. Wie es so oft zu geschehen scheint, gehe ich an jemandem vorbei, als ich durch die Tür trete, nachdem ich einen weiteren Punkt auf meiner Liste abgearbeitet habe. Und ich nehme an, in mancherlei Hinsicht macht das Vorbeigehen es mir leichter, den Betreffenden aufzuhalten. Heute mache ich genau das. Ich beginne, an der Frau vorbeizugehen, verlangsame aber meinen Schritt und sage: »Entschuldigen Sie bitte.« Ich frage nach ihrem Namen und erzähle ihr meine Geschichte. Dann erzählt sie mir ihre.

»Es ist interessant, dass Sie mich ausgerechnet heute angehalten haben. Ich komme gerade aus dem Büro, und dort gibt es Leute, mit denen ich arbeite, wissen Sie? Leute, die … ach, man muss so vorsichtig sein, das kann ich Ihnen sagen. Man darf keinem den Rücken zuwenden. Warum muss das nur so sein? Ich bin so sauer.«

Sie stampft mit dem Fuß auf. Sie ist eine zierliche Frau, ein echtes Energiebündel. Ich würde nicht das Ziel ihrer Wut sein wollen, und im Moment scheint sie voller rechtschaffener Entrüstung zu sein.

»Ich verstehe«, sage ich. Das ist untertrieben. Ich wurde schon so oft hintergangen, dass meine Seele grün und blau gestoßen ist.

»Seltsam, dass Sie ausgerechnet mich angehalten haben. Woher haben Sie das gewusst?«

»Ich weiß nicht.« Ich klopfe ihr leicht auf die Schulter. »Aber es wird schon alles wieder gut werden. Alles kommt wieder in Ordnung.« Was ich damit sagen will, ist: *Schätzchen, wir überleben die vielen Narben, die wir uns eingefangen haben, als wir Freunden, denen wir vertrauten, den Rücken zugekehrt hatten. Das Leben geht weiter.* Wir lernen, und manchmal ziehen wir uns in diesem Lernprozess zum Ausgleich etwas zurück, vertrauen dem Nachbarn nicht mehr so schnell. Ich denke, ich verstehe sie besser, als sie weiß. Mehr als sie je erfahren muss. Bei mir ist es ebenfalls eine frische Wunde, auch wenn es bereits vor einiger Zeit passierte. Gerade diese Woche ist mir dieser Vertrauensbruch wieder über den Weg gelaufen, und es tat immer noch weh.

Es war eines Abends nach dem Abendessen, als mir auffiel, dass ich tagsüber noch für niemanden gebetet hatte. Dabei fühlte ich mich so leer und alt – ein solches Gefühl hinterlässt sonst nur alte Sünde bei mir. Ungelogen. Ich hatte mich schon ewig nicht mehr so leer gefühlt. Es war die Art von Leere, die an der Seele nagen kann. Zuerst war ich beschäftigt. Einfach beschäftigt. Beschäftigt mit meinem Leben. Ich hatte den Morgen mit meinem Mann genossen, war dann zur Produktion meiner Radiosendung ins Studio geeilt und hatte mich mit großem Vergnügen mit den Zuhörern unterhalten. Dann war ich nach Hause gekommen, hatte mich hingesetzt – und plötzlich hatte es mich wie ein Blitz getroffen: Es ging stramm auf 19 Uhr zu und ich hatte heute noch keinen Fremden getroffen oder für jemanden gebetet. Also versuchte ich, ein paar Namen aus der Luft zu greifen. Ziemlich nervös wanderte ich herum und suchte nach jemandem, für den ich beten konnte. Ich wanderte durchs Haus und überlegte, ob ich unterwegs jemanden übersehen hatte. Ich durchsuchte mein

Bücherregal nach Namen von Autoren, die ich noch nie getroffen hatte. Sicher konnte einer von ihnen ein Gebet gebrauchen.

Meinem Mann fiel ein alter, stornierter Scheck in die Hände, der von einem Mann eingelöst worden war, der uns Geld gestohlen hatte. Und das war die platte Wahrheit. Damals waren es unsere gesamten Ersparnisse. Alles. Gestern Abend hatte mein Mann eine bessere Einstellung dazu als ich. Eine Haltung von Vergebung und Gebet. Diese spezielle Gnade fiel mir nicht zu. Ich wollte – nicht Rache, wohlgemerkt, denn am Ende ist Geld nur Papier –, aber irgendeine Form von Gerechtigkeit geschehen sehen. Oder wenigstens wollte ich, dass dem Mann leid tat, was er getan hatte. Er war ein Trickbetrüger, obwohl er und seine Arbeit uns vom Freund eines Freundes empfohlen worden waren. Der bittere Nachgeschmack, den der ganze Vorfall bei mir hinterließ, blieb auch noch, als es meinem Mann und mir finanziell wieder besser ging. Ein bitterer Nachgeschmack wie Galle, die einem im Hals aufsteigt. Okay, vielleicht war auch ein Hauch gerechter Zorn dabei. Über die Kaltblütigkeit des Schwindlers und so weiter. Mein Mann drehte sich also zu mir um und sagte: »Hey, das ist doch ein Name aus der Vergangenheit. Erinnerst du dich noch an diesen Mann? Hast du in letzter Zeit einmal für ihn gebetet?«

»Für wen?«, fragte ich, und dann traf es mich wie ein Blitz aus heiterem Himmel. Ich erinnerte mich an den Mann und die Situation. »Oh, *der* Mann! Nein, *Gebet* ist nicht gerade das, was mir zu ihm einfällt.« Und vielleicht habe ich noch ein paar andere Gedanken zu dieser Situation geäußert, und mein Mann antwortete so etwas wie: »Schon in Ordnung.«

Ich habe die ganze Nacht weitergesucht und überlegt, ob mir jemand einfällt, der, abgesehen von meiner nächsten Verwandtschaft, mein Gebet braucht. Ich fühlte mich leer. Ich hatte mich daran gewöhnt, etwas zu haben, das mich mit der Menschheit draußen vor dem kleinen Fenster meiner persönlichen Existenz verband.

Ich versuchte mich damit zu beruhigen, dass mein Entschluss, diese Sache, die ich da machte, nicht null und nichtig oder mit einem Fluch belegt worden war wie ein dummer alter Kettenbrief. Ich versuchte mich mit dem Gedanken zu beruhigen, dass es vielleicht einfach eine gute Nacht war, um ganz allgemein zu beten. Vielleicht ein allgemeines Gebet, dass alle Kriege enden oder die Obdachlosen eine Unterkunft finden oder die Unschuldigen geschützt werden mögen. Doch meine Unruhe ließ nicht nach.

Meine Unversöhnlichkeit hatte mich direkt in einen dunklen Korridor geführt. Und die Unversöhnlichkeit in meinem Herzen war so versteift, so versteinert, dass es mich nicht einmal berührte, als mein Mann sich zu mir umdrehte und mich fragte: »Hast du in letzter Zeit für ihn gebetet?« So kann Unversöhnlichkeit sich wohl auswirken. Sie treibt uns in einem dunklen Teil unserer Seele in die Ecke.

Für wen habe ich also gebetet? Für diesen Schwindler, diesen Dieb? Zugegeben, er hatte mich nicht angerufen und mich um Vergebung gebeten, doch andererseits war das gar nicht meine Sache, oder?

Bald war es 22 Uhr und ich suchte immer noch. Vielleicht war ich diejenige, die Gebet nötig hatte. Vielleicht hätte ich mich um den Zustand meines Herzens kümmern sollen. Ich dachte mir, dass dieser Mann schon alles zu seiner Zeit mit Gott klären würde. Und ich wünschte ihm – und mir – von Herzen und im Gebet große Barmherzigkeit.

Ich habe eine Lektion gelernt. Eine, von der ich hoffe, dass ich sie weitergeben kann. Ich möchte Beth wissen lassen, dass Betrug und das Gift der Hinterhältigen, der Klatschbasen und der gemeinen Leute nicht unsere Tage beherrschen oder unsere Herzen verändern müssen.

»Vielleicht sollen wir ihnen einfach vergeben, Beth, und weitergehen. Wer weiß?«

»Das ist so eine gute Idee, wissen Sie? Diese Sache mit dem Gebet.« Sie nickt, als ob sie sich entschieden hat. »Das gefällt mir.« Zögerlich berührt sie meinen Arm mit einem neuen Ausdruck in den Augen. »Wissen Sie, das werde ich machen. Ich auch. Ich werde es genauso machen.«

Ich gehe schon zum Auto, als sie mir nachruft: »Wissen Sie, vielleicht bete ich sogar für diese Frauen bei der Arbeit. Wie Sie sagen – wer weiß? Vielleicht ändert es ja etwas.«

Ich schaue Beth an und lächele. Dann winke ich zum Abschied und fahre mit einem Lächeln auf den Lippen davon, weil dies eine jener Begegnungen war, die bei mir das Gefühl hinterlässt, dass es sich wirklich gelohnt hat. Ich habe eine ganze Liste von Namen, für die ich nach ihrer Bemerkung beten könnte. Eine lange Liste von nicht vertrauenswürdigen Leuten, denen ich vertraut hatte. Das war mein Fehler. Mit zunehmendem Alter gibt sich das. Man kommt an einen Punkt, an dem man ein Problem schon zehn Meilen gegen den Wind kommen sieht. Man kann ein Gewitter am Horizont riechen, eine Sorte Mensch erkennen und lernen, den eigenen Instinkten zu folgen. Ich könnte Beth erklären, dass mir diese Sache mit dem Gebet auch gefällt. Es hilft mir, fest mit einer Menschheit verbunden zu bleiben, von der ich mich schon so oft hätte abwenden können. Es hilft mir, dieser mit dem Fuß aufstampfenden Frau zu begegnen, die sich durch die Nachwirkungen eines hässlichen Vormittags kämpft. Doch etwas sagt mir, dass der Rest ihres Tages etwas besser verlief als geplant – und meiner auch.

Reisen und andere Katastrophen – Teil 1

Wenn wir mit Gott den Weg des Gebets beschreiten, werden wir ihm ähnlicher, und unbewusst werden wir Zeugen seiner Schönheit und Gnade.

E. M. Bounds

Auf meinen Reisen hatte ich hin und wieder einmal Probleme mit dem Auto. Nein, es war öfter als »hin und wieder«. Mehr als genug. Der getreue kleine Nissan Altima, der mich über 400 000 Kilometer weit getragen hat, hat den Geist aufgegeben. Und es war nicht mein Fehler, wie in der Vergangenheit, als ich das Öl meines alten Volvos so lange nicht wechselte, bis der Motor irgendwann streikte. Nein, dieses Mal nicht. Der Nissan war gepflegt, das Öl war gewechselt, er hatte neue Reifen, und ich war Tausende Kilometer von daheim entfernt, als er sein Leben aushauchte.

Nur fürs Protokoll: Ich bin ein Autofan. Schon seit meinem ersten fahrbaren Untersatz, einem kleinen weißen Cabrio-Tretauto, das zum weißen Cabriolet meiner Mutter passte. Doch die Autos, die ich fahre, entsprechen nur selten den Autos, die ich mag. Das geht gar nicht. Ich mag alte Pick-up-Trucks und amerikanische Muskelautos mit sportlichen V8-Motoren, VW Käfer und '57er Chevys, 300er Chevys frisch vom Fließband, Porsches und schnittige neue Kias. Ich liebe sie alle. Ich habe glückliche Kindheitserinnerungen an Autofahrten, und vielleicht macht es mir deshalb nichts aus, von Stadt zu Stadt und Buchhandlung zu Buchhandlung zu ziehen und Lesungen und Signierstunden für meine neuesten Veröffentlichungen abzuhalten. Und ich brauche kein brandneues Auto, das mich dahin bringt. Ich hänge ein bisschen an meinen Autos, so wie vielleicht ein Cowgirl an seinem Pferd hängt, und so bin ich auch mit diesen Pferdestärken in den Sonnenuntergang geritten.

Dann blieb ich mitten im Nirgendwo liegen. Auf dem Weg zu einer Signierstunde hatte ich irgendwo an der Küste von North Carolina in einer kleinen Stadt an einem Supermarkt haltgemacht. Als ich wieder ins Auto stieg und den Zündschlüssel umdrehte, wusste ich, dass irgendetwas ganz und gar nicht normal klang. Ein Stück die Straße hinunter wurde aus dem Geräusch etwas, das mir so einen brillanten Kommentar wie »Oh-oh!« entlockte.

Ich fuhr zum nächsten Geschäft, parkte das Auto, ging in den Laden und fragte die unschuldigen Schaulustigen: »Kann mir bitte jemand sagen, wo ich bin?« Das wäre vielleicht eine fantastische Frage für theologische oder psychologische Diskussionen, aber ich meinte eigentlich einfach nur: In welcher Stadt bin ich gelandet? Wo genau befinde ich mich, geografisch betrachtet? Ich machte eine mentale Notiz, endlich nachzugeben und mir eines von diesen Navigationsdingern zu kaufen. Ich glaube, die Leute in dem Laden entspannten sich spürbar, als ich nach meiner ersten Frage mit dem Finger über meine Schulter nach draußen zeigte und fragte: »Und versteht irgendjemand etwas von Autos?«

Zwei Männer, einer im Alter meines Vaters und einer im Alter meines Sohnes, folgen mir zur Tür hinaus und sagen: »Okay, lassen Sie mal den Motor an.« Das tue ich. Es dauert nur eine Minute, bis beide den Kopf schütteln und meinen, das klänge nicht gut. Ja, genau das sind ihre Worte. Der jüngere Mann sagt: »Das klingt nicht gut«, und der ältere: »Nein, klingt nicht gut. Ganz und gar nicht.«

Der jüngere Mann muss gehen, aber der ältere bleibt und wir unterhalten uns.

»Ich bin pensioniert«, sagt er. Er muss nicht sagen, wovon er pensioniert ist, denn so, wie er dasteht, mit geradem Rücken und mehr oder weniger strammer Haltung, und dann noch mit den Tätowierungen auf dem Arm ist es ganz eindeutig. Mein Vater war im Militär. Ich kenne diesen Blick, diese Ausstrahlung, die ein Mann hat, wenn er sein Leben lang sowohl Befehle gegeben hat als auch Befehlen gefolgt ist.

»Welcher Zweig?«

»Armee, 22 Jahre.«

»Mein Vater auch«, sage ich. »Und beide Söhne sind im Auslandseinsatz.«

»Irak?«

»Einer da und einer in Afghanistan.«

Er senkt den Blick und schüttelt den Kopf. »Da haben wir einen schönen Schlamassel.«

Er redet nicht mehr über das Auto, sondern über den Krieg. Er erinnert mich so sehr an meinen Vater, der vor einigen Jahren gestorben ist. Alles an ihm sagt »pensionierter Soldat«, selbst einige seiner unbewussten Verhaltensweisen. Ich könnte schwören, dass ich einen Hauch von Old Spice rieche.

»Hören Sie«, sagt er zu mir, »Sie sind hier an einem Ort, von dem Sie nach 17 Uhr nicht mehr wegkommen. Weiter unten in der Straße gibt es einen Autoteilehandel, der ordentlich arbeitet. Die Jungs dort können Ihnen sagen, was los ist, und vielleicht auch eine zuverlässige Werkstatt empfehlen, wo Sie Ihr Auto reparieren lassen können.«

Er fängt an, mir den Weg zu beschreiben, aber schon bei der dritten Ampel bin ich mit den Gedanken woanders. Ich kann Simon und Garfunkel förmlich singen hören »Homeward Bound« (»Heimwärts«) und versuche zu überlegen, wie ich aus dieser misslichen Situation herauskomme.

Der Soldat muss den abwesenden Ausdruck in meinen Augen bemerkt haben.

»Ach, vergessen Sie's.« Er geht zu seinem Auto und winkt mir. »Folgen Sie mir. Ich lotse Sie hin. Wenn ich Ihnen ein Signal gebe, biegen Sie ab. Das ist dann die richtige Stelle.«

»Verstanden. Danke, Sir.« Und so, dass er es nicht hören kann, flüstere ich: »Und heute sind Sie mein Fremder.« Ich denke mir, dass es keinen Sinn hat, die Sache noch weiter zu verkomplizieren. Der Mann hat es sich zur Mission gemacht, mir zu helfen, dass mein Auto repariert wird und ich wieder auf die Straße komme.

Einige Kilometer die Straße hinunter und eine Brücke später sehe ich das Schild eines Autoteilehandels vor mir. Ich hupe zum Dank und rolle mit klapperndem und ratterndem Motor auf den Parkplatz. Ich bin immer noch hier, stehe in der Schlange, warte auf Hilfe, als ich aufschaue und sehe, wie der alte Soldat kopfschüttelnd durch die Tür und auf mich zu kommt. Flüsternd fragt er mich: »Was machen Sie denn hier? Ich habe Ihnen noch kein Signal gegeben. Das ist der falsche Laden.«

»Tut mir leid«, sage ich und folge ihm zur Tür hinaus.

»Noch weiter die Straße runter«, erklärt er mir und ich steige ins Auto und fahre ihm wieder hinterher.

Einige weitere Kilometer gibt er mir ein eindeutiges Signal, hupt und zeigt mir, dass ich auf den Parkplatz eines anderen Autoteilehandels fahren soll. Ich schaue seinen Rücklichtern nach, die sich entfernen, während ich ihm zum Abschied aus dem Fenster zuwinke. Am liebsten würde ich sagen: *Ach, vergessen wir doch die Sache mit dem Auto. Ich bin müde und brauche Zeit zum Nachdenken. Parken wir die Kiste einfach und ich fahre mit Ihnen nach Hause und lerne Ihre Frau kennen. Vielleicht noch einen Happen zum Abendessen, und dann übernachte ich bei Ihnen. Wenn schon sonst nichts, kann ich Ihnen von meinem Projekt erzählen und dass Sie mein Fremder des Tages sind.*

Natürlich läuft es so nicht. Ich sitze da, mit eingeschaltetem Blinker, und schaue, wie das Auto um die nächste Kurve und aus meinem Blickfeld verschwindet. Dann nehme ich mir ein bisschen Zeit, um für diesen Mann zu beten. O ja. Und ich bin überaus dankbar.

Reisen und andere Katastrophen – Teil 2

Gebet bewegt die Hand, die das Universum bewegt.

Anonym

Manchmal entdeckt man erst, wenn die Hölle losbricht, wenn man zusammenbricht, wenn man sich verlaufen hat, wenn man seinen Stand im Leben verloren hat, dass es überall nur so von Engeln wimmelt.

Inzwischen haben sich noch sieben Personen mein Auto angehört und gesagt: »Das klingt nicht gut.« Dann, wie um ihr Urteil zu bestätigen, macht der Motor ein letztes knirschendes Geräusch und bleibt schließlich ganz und gar stehen. Ich denke, dieses Pferdchen hat seinen letzten Ausritt hinter sich. Ja, vermutlich hat es sein letztes »Hü« gehört, aber für die Erinnerungen wird später noch Zeit genug sein. Im Moment jedenfalls sitze ich fest. Mit Komplikationen.

Ich sollte eigentlich auf dem Weg zum Ferienhaus einer Freundin sein, die mir liebenswürdigerweise angeboten hat, dort zu wohnen und zu schreiben – kostenlos. Gott segne sie und alle Menschen nah und fern, die ihre Türen solchen Schriftstellern und Künstlern aller Art öffnen, die verschwinden müssen, um kreativ sein zu können. Dorthin bin ich also unterwegs; das war der Plan, aber jetzt sitze ich in der Patsche. Mit meinem Auto komme ich nicht weiter, und einen Mietwagen zu nehmen, nur um einen Monat lang im Wald zu sitzen, wäre Blödsinn. Letzten Endes werde ich wohl mein Auto durch ein neues ersetzen müssen – das heißt, wenn es denn tatsächlich Geschichte ist, kaputt, am Ende, hinüber.

Jetzt rufe ich also den Abschleppdienst und organisiere, dass mein Auto aus dem Nirgendwo zurück ins Irgendwo gebracht wird, zurück über die Brücke zu einer Werkstatt, die angeblich weiß, wie man Nissan-Motoren repariert. Dann rufe ich ein Taxi und lade meinen ganzen Schriftstellerkram und meine Koffer aus meinem Auto und in das Taxi.

»Und wenn es Ihnen nichts ausmacht, würde ich gern vorn neben Ihnen sitzen.«

Auf dem Rücksitz platziert zu sein, ist mir im Moment zu passiv. Nichts vermittelt einem ein solches Gefühl der Machtlosigkeit wie auf den Landstraßen von Amerika liegenzubleiben. Eine Alternative wäre noch, Richtung Westen zu *wandern*, wenn ich nicht einen Laptop, vierzehn Bücher und genug Klamotten für einen Monat dabei hätte. Ohne Auto im amerikanischen Hinterland unterwegs zu sein, kommt im Prinzip nicht in Frage.

Fremde, denke ich. *Denke an die Fremden.* Doch hier bin ich die Fremde. Ich bin diejenige, die göttliches Eingreifen nötig hat. Das erinnert mich an eine andere Schreibklausur, bei der ich wochenlang allein war und meinen Mann vermisste. Als ich mich schließlich in die Zivilisation begab, um Vorräte einzukaufen, wurde mir bewusst, wie müde und hungrig ich war. So gut ich auch über längere Zeit allein sein kann, so sehr ich Einsamkeit und den kreativen Raum, den sie mir verschafft, genießen kann – in diesem Moment begriff ich, dass es ebenso nett sein könnte, wenn man eine Fremde wie mich auf einen Teller Suppe, ein Stück Brot und ein kurzes Gespräch einladen würde. Ich kann Ihnen gar nicht beschreiben, wie sehr ich mir das alles an jenem speziellen einsamen, müden und hungrigen Abend wünschte. Doch jener Augenblick dient mir als Erinnerung daran, was andere Menschen sehr oft haben: die Sehnsucht nach einer einfachen Berührung, einer gemeinsamen Mahlzeit und ein paar Worten.

Ich hole tief Luft und versuche, mich nicht auf das Auto zu konzentrieren, das ich zurückgelassen habe, oder auf das, was ich auch morgen noch planen kann. Stattdessen konzentriere ich mich auf den Taxifahrer und fange an, ihm Fragen über sein eigenes Leben zu stellen, während wir meilenweit zur nächsten Stadt fahren. Und während die Taxiuhr mein gesamtes Reisebudget auffrisst, beginnt er, mir Dinge zu erzählen. Ich lehne mich zurück und höre zu. Ich kann sonst sowieso nicht viel tun.

Er hat hundert Leben gehabt; dieses ist nur ein weiteres Kapitel, aber wahrscheinlich sein letztes. Er ist ein schwerer Raucher und ich merke, dass er sich im Moment bemüht, nicht zu rauchen. Ich nehme an, das hebt er sich für die Zeiten auf, in denen er auf einen Auftrag wartet. Ich nehme an, meine Strecke ist eine der längsten, die er seit einiger Zeit zu fahren hatte. Er musste über die Brücke aus einer anderen Stadt kommen, um mich abzuholen, und nun sind wir auf dem Rückweg dorthin.

»Haben Sie eine Reservierung?«

»Ich habe gar nichts«, erkläre ich ihm, »außer dem, was ich gerade in Ihr Taxi geladen habe.«

Jetzt fahren wir über die Brücke und ich schaue hinaus aufs Wasser und denke an Menschen überall, die auf Reisen und aus dem einen oder anderen unangenehmen Grund unterwegs gestrandet sind. Eine Weile fahren wir, ohne etwas zu sagen. Es ist 19 Uhr, alle Läden haben geschlossen, die Mechaniker sind zu Bett gegangen, und bis morgen wird kein Abschleppwagen über die Brücke fahren, um mein Auto (oder was noch davon übrig ist) abzuholen.

»Und so bin ich hier gelandet«, höre ich ihn sagen.

»Tatsächlich?« Ich habe keine Ahnung, was er mir gerade erzählt hat. Ich habe diesen Teil seiner Geschichte verpasst, weil ich mir Sorgen um meine eigene gemacht habe.

»Hier gibt es ein Hotel, das nicht so viel kostet. Es ist alt, aber in Ordnung.«

»Klingt gut. Im Moment ist mir alles recht.«

Er hält vor einem Gebäude, das ich für eines jener alten, für Florida typischen Hotels am Straßenrand gehalten hätte. Die Art Hotel, in denen es früher diese Massagebetten gab, bei denen man eine Vierteldollarmünze einwerfen konnte und dann fünf Minuten lang wie verrückt durchgeschüttelt wurde. Danach bettelte ich meine Mutter um einen weiteren Vierteldollar an. Gerade könnte ich wirklich eine Massage gebrauchen. Und einen Whirlpool, einen steifen Grog und eine Bahnfahrkarte weg von hier.

Der Mann an der Rezeption freut sich, einen neuen Gast zu bekommen. Das Taxi wartet, bis ich eingecheckt und einen Schlüssel bekommen habe, fährt dann ums Gebäude herum und hält vor Zimmer 12. Vor dem Zimmer sitzen ein paar Männer mit einer Kühlbox zwischen sich und trinken Bier. Entzückend. Ich bezahle den Taxifahrer, ziehe meine Koffer ins Zimmer und schließe die Tür ab. Okay, ich war schon in besseren Hotels. Spontan fällt mir das »Queen Elizabeth« in Montreal ein. Aber ich habe auch schon auf dem Dach eines Campingwagens mitten in einem Alligatorsumpf geschlafen.

Ich bin versucht, einfach hier in meinem Zimmer eingeschlossen zu bleiben, doch mein Magen knurrt und ich werde daran erinnert, dass ich seit dem Frühstück nichts gegessen habe. Dieses Hotel hat ganz sicher keinen Zimmerservice, also gehe ich wieder an die Rezeption, um herauszufinden, welche Möglichkeiten ich habe. Die guten alten Jungs mit ihrem Bier werfen mir nicht einmal einen zweiten Blick zu. Der Rezeptionist sagt mir, das thailändische Restaurant nebenan sei unglaublich gut. Während er mir einen Flyer mit dem Angebot reicht, bemerkt er: »Sie sehen nicht so aus, als wären Sie im Urlaub.«

»Mein Lieber, im Moment sehe ich bestimmt nach einer Menge Dinge *nicht* aus.« Ich bin so müde und niedergeschlagen. Der Abgabetermin für meinen neuen Roman setzt mich unter *Druck*, und das schlägt mir aufs Gehirn. Und mein Monat in dem Ferienhaus, das ich jetzt nicht erreichen kann, wurde gerade um ein oder zwei Tage verkürzt. Schließlich platze ich mit den Worten heraus, die in meinem Hirn herumschwirren: »Ich habe einen knappen Abgabetermin für meinen nächsten Roman!«

»Sie sind Schriftstellerin? Sie schreiben Romane?«, fragt der Rezeptionist.

»An meinen besseren Tagen. Hier habe ich ein Lesezeichen mit einem Bild von mir, das aufgenommen wurde, als ich ein bisschen weniger …«

»… liegengeblieben aussah?«

»Ja, das trifft's ungefähr. Ein bisschen weniger liegengeblieben.«

»Schönes Bild.«

»Eigentlich ist das alles aufgehübscht. Beleuchtung oder so etwas.«

»Eine echte Schriftstellerin hier in unserem Hotel, denk mal einer an.«

»Lesen Sie gern?« Ich mache Small Talk, schaue auf den Flyer. In Gedanken überlege ich, ob ich Pad Thai oder Tofu und Gemüse nehme.

»Ich lese alles. Ich *liebe* Bücher.«

»Zum Beispiel?« Tofu, definitiv Tofu und Gemüse.

»Tschechow.«

Ich lege den Flyer weg und schaue den Rezeptionisten an, diesen Mann mitten im Nirgendwo in diesem langsam verfallenden Hotel am Straßenrand.

»Ich liebe Tschechow, und gerade erst habe ich einen Titel von ihm gelesen …«

Dann unterhalten wir uns. Richtig. Wir reden über das, was er gerade liest, über seine Lieblingsbücher und warum er sie mag. Der Mann hat eine unglaubliche Leidenschaft für Literatur und eine wundervolle Art, die Erzählweise eines Autors zu beschreiben, die dauerhafte Bedeutung der Geschichte. Er ist mehr als nur belesen. Er ist außergewöhnlich.

»Sie sollten unterrichten«, sage ich zu ihm. Aber wer bin ich schon, dass ich jemandem vorschreiben könnte, was er mit seinem Leben anfangen soll? Wer hätte gedacht, dass ein Rezeptionist in diesem Hotel Theaterstücke, große Literatur, Pulitzerpreis-Gewinner und andere erfolgreiche Autoren liest? Ich nicht. Doch ich lerne bei jedem unsicheren Schritt auf diesem Weg, dass ich nicht einfach annehmen kann, die ganze Geschichte eines Menschen zu kennen. Ich kann nicht einfach davon ausgehen, dass sein Platz im Leben, seine Position, sein Beruf mir etwas über seine geheimen Vorlieben verrät.

»Ich bin so froh, dass ich Sie kennengelernt habe«, sage ich zu ihm. Aus vielen Gründen meine ich das vollkommen ehrlich. Ich habe heute zwar schon für meinen »Fremden des Tages« gebetet, aber das spielt keine Rolle. Nachdem ich würziges thailändisches Essen verspeist, den Sekretär vor meine Zimmertür geschoben und das einzige funktionierende Licht ausgeschaltet habe, bete ich ganz besonders für den Taxifahrer. Und für Harry, den Mann an der Rezeption. Ich bete, dass sein Leben voller Worte sein möge, voll mit den Geschichten, die er mag, und dass sich in seinem Leben eine Tür dafür öffnet, diese Leidenschaft weiterzugeben.

»Genau genommen«, sage ich laut, »wenn ich schon einmal dabei bin, werde ich für jeden beten, der heute meinen Weg gekreuzt hat. Für *jeden.*« Dann schlafe ich ein, während ich auf Geräusche vor meiner Tür horche, und mache mir nicht mehr solche Sorgen wegen meines Abgabetermins.

Reisen und andere Katastrophen – Teil 3

Auf manche Gebete antwortet Gott scharf und plötzlich und wirft uns die Dinge, um die wir gebetet haben, ins Gesicht, einen Fehdehandschuh mit einem Geschenk darin.

Elizabeth Barrett Browning

Das Abenteuer meiner ungeplanten Reise geht weiter. Meine Schwiegertochter hat unsere süßen Enkelkinder – sieben und zwei Jahre alt – ins Auto geladen und kommt, um mich aus meinem malerischen Hotel zu retten und zu ihrem Haus zu bringen.

Der Mann mit der Kühlbox voller Bier, offenbar mein Zimmernachbar, trifft mich an diesem Morgen vor der Tür und fragt mich: »Wie geht's?«

Ich antworte ihm, während ich weiter auf das Büro des Hotels zugehe. »Bin mit dem Auto liegengeblieben, aber es wird schon wieder.«

Er lehnt sich an eine Säule und beäugt mich. »Na, das erklärt es wohl.«

»Erklärt was?«

»Ich hab noch nie eine Frau gesehen, die mit einem Taxi in einem Motel vorgefahren ist.«

»Tatsächlich?«

»Ja. Sie sind die Erste.«

»Tja.« Sicher war er in letzter Zeit nicht in Manhattan. Oder Chicago. Oder Dallas, Miami, L. A. oder Grand Rapids. Und weil ich es nicht für den richtigen Zeitpunkt halte, das alles auszudiskutieren, sage ich: »Machen Sie's gut.«

»'n schönen Tag Ihnen«, höre ich noch im Weggehen.

Ein paar Tage später habe ich in Erfahrung gebracht, dass ein kurzfristiger einfacher Flug ein ganzes Vermögen und ein paar Zerquetschte kostet. Der Zug, der früher zwischen hier und dort fuhr, hält nicht mehr in der nächstgelegenen Stadt. Die Mietwagenfirmen sind launisch – sie wollen heute keine Autos nur für eine Strecke vermieten. Ich suche nach einer funktionstüchtigen Schrottlaube, mit der ich meine Reise zu dem Ferienhaus und die nächsten dreißig Tage überstehen kann. Meine Schreibuhr tickt, die Zeit rinnt mir durch die Finger. Inzwischen steht auch fest, dass mein Auto tatsächlich hinüber ist. Es taugt zu nichts mehr, als auf dem Schrottplatz ausgeschlachtet zu werden. Es hat das Zeitliche gesegnet, aber es war, wie man so schön sagt, ein gutes altes Lasttier.

Wenn ich bloß nach Hause nach Nashville wollte, bräuchte ich nur ein einfaches Flugticket und wäre fertig, aber ich bin fest entschlossen, meinen Plan, mich zu verstecken und zu schreiben, durchzuziehen. Mein Sohn ruft mich aus Afghanistan an mit der Idee, ich solle sein Auto nehmen, da es sowieso nur herumsteht. »Muss ohnehin gefahren werden.«

Super Idee. Das könnte funktionieren. »Vorher würde ich es allerdings mal in die Werkstatt bringen, nur zur Durchsicht. Für alle Fälle«, schlägt mein Sohn vor. Und das mache ich auch. Ich bringe es in die von ihm empfohlene Werkstatt ein paar Orte weiter und frage: »Entschuldigen Sie bitte, aber könnten Sie sich dieses kleine Geräusch einmal anhören, bevor ich mehrere Bundesstaaten weit damit fahre?«

»Ma'am, mit dem Auto schaffen Sie es nicht mal bis vor die Stadt. Es braucht ein Wiehießdasdochgleichnoch.« Oder so ähnlich. Und während er einen Kostenvoranschlag macht, während ich meinen Mann anrufe und mit in die Hände gestütztem Kopf draußen an einem Picknicktisch sitze, denke ich: *Fremde. Vergiss die Fremden nicht.* Aber ich bin die Fremde, die Gebet braucht, widerspricht meine innere Stimme. *Ich, ich, ich.*

»Hoffentlich ist es nicht das, was ich befürchte«, sagt ein Mann zu mir, der neben mir hin- und herläuft. Ich schaue auf und halte zum Schutz gegen die Sonne meine Hand über die Augen. Er sieht besorgt aus. »Haben Sie auch ein Auto da drin?«, fragt er.

»Sehen Sie das Auto da?« Ich deute auf die Stelle, wo das Auto meines Sohnes fein säuberlich geparkt steht. »Das ist hinüber. Damit komme ich keinen Zentimeter mehr vom Fleck, geschweige denn einen Kilometer.«

»Das tut mir leid. UndwasmachenSiejetzt?« Genau so sagt er es. Er macht aus dem ganzen Satz ein einzelnes Wort.

»Weiß ich noch nicht genau. Ich warte darauf, dass ich einen anderen fahrbaren Untersatz finde. Mann, ich hoffe, ich brauche kein neues Auto. Das Geld ist schon knapp genug.«

»Hören Sie, ich habe da dieses Projekt. Ich bete jeden Tag für einen Fremden, also werde ich heute an Sie denken und hoffen, dass mit Ihrem Auto alles in Ordnung kommt, und überhaupt. Ja?«

»Tja, das weiß ich zu schätzen. Kann ich gut gebrauchen.«

»Wie heißen Sie?«

»Thomas.« Ich wiederhole seinen Namen, schreibe ihn auf. Inzwischen dringen mir Namen aus jeder Pore.

Sein Auto kommt um die Ecke, und er steigt mit dem Mechaniker zu einer Probefahrt ein. »Danke nochmal, Ms Jordan. Ich weiß Ihre Gebete wirklich sehr zu schätzen.«

»Ich auch«, flüstere ich in die Luft. Denn ich bin erschöpft, ausgelaugt und, ja, brauche ein paar einfühlsame Gebete.

Der Inhaber der Werkstatt hat am Auto meines Sohnes gearbeitet und macht nun gerade eine Probefahrt damit. Ich schaue auf die Uhr und überlege, wie lange es dauern mag, bis ich die Grenze zwischen den Bundesstaaten erreicht habe, wie spät am Abend ich noch fahren kann. *Bete für alle Fremden*, denke ich dabei immerzu. Und ich denke es auch noch, als ich den Werkstattinhaber die Straße entlang- und auf mich zukommen sehe.

»Sie werden mir das nicht glauben …«, beginnt er.

»Doch, ich denke schon. Nach dieser Woche …«

»Kommen Sie einfach mit und schauen Sie es sich selbst an. Das erübrigt jede Erklärung.« Er geht mit mir die Straße hinunter und deutet um die Ecke.

»Ist das da mein Auto?«

»Genau. So was ist mir noch nie passiert. Die Räder sind einfach weggeknickt.«

Das Auto sieht aus, als würde es knien. Die Motorhaube zeigt schräg nach unten, weil die Räder in seltsamen Winkeln zur Seite gebogen sind. Sie sehen aus wie eigenartige Knochen an der falschen Stelle eines Körpers. Ich schüttele nur den Kopf und gehe zurück zum Picknicktisch. Der Mann folgt mir.

»Wir mussten einen Abschleppwagen rufen, der ihn von der Straße zieht.«

»Hmhm.«

»Also mit *dem* Auto kommen Sie heute Abend nirgendwo mehr hin.«

Mein Budget für diese Reise zu meiner Schreibklausur wird von einem großen schwarzen Loch aufgesaugt. Ich rufe meinen Mann an und gebe das Telefon einfach an den Mechaniker weiter. Sprechen kann ich im Moment nicht. Ich bin nicht gerade im besten Teil der Stadt, mitten im Nirgendwo, umgeben von zwielichtigen Bars. Die nächste Verwandtschaft ist drei Orte weit entfernt und meine sinnvolle und großartige Idee, mich zu verkriechen und zu schreiben, löst sich immer schneller in Luft auf.

»Nein, sie hat es ziemlich gut aufgenommen. Sie ist wirklich nett«, höre ich den Mann sagen. Im Moment versuche ich nur, nicht in Tränen auszubrechen. Er reicht mir wieder das Telefon und mein Mann versucht, mich so gut zu trösten, wie das eben aus über tausend Kilometern Entfernung geht. Dann bietet mir der Werkstattinhaber eines seiner persönlichen Fahrzeuge an, um wenigstens von der Stelle zu kommen. Wahrscheinlich egal wohin, damit ich nicht die ganze Nacht an dem von einem Drahtzaun umgebenen Picknicktisch sitze.

»Danke, das ist sehr nett von Ihnen«, sage ich und meine es auch so.

Drei Stunden später stehe ich mit dem geliehenen Auto wieder vor der Tür meiner Schwiegertochter. Sie hat mir zu Ehren Kerzen angezündet. Einen Rotwein ausgeschenkt. Sie hat ihr Bestes gegeben, um dieses unglaubliche Reisedebakel ein bisschen zu entschärfen. Und ich fühle mich so gesegnet, dass es schon fast dumm ist. Inmitten all dieser Missgeschicke war ich von einem abgenutzten Frieden umgeben, den ich definitiv meinem einfachen Gebetsentschluss zuschreiben würde. Er hat mir mein inneres Gleichgewicht und meinen Verstand gerettet, indem ich über meine eigenen Umstände hinausblicken konnte.

Ein paar Tage später ist das Auto meines Sohnes repariert, ich bin knapp tausend Dollar ärmer und wieder unterwegs. Endlich bin ich auf dem Weg zu meinem Ziel, wo ich nur selten fahren muss, außer, wenn mich der Mangel an Grundnahrungsmitteln zwingt, den Laptop beiseitezustellen und aus dem Wald über unbefestigte Wege und mehrere einsame Highways zum nächsten Laden zu fahren.

Am Ende sehe ich die Menschen, denen ich unterwegs begegnet bin, wie Perlen auf einer Schnur aufgereiht. Da war eine Leserin, die mir angeboten hat, mich quer durch den halben Staat zum Haus ihres Bruders zu bringen, eine Kellnerin, die sich mit mir angefreundet hat, ein Lkw-Fahrer und seine Frau, die mich bis nach Albuquerque mitgenommen hätten, der Taxifahrer mit alten Geschichten, der Inhaber einer Gemischtwarenhandlung, der sich rührend um mich gekümmert hat, und ein Hotelrezeptionist namens Harry, der solch eine brennende Leidenschaft für Bücher hatte, dass wir uns die ganze Nacht lang hätten unterhalten können.

»Auf all Ihre Reisen und anderen Katastrophen«, hat Dr. Yolanda Reed, meine Schreibmentorin, uns Bühnenautoren einmal am Ende eines Schreibseminars zugeprostet. *Was für ein seltsamer Wunsch*, dachte ich damals. Das war vor zwanzig Jahren. Jetzt verstehe ich, was sie meinte. *Ja, auf all unsere Reisen und anderen Katastrophen. Und auf die besonderen Fremden, die wir unterwegs treffen.*

Bekenntnisse aus einem Ferienhaus

Wenn ich bete, ereignen sich Zufälle. Wenn ich nicht bete, ereignen sie sich nicht.

William Temple

Nun bin ich endlich bei meiner Schreibklausur angelangt. Das Wort »Klausur« benutze ich dabei eher im weitesten Sinn. Ich komme mir eher vor wie von der Außenwelt abgeschnitten. Ich vermisse meine Familie, meinen Hund und das Fernsehen. Ich bin im selbst gewählten Exil im Ferienhaus einer Freundin in den nördlichen Wäldern von South Carolina. Eigentlich sollte ein Autor, dem ein Abgabetermin im Nacken sitzt, hier ideale Arbeitsbedingungen haben. Kein klingelndes Telefon, kein Kontakt, keine Rechnungen zu bezahlen, kein Abwasch zu erledigen. Ich muss nicht einmal mit irgendjemandem sprechen. Es sollte eigentlich ein ruhiger, kreativer Hafen sein, wo ich mir keine Gedanken um meine Sicherheit machen muss und meiner Kreativität freien Lauf lassen kann, ohne mich um Dinge sorgen zu müssen, die nachts Lärm machen – oder beißen. Doch dieses Gefühl habe ich überhaupt nicht. Zum großen Entsetzen der Besitzerin ist das Ferienhaus von Skorpionen befallen, und zwar von der Art Skorpione, die stechen – heftig. Ihr Gift ist nicht tödlich, aber stark genug, um schmerzhaft zu sein oder einen Menschen krank zu machen. Ich habe sie schon morgens beim Aufwachen neben meinem Kopfkissen gefunden. Ich habe mindestens vier pro Tag erlegt und habe jetzt die Matratze von der Wand weggezogen und hoffe, dass sie keine Lust mehr haben, an den Bettpfosten hinauf zu mir zu krabbeln. Ich fühle mich, als würde ich auf einem Rettungsfloß schlafen. Immer wieder wache ich nachts auf, um das Bettzeug und meinen Körper nach den fluoreszierenden Wüstenbewohnern abzusuchen. Es war schon ein Kampf, überhaupt hierherzukommen, und jetzt geht der Kampf weiter. Meine Seele ist müde. Und vielleicht ein bisschen gemein.

Ich beschließe, für ein paar Stunden zu fliehen, den Roman, an dem ich gerade schreibe – *The Miracle of Mercy Land* – für eine Weile hinter mir zu lassen und mich unter grüne Bäume und an die frische Luft zu begeben. Ich werfe das geborgte Auto an und fahre in Richtung Naturpark, der etwa zwanzig Kilometer entfernt liegt. Ich parke das Auto und stapfe durch den feuchten Wald zur Parkwächterhütte, um mehr Informationen über den Park im Allgemeinen und Camping hier im Besonderen zu bekommen. Ich glaube, ich brauche einen felsigen Platz mit Aussicht, wo mich mein Mann während dieses selbst auferlegten Schreibexils besuchen kann. Vielleicht könnte er unseren großen weißen Hund mitbringen und wir könnten dann ein Zelt aufschlagen. Das klingt alles ganz warm und wunderbar, denn ganz ehrlich, im Moment brauche ich so etwas wie eine Schulter zum Ausweinen. Selbst wenn das in einem Schlafsack passiert, der am Rand eines Berges hängt.

Der Parkwächter ist schroff, gelinde gesagt. Als wollte er nicht mit mir sprechen. Er will mir keine Geschichten über den Park erzählen. Er knurrt und deutet auf das Regal mit den Broschüren. Bis dahin war eigentlich alles in Ordnung, aber an irgendeinem Punkt hat sich bei seinem unfreundlichen Verhalten auch meine Stimmung verändert. Ich breche auf und gehe den Wanderweg mit einem Stirnrunzeln entlang. Über meinem Weg hängt eine dunkle Wolke aus Müdigkeit und Ärger. Vielleicht gewinnen die Skorpione ja doch, obwohl sie mich bisher noch nicht gestochen haben.

Der Wanderweg befindet sich in einem Gelände, in dem es in jeder Richtung bergauf geht. Ich denke darüber nach, was für ein scheußlicher, scheußlicher Mann der Parkwächter ist, und verurteile ihn dabei gründlich. Zwei junge Wanderer mit einem breiten, fröhlichen Lächeln auf den Gesichtern kommen an mir vorbei und sagen Hallo. Und *ich reagiere nicht einmal*! Kein Lächeln, kein Knurren, nicht einmal ein einfaches Südstaatennicken. Ich bin viel zu beschäftigt damit, abwechselnd über die Arbeit an meinem Buch und über den mürrischen Mann in der Parkwächterhütte nachzudenken.

Schließlich komme ich von meiner kleinen Wanderung aus dem Wald zurück. An meinen Armen hängen Spinnweben, mir ist heiß und ich schwitze (das passiert mir sonst nie!), und ich verschwinde auf kürzestem Weg zur Damentoilette, um mir Gesicht und Nacken zu waschen.

Eine Frau in Wanderkleidung kommt herein. In *richtiger* Wanderkleidung – atmungsaktiven Shorts und trittfesten Schuhen. Ihr Haar wird von ihrer Baseballkappe zusammengehalten. Sie wäscht sich die Hände und ich spüre, dass sie versucht, Kontakt zu mir aufzunehmen. Kennen Sie das Gefühl, wenn jemand Sie anschaut? Ist es nicht erstaunlich, wie wir Blicke spüren können? Ich versuche, mir das Gesicht mit Papierhandtüchern abzutrocknen, dabei stur geradeaus in den Spiegel zu schauen und *ja* keinen Blickkontakt mit ihr herzustellen.

Wir verlassen die Toilette gleichzeitig, und als ich wieder an meinem geparkten Auto ankomme, es anlasse und auf die Zufahrtsstraße lenke, steht sie neben ihrem Mann an ihrem Auto. Meine Unfreundlichkeit trifft mich wie eine wuchtige Welle. Meine *ganze* Unfreundlichkeit. Die Wanderer auf dem Weg, die Frau in der Damentoilette und wie ich den Parkwächter verurteilte. Vielleicht hat der Mann gerade seine Mutter verloren oder seine Frau hat ihn verlassen. Woher wollen wir wissen, was einen anderen Menschen gerade bewegt oder warum er sich so verhält, wie er sich verhält? Das einzige Verhalten, das ich im Moment wenigstens halbwegs kontrollieren kann, ist mein eigenes.

Bewusst lasse ich das Fenster herunter, lächle und winke ihr zu. Sofort erwidert die Frau mein Lächeln, herzlich und ehrlich, und was ich sehe, ist Vergebung.

Ich liebe Fremde! Aus einer ganz tiefen Quelle in meinem Herzen steigt dieser Gedanke auf, der in diesem Augenblick der Erkenntnis und Klarheit ganz ungetrübt ist. Dann beginne ich im Wegfahren zu lachen, denn objektiv betrachtet hat mein Verhalten in den letzten zwei Stunden etwas anderes gesagt. Bei mir war nicht das kleinste Fünkchen Fremdenliebe zu erkennen. Bis zu jenem letzten, rettenden Moment.

Eins steht fest: Ich liebe nicht alle Fremden ständig. Aber vielleicht lerne ich nach und nach jeden Tag etwas mehr, Fremde zu lieben – *Menschen* zu lieben.

Gemeinsamkeiten

Ich habe nicht vor aufzugeben. Ich will mit dir auskommen. Das ist mein Gebet: Gemeinsamkeiten mit dir zu finden.

Margaret Craft

Es scheint, als käme alles, was ich im Leben bisher gelernt, überlebt und ganz banal erlebt habe, heute in einer Geschichte wieder auf mich zurück. In der Fernsehserie *Raumschiff Enterprise: Die nächste Generation* gibt es eine gute Folge, in der der Captain entführt und auf einen fremden Planeten geschickt wird, wo er zusammen mit dem Captain einer anderen Spezies gegen einen gemeinsamen Feind kämpfen muss. Am Ende stirbt der außerirdische Captain, aber Captain Picard erkennt, dass zwischen ihren beiden Völkern in den folgenden Generationen stets Frieden herrschen wird, weil es die Geschichte gibt, wie sie zusammen für eine gemeinsame Sache gekämpft haben. Das wichtigste Schlüsselelement ist ihre Geschichte. Diese werden ihre Völker auf Jahre hin überliefern. Diese Fernsehepisode von vor vielen Jahren kam nun als Echo zurück. Ich vergleiche das, was ich jetzt erlebe, mit anderen Geschichten aus meiner Erinnerung, die ich vor vielen Jahren erlebt habe oder die mir jemand erzählt hat. Selbst wenn es Wahrheiten sind, die aus fiktiven Geschichten stammen. Wie der große Jack Reed einmal sagte: »Man braucht Helden im Leben. Es spielt keine Rolle, ob sie aus dem wirklichen Leben stammen oder von den Seiten eines Romans – man braucht einfach Helden.« Sein persönlicher größter Held aller Zeiten war Atticus Finch[6]. Entweder er oder Gregory Peck. Mr Reed wollte sich da nicht festlegen.

---

6 Figur aus Harper Lee, »Wer die Nachtigall stört« (Anm. d. Übers.)

Wenn ich in diesem Jahr Freunden von meinem Projekt erzählte, sagten manche: *Das werde ich auch ausprobieren.* Für andere war es eine furchterregende Vorstellung, einen Fremden so anzusprechen. Wenn ich darüber nachdenke – die Angst, mit Fremden zu sprechen, ihr Leben zu stören, von ihnen abgelehnt zu werden, auch wenn man ihnen nur etwas Gutes wünschen will –, dann kann ich ihr Zögern verstehen. Doch es erinnert mich an einen Abend, an dem ich zwei Kampfhunden begegnete – so funktioniert mein Geschichtenhirn nun einmal …

Dieser Akt der Kommunikation, der Verbindungsaufnahme, der Suche nach Gemeinsamkeiten, ist nicht nur auf außerirdische Spezies in einer weit entfernten Galaxie beschränkt. Ich musste das Gleiche tun, als ich einmal spätabends einem älteren Ehepaar Papiere vorbeibringen musste, nichts Offizielles; ich glaube, es ging um Immobilien. Das Ehepaar wohnte zufällig in einem kleinen hübschen Haus auf einem Schrottplatz. Okay – vielleicht war es auch ein Autoteilelager oder so etwas. Jedenfalls lag und stand jede Menge Kram herum – Geräte, Autos und so weiter, und es war von einem hohen Maschendrahtzaun umgeben. Das Tor stand offen, also fuhr ich gleich hinein, parkte, stieg aus und ging auf das Haus zu. Dann bemerkte ich zwei Gestalten, die sich aus der Ferne mit hoher Geschwindigkeit auf mich zubewegten: Rottweiler mit Nietenhalsbändern, gefletschten Zähnen und grün glühenden Augen. Wenigstens sah es für mich so aus, und ich war mir sicher, dass mein Tod unmittelbar bevorstand. (Ich weiß, ich weiß: Mein Mann sagt auch, dass ich einen Hang zum Dramatischen habe. Vielleicht ist das die Autorin in mir.) Aber in dem Moment dachte ich – nein, wusste ich! –, dass diese Kreaturen mich töten wollten. Denken Sie an Edgar Allan Poe. Denken Sie an die Höllenhunde. Ich trage keine Waffe bei mir, kann nicht besonders schnell rennen, und selbst wenn ich einen Schlagstock oder so etwas bei mir gehabt hätte, bin ich einfach nicht stark genug, um Hunden mit vierhundert Pfund Muskelmasse, die mich fressen wollen, etwas entgegenzusetzen. Meine einzig mögliche Waffe: Babysprache.

Ich fing sofort an, mit diesen furchterregenden, knurrenden Biestern zu reden, als wären sie Babys. »Ihr seid ja so niedliche große Babys! Ja, das seid ihr, jawohl! Darf ich euch mal aus der Nähe anschauen?« Im Rückblick kann ich diesen Augenblick nur göttlich inspiriert nennen, denn diese trainierten Killer wedelten so heftig mit dem, was von ihren Schwänzen noch übrig war, dass sie nicht einmal geradeaus laufen konnten. Sie geleiteten mich zu den Verandastufen, drängten mich bis zur Tür und verbrachten den Rest der Zeit mit dem Versuch, mich zu Tode zu lecken. Als ich zu meinem Auto zurückging, folgten sie mir und wedelten dabei die ganze Zeit mit ihren schwanzlosen Schwänzen. Sie bettelten mich um noch mehr von dem an, was sie sich so sehr wünschten: ein bisschen alberne Liebe.

Genau darum geht es im Grunde doch: ein bisschen unerklärliche Liebe für einen Fremden, an dem man vorbeigeht und den man vielleicht nie wiedersieht. Und wenn wir richtig verrückt sein wollen, könnten wir ja einfach ein paar Worte mit ihm wechseln, denn manchmal sind wir füreinander so furchterregend wie jene Rottweiler, die an jenem Abend aus der Dunkelheit auf mich zugerast kamen. Manchmal müssen wir nur den unsichtbaren Faden finden, die Gemeinsamkeit, und es wagen zu sprechen. Denn wir alle sitzen im gleichen Boot des Lebens mit seiner Zahl an Tagen und Minuten – und je schneller uns das klar wird, umso besser für uns alle.

Vorurteile

Wenn man für jemanden betet, neigt man dazu, die persönliche Einstellung ihm gegenüber etwas zu verändern.

Norman Vincent Peale

Man kann ein Buch wirklich nicht nach seinem Umschlag beurteilen. Menschen auch nicht. Ich bete schon so lange für Menschen, dass man meinen sollte, ich wüsste das. Aber so ist es nicht. Ich werfe immer noch einen kurzen Blick auf sie, ziehe meine Schlussfolgerungen und gehe unter dem Vorwand der Unwissenheit auf sie zu.

Manche von uns sind vielleicht in dem Wissen aufgewachsen, dass die Obdachlosen, Unschuldigen, Schutzlosen und scheinbar Hoffnungslosen Gebet brauchen. Eine große Herausforderung oder Entdeckung für mich während dieses Jahres war, dass ich auch Menschen begegnete, die nicht besonders danach aussahen, als hätten sie Gebet nötig. Solche, die nicht so aussahen, als brauchten sie irgendetwas von dem, was ich zu bieten hatte. Wir schauen die Menschen mit dem teuren Sportwagen oder dem großen Ring an oder diejenigen, die ihr Leben scheinbar besser im Griff haben als wir. Die nie etwas Dummes oder Peinliches tun würden. Mit anderen Worten, Menschen, die nie die Hälfte der dummen oder peinlichen Dinge tun würden, die ich getan habe, weil sie im gesellschaftlichen Umgang geschickter sind. Sie wirken gut situiert, wie meine kleine Miss Perfektion, als könnten sie im Leben nichts falsch machen.

Ich stehe in einem Gang im Supermarkt, und als ich aufschaue, bemerke ich eine Frau, die in diese Kategorie fällt. Sie ist sehr gut gekleidet, trägt Diamanten, ist offenbar wohlhabend. Ich werfe einen Blick über beide Schultern, um mich zu vergewissern, dass der Gang auch wirklich leer ist, und gehe auf sie zu. Inzwischen bin ich so weit, dass ich wirklich versuche, mit der Person zu reden, die mir jeweils besonders ins Auge fällt, meine Seele berührt, meine Aufmerksamkeit erregt – wie auch immer man es nennen mag. *Die falsche Frau*, will ich sagen. *Ganz falsch. Dein Auswahlgenerator funktioniert heute offenbar nicht.*

Die Art, wie ich mich kleide, hat nicht immer das Ziel, Eindruck zu machen. Okay, das ist untertrieben. Es mag sein, dass ich zu festlichen und besonderen Anlässen meine Aschenputtel-Momente habe, doch normalerweise trage ich Jeans – sogar in diesem Moment, als ich dies schreibe, habe ich Jeans und ein weißes T-Shirt an. So oder ähnlich bin ich meistens gekleidet. Außerdem bin ich eine Frau, die es hasst, Kleider kaufen zu gehen. Die Frau, die ich ausgesucht habe, ist offensichtlich eine Person, die schon jahrelang mit Kennerblick einkaufen geht. Ich könnte schwören, dass sie einen prüfenden Blick auf meine Schuhe wirft und mich von Kopf bis Fuß mustert, als ich auf sie zukomme. Zunächst erzähle ich ihr, dass ich Schriftstellerin bin – Autorin von Südstaatenromanen. Ich schwöre, dass ich sogar das »von der Presse hochgelobt« erwähnt habe, weil dies irgendwo in einer Autoreninfo aufgetaucht ist, sich irgendwie festgesetzt hat und seitdem in *jeder* Autoreninfo zitiert wird. Als ob das meinen Gebeten mehr Glaubwürdigkeit verleihen würde. Unsinn. Ich versuche nur, den Umstand auszugleichen, dass ich irgendein Drei-Dollar-T-Shirt trage, das ich im Vorbeigehen gegriffen und auf das Beste gehofft habe.

Sie sagt mir, dass sie Peggy heißt, und eine Viertelstunde später reden wir immer noch darüber, wo sie wohnt und dass sie gerade erst umgezogen ist (vorher hat sie in Texas gearbeitet). Dann fragt sie mich, ob ich besonders für ihren Enkelsohn beten könnte, denn in seinem Leben gibt es einige besondere Situationen, die nicht besonders gut aussehen. »Wir haben ein paar Probleme.«

Das erinnert mich wieder einmal daran, dass es keine Rolle spielt, wie man gekleidet ist oder was auf dem Namensschild steht, sondern was im Inneren ist. Wir alle haben etwas zu geben, ganz gleich, wie unsere Kleidung aussieht oder was unsere Position oder unser Titel ist. Nur ein kurzes, geflüstertes Gebet – mehr ist nicht nötig.

Wochen später passiert etwas Seltsames. Ich fahre mitten am Tag in einen ganz anderen Teil von Nashville, um ein Geschenk für jemanden zu kaufen. Ich laufe durch das Geschäft, schaue auf, und da steht Miss Peggy. Ich muss zweimal hinsehen, und sie auch.

»Hey, ich kenne Sie.«

»Das stimmt«, antworte ich.

Im Grunde gehen wir nur mit einem einfachen »Schönen Tag noch« aneinander vorbei. Kein großes Gespräch. Eine Stunde später bin ich schon wieder auf dem Weg aus dem Laden, als ich höre, wie sie nach mir ruft.

»River Jordan! Hey, River Jordan!« Ich drehe mich um und sie winkt mich hinüber in die Wäscheabteilung. »Ich möchte Ihnen jemanden vorstellen.«

Sie stellt mich der Frau hinter dem Ladentisch vor und erklärt ihr, dass ich *Schriftstellerin* bin. *Romanautorin.* Wir wechseln ein »Sehr erfreut«, und dann ist die Verkäuferin schon wieder unterwegs, um auf Peggys Wunsch hin etwas zu suchen. Kaum ist sie außer Hörweite, sagt Peggy: »Und die andere Situation, von der ich Ihnen erzählt habe … da läuft es tatsächlich langsam besser. Das Blatt scheint sich zu wenden.« Ich weiß, dass sie ihren Enkelsohn meint. Und ich weiß, dass sie das Gebet meint.

»Gut. Das freut mich sehr zu hören.« Ich verabschiede mich mit einem »Vielleicht sehen wir uns ja mal wieder.«

Ich weiß nicht, wie diese Begegnungen entstehen – seltsame Begegnungen in der Stadt mit Menschen, die ich an ganz anderen Orten kennengelernt habe –, aber ich bin froh darüber.

Dr. Mutter

Er liebt jeden von uns so, als gäbe es nur einen einzigen Menschen, den er lieben könnte.

Max Lucado

Ich gehe auf eine Frau zu, die beim Zahnarzt im Wartezimmer sitzt. Gerade bin ich mit meinem eigenen Termin fertig – nur eine Kontrolle und Zahnreinigung –, als ich sie sehe. Sie ist eine Landschönheit. Wirklich. Sie könnte glatt einer Milchwerbung entsprungen sein – der Inbegriff von Gesundheit. Ein Gesicht zum Anbeißen. Ihr gelbes Baumwollkleid endet kurz unter den Knien. Sie trägt weiße Stoffturnschuhe, und ihr reinweißes, seidiges Haar ist hoch oben am Hinterkopf zu einem Dutt zusammengenommen. Je länger ich darüber nachdenke, desto mehr fällt mir auf, dass sie genau wie meine Heldin Velma True in meinem Roman *Saints in Limbo* ist. Mit diesem süßen Gesicht und diesem reinweißen Haar würde man sie sich wohl am ehesten in einem Schaukelstuhl auf der Veranda vorstellen. Genau so, wie ich beim Schreiben Velma vor meinem inneren Auge sah.

Gleich werde ich feststellen, dass sie ihr ganz und gar nicht ähnelt. Ich frage nach ihrem Namen und sie stellt sich galant vor. Dieses Wort benutze ich ganz ernsthaft, weil diese Frau vor Energie und einer Art furchtlosem Selbstvertrauen sprüht. »Dr. Jones«, sagt sie. »Aber jetzt, mit siebenundachtzig, bin ich im Ruhestand.«

Kraft – das hat sie, stelle ich fest. Ich trete einen kleinen Schritt zurück. »Warum? Kennen Sie mich irgendwoher?«, fragt sie. »Waren Sie bei mir in Behandlung?« Sie schaut mich eingehender an. »Bei mir waren viele Leute in Behandlung.«

»Nein, Ma'am«, erwidere ich. »Ich bin nicht von hier. Es ist nur so, ich bin, es ist so …« Ich zögere ein bisschen. »Ich bete für andere Menschen. Nicht öffentlich, wohlgemerkt.« Ich schüttele den Kopf. »Aber ich bete.« Sie beäugt mich von oben bis unten. Wir sind allein im Wartezimmer und ich glaube, das ist gut für mich. Wenn sie mir aus irgendeinem Grund gleich einen Vortrag halten sollte, habe ich lieber keine Zeugen dabei. Aber das geschieht gar nicht. »Es ist einfach ein Vorsatz«, erkläre ich ihr. »Zumindest hat es so angefangen.«

Ihr Name ist Mary Jones und sie fängt an, mir eine aufschlussreiche Nachhilfestunde zu erteilen. Über Tennessee und vergangene Zeiten. Kalte Winter und Babys und ihre Patienten im Allgemeinen. Ich staune über sie. Alles an ihr erstaunt mich. Die einzige andere Frau mit einem solchen Selbstvertrauen, die ich kenne, ist meine Mutter. Sie erstaunt mich und macht mir auch etwas Angst.

Wie gewohnt frage ich: »Bevor ich gehe, haben Sie etwas Besonderes, für das ich später beten soll?« Ich stütze mich auf mein »später« – wie immer. Mit oder ohne Zeugen, ich bete lieber im stillen Kämmerlein.

Einen Moment lang schaut sie zu Boden, wackelt in ihren weißen Stoffturnschuhen mit den Zehen, und wieder schüttele ich den Kopf darüber, wie sehr sie mich äußerlich an meine Heldin Velma erinnert.

»Ich habe Probleme mit meiner Tochter«, sagt sie. »Sie hört nicht auf mich.«

»Ihre Tochter?«

Sie nickt und regt sich dann ein bisschen auf; offenbar erinnert sie sich an ein noch nicht allzu lang zurückliegendes Gespräch. »Sie ist neunundsechzig und denkt, sie weiß alles. Ich rede und rede, aber sie hört einfach nicht auf mich.« Beim letzten Wort stampft sie mit dem Fuß auf. »Nichts lässt sie sich sagen. Ich bin es so leid, zu versuchen, zu ihr durchzudringen.«

»Kinder«, sage ich. »Was soll man da machen? Meine Söhne hören auch nicht auf mich.«

Sie nickt. »Nicht wahr?«

Wir reden ein Weilchen über Kinder und übers Muttersein. Ich erzähle ihr, wie meine Mutter vor vielen Jahren versuchte, mich zu belehren, aber es dauerte sehr lange, bis ich die Weisheit hinter ihren Worten verstand und zugeben konnte, dass sie recht hatte. Ich sage ihr auch, dass dieses Tauziehen ein Mutter-Tochter-Spiel ist; manchmal ist es einfach so, dass man sich hin und wieder in die Haare gerät und unterschiedlicher Meinung ist.

Dann öffnet die Schwester die Tür und ruft sie auf. »Schön, Sie kennengelernt zu haben«, sagt sie, als sie sich erhebt, um der Schwester zu folgen. Dann ist sie rasch um die Ecke, wo ich höre, wie sie alle daran erinnert, wer genau sie ist, falls sie es vergessen haben. Sie würde mich in Angst und Schrecken versetzen, wenn sie meine Mutter wäre, aber das ist sie nicht. Sie ist einfach eine Fremde, Dr. Mary, Mutter von Polly, Kriegerin in irgendeiner Schlacht. Ich jedenfalls hätte sie gern auf meiner Seite.

Ich öffne die Tür und trete hinaus in den Sonnenschein. Auf meinem nicht gerade direkten Heimweg denke ich über Landärzte nach und Frauen, die wissen, wo sie stehen, über Mütter und Töchter und hundert andere Dinge, doch alle haben mit dieser besonderen Frau in einem ländlichen gelben Kleid zu tun und wie sehr ich mir wünschte, mehr wie sie zu sein. Könnte das auch etwas sein, das ich nebenher lernen könnte? Könnte ich mich dazu inspirieren lassen, fröhlicher zu sein, wie die Hauswirtschafterin in den Bergen, hilfsbereiter, wie jener Mann von der Landstraße, oder selbstbewusster, wie Dr. Mary? Könnten die Menschen, denen ich begegne, mir alle durch ihr Leben und ihre Erinnerungen etwas beibringen?

Perlen der Weisheit

Aber Wunder erzeugen keinen Glauben – echte Wunder bringen nicht aus dem Nichts Glauben hervor; man muss bereits Glauben haben, um an echte Wunder zu glauben.

John Irving, Owen Meany

Ich bin mit meinem Mann in der Arztpraxis, wo einige Tests vorgenommen werden sollen. Ich finde ihn fast übermenschlich, meinen Ehemann. Er ist Sportler; ein *richtiger* Sportler, der zweihundert Kilometer Fahrrad fahren und (jedenfalls in meiner Fantasie) mit einem Satz von einem hohen Gebäude auf ein anderes springen kann. Wir planen, bald unseren fünfzehnten Hochzeitstag zu feiern, und das erstaunt mich immer noch. Ich bin ein Bücherwurm. Ein Fahrrad ist für mich etwas, das mich daran hindert, mich voll und ganz auf die Worte zu konzentrieren. Eine unnötige Ablenkung. Trotzdem zeigt er mir eine ganz andere Seite des Lebens. Ich bin mit ihm zwanzigtausend Kilometer durch Bärengebiete gewandert – er hatte alle Vorräte auf dem Rücken und ich trug nichts weiter als Schminke. Wir haben auf dem Dach unseres Campingwagens in einem Alligatorensumpf übernachtet, und er sagte nichts weiter als: *Da soll sich nur ein Alligator an uns heranwagen!* Wir sind mit nichts weiter als Rucksäcken quer durch Europa gereist. Er ist furchtlos. Ich vertraue ihm völlig. Wir sind ein gutes Team.

Aber jetzt sind wir an einem Ort, den er, ehrlich gesagt, doch fürchtet – in einer Arztpraxis. Er hasst Kranksein mehr als jeder andere Mensch, den ich kenne. Er verabscheut Schwäche, wenn es seine eigene ist. Der Gedanke, das Leben nicht mit der Begeisterung leben zu können, die nur er aufbringen kann, ist ihm zuwider. Tests, viele frustrierende Tests wegen einer unbekannten

Muskelerkrankung haben uns in diese Praxis geführt, in dieses Wartezimmer, wo er nun nachdenklich und wortkarg sitzt.

Irgendwie sind wir in unserer Unterhaltung bei seinem heimatlichen Bundesstaat Pennsylvania gelandet, vielleicht über das Thema Sport oder durch Neuigkeiten von Freunden aus der Ferne. Ein älterer Herr hört uns zufällig zu und spricht uns an, sagt uns, dass er aus Pennsylvania kommt. Normalerweise ist mein Mann der Kontaktfreudigere von uns beiden und wäre – normalerweise – sofort in das Gespräch eingestiegen, aber heute ist er schweigsam und kurz angebunden. Doch ich habe mich nun schon längere Zeit jeden Tag fremden Menschen vorgestellt, und ich mag alte Menschen wirklich gern. Sie sind für mich ein Wunder. Sie fesseln mich mit ihren Geschichten. Und sie fühlen sich so wohl in ihrer Haut. Wenn man zweiundachtzig Jahre alt ist, weiß man schon ein wenig. Eines davon ist, dass man sich selbst wirklich gut kennt. Genau das fällt mir an diesem Mann auf, als er anfängt, über Philadelphia und seine alte Nachbarschaft zu reden. Ich melde mich zu Wort und stelle ein paar Fragen; dann nimmt er meine Hand und sagt: »Kommen Sie, ich möchte Ihnen meine Frau Pearl vorstellen. Sie ist sechsundachtzig. Ich bin zweiundachtzig, wissen Sie? Ich habe eine ältere Frau geheiratet!«

Er führt mich auf die andere Seite des Wartezimmers, aber mein Mann bleibt zurück, unbeweglich und still. »Pearl«, ruft Gus aus, »das ist River.«

Pearl streckt mir ihre Hand entgegen, deren Haut so dünn ist wie feine Spitze, und hält meine Hand einfach in ihrer, statt sie zu schütteln. Dann drückt sie meine Handfläche und sagt: »Gehen Sie nicht in die Sonne!« Das sind ihre ersten Worte an mich.

»Lustig, dass Sie das sagen.« Ich beuge mich ein wenig zu ihr hin. »Denn ich habe ernsthaft darüber nachgedacht, mir ein schönes Sonnenbraun zuzulegen.«

Vielleicht denken Sie ja, dass das keine große Sache ist. Überall legen sich Leute auf die Sonnenbank, benutzen Bräunungsspray und legen sich einen goldbraunen Schimmer zu. Doch bei mir ist das anders. Ich bin an der Golfküste aufgewachsen, und die meisten Jahre davon hatte ich eine Hautfarbe wie brauner Zucker. Das waren noch die Zeiten, als Sonnencreme vor allem zum Bräunen da war. Die Zeiten, in denen eine Sonnencreme höchstens die Warnung trug, man müsse erst dunkel gebräunt sein, bevor man sie überhaupt benutzen sollte. Es ist wohl untertrieben zu sagen, dass ich den Schaden, den ich meiner Haut damals zugefügt habe, noch dadurch verschlimmert habe, weil ich jenes wunderbare Bräunungsgemisch aus Babyöl und Jod verwendete. Doch ich muss gestehen, dass ich einst einen dauerhaft goldenen Teint hatte.

Heute kann davon keine Rede mehr sein. Ich habe Jahre an einer Computertastatur und fernab von Sonnenlicht verbracht. Ich habe mich vernünftig gekleidet, mit Sonnencreme LSF 45 eingerieben und im Schatten gesessen. Doch zwei Tage, bevor ich Gus und Pearl über den Weg gelaufen bin, hatte ich beschlossen, dass ich meine käsig-olivfarbene Haut gründlich satt hatte. Ich wollte keine falsche Sonnenbräune oder Selbstbräuner auf meine Haut sprühen. Ich wollte mich wie in der guten alten Zeit wie eine Eidechse im Sand aalen. Kein Problem, dass ich inzwischen in Tennessee wohnte; ich würde auch auf dem Rocky Top sonnenbaden, wenn es sein musste. Ich wollte wieder die Farbe haben wie in meinem Abschlussjahr in der Schule. Die Farbe, die mein indianisches Erbe ein wenig mehr hervorhebt als die weißen Beine meiner irischen Vorfahren. Ich wollte alle Warnungen überhören und mich von allen Seiten schön goldbraun braten lassen.

»Gehen Sie nicht in die Sonne«, sagt Pearl noch einmal. »Das wird Ihnen schaden.«

Vielleicht habe ich nicht erwähnt, dass ich ein paar kleine Flecken habe entfernen lassen, die etwas im Schilde führten oder sich auf etwas hin entwickelten, das man lieber nicht hätte. »Verstanden, Pearl. Es ist schon lustig, dass Sie das sagen. Ich wollte gerade richtig an meiner Sonnenbräune arbeiten.«

»Nein. Benutzen Sie Sonnencreme. Und setzen Sie einen großen Hut auf. Kaufen Sie sich einen großen Hut.«

»Ja, Pearl. Sonnencreme und großer Hut.«

Dann unterhielt ich mich ein wenig mit ihnen. Ich fand heraus, dass einer ihrer Söhne sie nach Nashville zum Arzt gefahren hatte. Und ich beschloss, dass ich heute für zwei Fremde beten würde, denn Gus und Pearl gab es nur im Doppelpack. Sie waren nicht voneinander wegzudenken. Ich wollte einfach nur mit ihnen nach Hause gehen, an ihrem Küchentisch sitzen und mir von ihnen bis zum Abwinken Geschichten erzählen lassen. Doch dazu würde es nicht kommen, da die Schwester den Namen meines Mannes aufrief und es für mich Zeit zu gehen war.

Beim Hinausgehen sah ich sie nicht mehr, aber ich beschloss, meine Pläne aufzugeben, stundenlang ohne Schutzmaßnahmen in der Sonne zu liegen und mit ganzer Hingabe Sonnenstrahlen in mich aufzusaugen. Denn das hielt sowieso nicht lange an und war gegen jede Vernunft, was mir durch die Warnung von Pearl bestätigt wurde.

Was, wenn es eigentlich genau so sein muss? Dass Fremde uns seltsame Geschenke mitbringen, Geschenke, die ungeöffnet bleiben, wenn wir nie Kontakt zueinander aufnehmen?

Was, wenn die ungesehenen Dinge – das Staunen, der Ratschlag, die Führung, die wir brauchen – beinahe in Reichweite wären, in der Hand eines Fremden, und nur darauf warteten, dass wir sie berühren?

Freunde und Einsamkeit

Das Gebet macht uns nicht bereit für das größere Werk – es ist das größere Werk.

Oswald Chambers

Obwohl ich in meinem Leben schon viel gereist bin und an vielen Orten gewohnt habe, stamme ich ursprünglich von der Golfküste, einer Gegend, in der mein Mann und ich jahrelang zu Hause waren. Es war eine Gegend im Norden von Florida und – zumindest in meinen Erinnerungen – ein verschlafenes Fischerdorf, ein unberührter Ort, in dem familiengeführte Restaurants am Strand verstreut lagen, und an einem Platz namens Long Beach, an dem es ein paar Kinderkarusselle, Hotdogs und Zuckerwatte gab.

Heute gibt es dort Eigentumswohnungen, so weit das Auge reicht. Die Restaurants sind nicht mehr verstreut, sondern förmlich übereinandergestapelt, und die Studenten, die regelmäßig in den Frühjahrsferien hier einfallen, haben die riesigen Nachtclubs entdeckt, die dutzendweise die Sanddünen bevölkern. Der Ort ist heute ganz anders als damals, als ich dort aufwuchs. Trotzdem: Wenn ich »nach Hause« fahre, findet ein Teil jenes alten Zaubers zurück an die Oberfläche: der Geruch von Salzwasser in der Luft, der schwingende Rhythmus der Palmen, die wenigen Nächte, in denen wir am Strand Sternschnuppen beobachten.

Das einzige Problem an einem Besuch in der Heimat ist, dass es keine Auszeit ist – Zeit, um sich vom Termindruck zu erholen –, sondern in Arbeit ausartet. Es ist ein Segen, dass diese Besuche mit Verwandten und alten Freunden angefüllt sind, doch es ist unmöglich, genug Zeit zu finden, um sie alle zu besuchen. Die Zeiger an der Uhr ticken, die wenigen Tage rauschen so schnell vorbei, und trotzdem habe ich mit den meisten nicht genug Zeit verbracht und oft eine Menge Menschen vergessen oder ausgelassen. Ich stehe ständig unter Druck, mehr alte Freunde zu besuchen, als ich überhaupt in die kurze Zeit packen kann. Ein Besuch in der Heimat ist somit nie erholsam. Von mir ist einfach nicht genug für alle da.

Bei einem dieser Aufenthalte in der Heimat bin ich spätabends noch zu einer Besorgung unterwegs und eile durch die Gänge in einem Geschäft. Es ist schon fast Ladenschluss und ich versuche, noch alles zu bekommen, was wir brauchen, sowie die besonderen Dinge, die unsere Mütter mögen, als ich an einem Mann in der Tiefkühlabteilung vorbeieile. Abrupt halbiert sich meine Geschwindigkeit. Er trägt eine weiße Jacke und füllt die Regale auf. Ich mache einen langsamen Schritt nach dem anderen und spüre dem altvertrauten Gefühl nach. Dann drehe ich mich um und gehe wieder zurück. Plötzlich habe ich es nicht mehr eilig.

»Hallo …« Er trägt ein Namensschild, das ich lesen kann, als er sich vor dem großen Gefrierschrank aufrichtet. »… Ron. Ich habe die Angewohnheit, jeden Tag besonders für einen Menschen zu beten, und Sie sind heute dieser Mensch. Ich wollte es Ihnen nur sagen … ich will besonders für Sie beten und Ihnen Gottes Segen wünschen. Das ist alles. Machen Sie's gut.«

Ich will schon wieder gehen, wieder Geschwindigkeit aufnehmen, dort weitermachen, wo ich auf meiner Liste stehengeblieben war. Doch dann fällt mir auf, dass er einfach nur dasteht und die Hände in die Jackentaschen geschoben hat.

»Danke. Das kann ich gut gebrauchen.«

»Hey, Ron, ich auch. Wir alle brauchen jemanden, der für uns betet.« Nun gehe ich zurück, arbeite mich durch die Tiefkühlabteilung und bin schon fast im nächsten Gang. *Joghurt*, denke ich, *vielleicht sollte ich ein bisschen Joghurt mitnehmen.*

»Wo gehen Sie in die Kirche?«

Ich bleibe stehen. Dies ist kein Fall von »im Vorbeigehen für einen Fremden beten«. Ich falte meine Einkaufsliste zusammen, stecke sie in meine Tasche, gehe zurück zu ihm und verschränke die Arme zu einer bequemen Pose.

»Ich bin nur auf Besuch hier. Wir wohnen nicht mehr hier.«

»Ach?«

»Ja. Wir sind jetzt in Nashville.«

»Ich habe überlegt, ob ich nicht wieder in die Kirche gehen soll. Früher bin ich hier in die Kirche gegangen. Ich habe überlegt, ob ich wieder dorthin gehe oder vielleicht ein paar andere Gemeinden ausprobiere.«

Ron ist ein großer Mann. Ein Mann, der vielleicht früher Football gespielt hat und den wahrscheinlich viele Leute um Hilfe beim Umzug bitten. Ein Mann, der aussieht, als wäre er ein guter Metzger geworden, so als könnte er eine halbe Kuh mit einer Hand hochheben oder so. Doch trotz alledem wirkt er heute Abend einfach müde – und ein bisschen einsam, wie ein Mann, den nicht nur die Spätschicht müde gemacht hat. Wie ein Mann, der einen oder zwei Freunde gebrauchen könnte. In diesem Fall meine ich nicht mich und dass ich mir ein paar Minuten für ihn Zeit nehme. Ich meine einen Freund, eine Familie und ein Netzwerk von Menschen, die ihn auffangen, wenn er fällt. Die sich seine ausgetrockneten Träume anhören, bis sie wieder lebendig werden.

Ich nenne ihm eine Gemeinde in der Nähe, in die ein Freund von mir geht. »Das sind anscheinend ganz nette Leute dort. Es ist ganz ungezwungen, Jeans und so. Man muss sich gar nicht schick machen, um dazuzupassen.« Er kommt mir nicht wie ein Mann vor, der mehr als einen Anzug besitzt, und den trägt er wahrscheinlich nur zu Beerdigungen.

»Ja, von der Gemeinde habe ich, glaube ich, schon einmal gehört. Vielleicht schaue ich jetzt am Sonntag mal dort vorbei.«

»Passen Sie auf sich auf, Ron.«

»Werde ich. Und Sie auch auf sich, wenn Sie zurück nach Nashville fahren.«

Ich ziehe meinen Einkaufszettel aus der Tasche, erledige den Rest meiner Einkäufe und trete dann in den warmen Golfküstenabend hinaus. Dabei denke ich an mein Problem mit zu vielen Verwandten und Freunden. Und mir wird bewusst, dass es vielleicht chaotisch ist, aber dass es »zu viele Freunde« gar nicht gibt. So etwas wie »zu wenige Freunde« gibt es allerdings.

Unheilige Momente

Keine Worte gewechselt, keine Zeit, sich auszutauschen.

Dave Matthews

Sie muss so einsam gewesen sein! Das erkenne ich allerdings erst etwas zu spät – nachdem ich mich mit ungefähr null Geduld wie eine Dampfwalze durch die Schlange an der Kasse gekämpft habe. Wissen Sie, eigentlich bin ich ein freundlicher Mensch – unter den richtigen Umständen. Solche Umstände wären etwa ein perfekter Sommernachmittag, an dem ich keinen Termindruck habe, weil alle Arbeit getan ist, alle Besorgungen erledigt sind, mein Leben augenscheinlich stillsteht. Unter diesen Umständen und beispielsweise angenommen, ich hätte Sie im Tante-Emma-Laden am Ende der Straße getroffen, dann könnte es sein, dass wir ein Gespräch darüber anfangen, wie heiß der Tag war oder wie blau der Himmel. Dann könnte es sein, dass wir das Gespräch auf die Veranda des Ladens verlegen, wo die Schaukelstühle auf uns warten. Wir würden eine, vielleicht zwei Stunden schaukeln und uns ein paar Geschichten erzählen. Für Sie könnte ich so sein – ehrlich, könnte ich! Nur dass solch ein Tag so selten ist wie ein einzigartiger Mondaufgang oder wie der Halleysche Komet. Solche Momente sind so selten, dass ich mir einfach fest entschlossen, mit stählernem Blick und ohne Entschuldigung die Zeit nehmen muss, ein Mensch zu sein. Dass ich irgendwie all die Dinge werde, die ich gestern nicht war. Nachdem ich schon seit Monaten für Fremde bete. Nachdem ich Kontakt aufgenommen, Geschichten gehört und gesehen habe, was diese Verbindung bei anderen bewirkt. Doch stattdessen geschah es folgendermaßen:

Ich versuche nichts weiter, als an der Schnellkasse zu bezahlen, weil ich gerade in einer »Schnellkassen-Stimmung« bin.

Allerdings hätte sich die Frau vor mir an einer anderen Kasse anstellen sollen. An einer sehr, sehr langen, langsamen Schlange. Es liegt nicht so sehr an der Anzahl der Artikel, die sie hat; es liegt daran, dass sie mit dem Kassierer über jeden einzelnen Artikel reden will. Dann redet sie über andere persönliche Dinge, doch ich höre nicht richtig zu, denn ich kämpfe dagegen an, mit den Fingern auf die Art und Weise zu trommeln, die nur eines sagt: *Ich warte!*

Dann bezahlt sie, aber sie geht nicht. Der Kassierer hat *endlich* angefangen, meine Einkäufe zu scannen.

»Hatten Sie bisher einen schönen Tag, Ma'am?«, fragt er mich, während er einen Artikel über den Scanner zieht.

»O ja, einen prima Tag. Einen sehr schönen Tag.« Mehr als einen halben Atemzug brauche ich für diese beiden Sätze nicht. Am liebsten würde ich ein paar von meinen Einkäufen nehmen und für ihn scannen, mit den Worten: »So geht das – zack, zack, zack! Die Zeit läuft!« Doch ich tue freundlich, stehe still da, halte meine Hände ruhig und lächele.

Die Frau steht immer noch da, und dann beugt sie sich zum Kassierer hinüber, lenkt ihn ab und sagt: »Und ich hätte gern noch ein paar Briefmarken.«

Briefmarken? Briefmarken?! Das ist hier keine Poststelle! Gehen Sie wenigstens zum Kundenservice – da drüben! Machen Sie die Kasse frei! Hören Sie auf, den Kassierer abzulenken!

Okay, auch das alles sage ich nicht. Der Kassierer erwidert: »Klar, kein Problem, gleich wenn ich die Dame hier bedient habe«, und natürlich denke ich, dass er in diesem Tempo nie mit meinen Einkäufen fertig wird.

Die Frau beugt sich noch weiter zu uns herüber und beginnt, meine Einkäufe zu inspizieren, die noch nicht eingepackt sind. »Sind das da Jumbosandwiches?«

»Ja, Ma'am«, antworte ich.

»Ich wusste gar nicht, dass es hier Jumbosandwiches gibt.«

In diesem Moment denke ich zwei Dinge genau gleichzeitig: Erstens: *Diese Frau muss meine Fremde des Tages sein*, und zweitens: *Ich muss hier raus!*

»Die Jumbosandwiches hier sind gut, richtig gut.« Der Kassierer setzt hinzu, dass sie seiner Meinung nach besser sind als die einer führenden Schnellrestaurantkette. Ich sage, dass ich ihm zustimme.

»Ja, wenn ich das jetzt weiß, muss ich sie unbedingt selbst probieren.«

Ich greife meine Einkaufstaschen wie ein Wirbelwind und sage zu ihr: »Ja, Ma'am, das sollten Sie. Machen Sie's gut.«

Sie antwortet: »Sie auch.« Doch ich bin schon fast an der Tür.

Erst eine Stunde später, nachdem ich noch weitere Besorgungen erledigt habe, erst als ich nach Hause fahre, um mich ins Büro zu setzen und heute hoffentlich noch eine Stunde zu schreiben, trifft es mich plötzlich wie aus heiterem Himmel. Sechs Worte: Sie muss so einsam gewesen sein.

Ich habe ihr nicht gesagt, dass sie meine Fremde war, aber ich wette, es hätte ihre Augen ganz neu zum Leuchten gebracht. Herausgestellt werden, jemand Besonderes sein! Ich hätte sie ja wenigstens in ein Gespräch verwickeln können, während der junge Mann meine Einkäufe scannte. Ich hätte etwas sagen können, irgendetwas, über das Wetter, über Flugzeuge oder den Preis von Eiern. Ich hätte in ihre Einkaufstaschen schauen oder sie fragen können, ob wir zusammen Mittag essen sollen. Wir hätten uns eines dieser Jumbosandwiches teilen und uns dabei eine Dreiviertelstunde lang unterhalten können. Ja, ich hätte irgendetwas davon tun können, ganz gleich, ob es eine kleine oder eine große Sache gewesen wäre. Doch ich habe nichts weiter getan als die Luft anzuhalten, bis ich verschwinden konnte. Denn die hässliche Wahrheit ist, dass es viel leichter ist, sie auf meine »Gebetsliste« zu setzen, als ihr fünf Minuten meiner ungeteilten Aufmerksamkeit zu schenken.

Dieser Neujahrsvorsatz hat mich mit einem Instrument ausgestattet, um das ich nicht gebeten hatte – eine Möglichkeit, in meine eigene Seele zu schauen, an Tagen, an denen ich so unheilig und egoistisch bin, wie es nur geht.

Ja, ich habe für diese Frau gebetet, wirklich. Ich habe gebetet, dass sie einem besseren Menschen begegnet als mir. Jemandem mit der Geduld, ihr zuzuhören, jemandem, der sich die Zeit nimmt, sie wirklich anzuhören. Und ich habe gebetet, dass ich häufiger selbst solch ein Mensch sein kann.

Sorgentränen

Gute Dinge geschehen, wenn man Fremden begegnet.

Yo-Yo Ma

Mein Mann hat einen Termin zu einer ambulanten Operation. Man versucht immer noch herauszufinden, was mit seinen Muskeln nicht in Ordnung ist. Er sieht gesund aus wie ein Pferd. Nein, noch gesünder. Doch in letzter Zeit haben ihn Muskelkrämpfe dazu getrieben, ärztlichen Rat einzuholen. Er ist wie ein verärgerter Bär, kein besonders guter Patient und kein Mann, der normalerweise Tabletten nimmt – geschweige denn sich irgendeiner Operation unterzieht. Ich sitze vor der Operation bei ihm, sowohl zur moralischen Unterstützung als auch zum Schutz für diejenigen, mit denen er in Berührung kommt. *Ein Krankenhaus*, denke ich. *Hier gibt es viele kranke Menschen.* In diesem Raum voller Menschen, die auf eine Operation warten, werde ich wohl leichter jemanden finden, für den ich beten kann, als an sonst einem Tag.

Ich habe meinen Blick bereits umherschweifen lassen. Es ist ein Warteraum in der chirurgischen Abteilung einer großen Klinik in Nashville. Menschen aller möglichen sozialen und ethnischen Herkunft sitzen hier. Ein wahrer Schmelztiegel von Menschen, die Gebet brauchen könnten und es angesichts ihrer momentanen Umstände nicht nur brauchen, sondern tatsächlich dankbar dafür wären. Im Warteraum sitzt ein Paar, das sich bei den Händen hält. Eine Mutter, die versucht, ihre zwei kleinen Kinder zu beschäftigen. Eine bunte Mischung von Menschen, die durch alte Zeitschriften blättert und nicht lange genug bei einer Seite bleibt, um die Worte darauf tatsächlich aufzunehmen. Im Fernsehen läuft irgendeine Seifenoper, doch keiner achtet richtig auf die Geschichte. Und mein Mann und ich sitzen unter all diesen

Menschen. Wir waren zu dieser Zeit bestellt, doch die Operation wird erst in ein paar Stunden stattfinden.

Mein Mann fragt: »Warum? Warum wird man so zeitig herbestellt, dass man so lange warten muss?«

Ich habe keine Antwort auf seine Frage. Ich weiß nur, dass sich die Nervosität bei allen dadurch definitiv steigert. Die allgemeine Sorge um jedes kleine Detail. Ich suche nach der nächstgelegenen Toilette und wandere durch die Gänge. Für mich sind alle Krankenhäuser Labyrinthe. Sterile Korridore, die wieder in andere Korridore münden, die genauso aussehen wie die, aus denen ich gerade gekommen bin.

In der Damentoilette stehe ich hinter einer jungen Frau, warte, dass ich mir die Hände waschen kann, und denke – *Das ist meine Fremde.* Ein Teil meines Gehirns streitet mit meinem Herzen. Der Teil, der sowieso immer meint, es sei eine dumme Unannehmlichkeit, den Betreffenden davon zu erzählen. *Sie ist nicht krank*, sagt dieser Gehirnteil. *Sie trägt sogar eine Art Namensschild. Sie arbeitet hier. Das ist die Falsche.* Doch mein Herz überstimmt mein Hirn.

»Entschuldigen Sie bitte, darf ich nach Ihrem Namen fragen?« Die junge Frau dreht sich um. Sie ist jung, würde ich sagen. Vielleicht dreißig. Jung genug. Sie wischt sich Tränen von den Wangen, als sie sich zu mir umdreht. Mir war nicht aufgefallen, dass sie weint. Zumindest einem Teil von mir war es nicht aufgefallen. Aber vielleicht dem anderen Teil.

»Felicia«, sagt sie leise. Sie trägt tatsächlich ein Namensschild. Sie sieht nicht krank aus. Sie ist schön, aber traurig.

»Sie sind heute meine Fremde.« Und so beginnt unser Gespräch. Sie braucht ein offenes Ohr, einige freundliche Worte und eine Umarmung. Und all das nimmt nur ein paar Minuten in Anspruch. Ein sehr kurzer Zeitabschnitt. Niemand sonst kommt in die Toilette und stört unsere wenigen Minuten unter vier Augen. Ich verabschiede mich von ihr und wünsche ihr Gottes reichen

Segen. Dann gehe ich zurück zu meinem Mann, der immer noch ungeduldig wartet.

»Möchtest du eine Geschichte hören?« Zur Erklärung: Diese Frage hört mein Mann oft. »Möchtest du einmal eine Geschichte hören?« kann zum Beispiel heißen: *Ich habe in letzter Zeit über Quantenphysik nachgedacht, und obwohl ich Algebra beim besten Willen nicht verstehen kann, glaube ich, dass ich diese Sache mit der String-Theorie kapiert habe.* Worauf er beispielsweise antworten könnte (und in der Vergangenheit schon oft geantwortet hat): *Du nervst mich gerade ziemlich.* Oder es kann ganz wörtlich bedeuten: *Wenn du eine Geschichte hören willst, hole ich George Garretts »Bad Man Blues« oder Jack Londons »Ruf der Wildnis« oder Haven Kimmels »A Girl Named Zippy« raus und lese dir vor, bis du blau anläufst.* Nach fünfzehn Jahren mit dieser Frage hat mein Mann gelernt, sie genauer einzugrenzen.

»Geht es um deinen Fremden, für den du betest?«

»Ja.«

»Dann ja.«

Also erzähle ich ihm von der Frau vor dem Waschbecken.

»Und du wusstest nicht, dass sie weint?«

»Nicht, bis sie sich umgedreht hat.«

»Ich sage dir, du musst diese Geschichten aufschreiben.«

Das sagt er ständig. Oder wenigstens jedes Mal, wenn ich ihm eine Geschichte erzähle. Ich erzähle ihm nicht alle, aber es gibt Tage, an denen die Geschichten einfach nur so aus mir heraussprudeln. Tage, an denen mich kleine Dinge und Zufälle einfach ins Staunen bringen. Wie der Umstand, dass ich eine Frau nach ihrem Namen frage, nur um festzustellen, dass sie genau in dem Moment geweint hat.

Ja, es bringt mich zum Staunen. Nicht immer spielt es sich so ab, nicht jeden Tag, aber wenn es geschieht, erkenne ich, dass ein Teil von mir – ein stiller, schweigsamer Teil von mir – mit dem Herzen einen Schrei hört, den meine Ohren niemals hören würden.

Schwestern für immer

Wer für seinen Nächsten betet, wird selbst erhört.

Aus dem Talmud

Ich führe Tagebuch über meine Gebete für Fremde. Ich habe Tagebücher und Notizblöcke, auf Papierservietten, Kassenzettel und Speisekarten gekritzelte Namen – Namen, so viele Namen. Jack, Jerry, Miriah, Courtney … die Liste geht immer weiter. Alte Namen, Familiennamen, Namen von Südstaaten-Farmpächtern und mutige neue Namen, die kreative Mütter extra passend für ihre einzigartigen Kinder erfunden haben.

Erst vor wenigen Tagen überlegte ich, warum ich die Fremden immer nach ihrem Namen frage. Warum steige ich immer mit dieser Frage ein? Wissen Sie, normalerweise bin ich kein Mensch, der andere nach ihrem Namen fragt. Ich bin die schüchterne Fünfjährige, die kaum den Kopf heben und die Hand geben konnte. Ich bin die Zwölfjährige, die am liebsten unsichtbar gewesen wäre. Ich bin diejenige, die als erwachsene Frau anfing zu weinen, weil in einer Zeitung neben einer Buchrezension ihr Bild abgedruckt war. Verstehen Sie mich bitte nicht falsch: Ich habe auch schon bei Stellen gearbeitet, an denen ich lächeln, die Hand geben und einen Werbespot verkaufen musste, aber … das war meine Arbeit. Meine Freizeit war mein privates Schneckenhaus, mein Leben und eher »Finger weg« als »Küss die Hand«. Doch gerade heute habe ich eine Frau nach ihrem Namen gefragt, und plötzlich traf es mich. Ich hatte die Frau in der Tierarztpraxis nach ihrem Namen gefragt – einfach weil ich wusste, dass sie einen Namen hat und dass sie es verdient, nicht einfach eines der vielen namenlosen Gesichter zu bleiben, die mich bedienen. Unabhängig davon, ob ich für die Impfungen meines Hundes bezahlen musste oder nicht, kam mir in den Sinn, dass ich nicht für ihre Anonymität gezahlt hatte. Ich habe in meinem Leben etwas grundlegend Wichtiges über die Verbindung und Kommunikation mit anderen Menschen gelernt: Jeder hat einen Namen – und jeder sehnt sich danach, gesehen, gehört und als mehr anerkannt zu werden als für seine Arbeit als Kassierer, Fahrer, Kellner oder Kartenabreißer mit einem kleinen, informativen Schildchen am T-Shirt. Diese Namen bedeuten mir heute mehr. Ich frage schon seit vielen Tagen nach Namen. Und endlich fange ich an, die Antworten zu hören – wirklich zu hören.

Ich würde gern jeden, den ich kenne, dazu ermutigen, jeden Tag für einen Fremden zu beten. Durch mein eigenes Beten für Fremde habe ich Vorteile entdeckt, die mich überrascht haben. Jene Momente des Tages, in denen man dem Gehirn verbietet, über tausend andere Dinge nachzudenken und sich einfach der Menschen in seiner Umgebung bewusst wird. Die Momente, in denen man zu spüren beginnt, welch unfassbare menschliche Not existiert, senken meiner Ansicht nach den Blutdruck. Ich glaube, sie verhindern Magengeschwüre und Panikattacken. Früher dachte ich immer, sich der Welt zu öffnen sei etwas Gefährliches, doch in Wirklichkeit ist es heilsam. Vielleicht ist es manchen unangenehm, es der betreffenden Person mitzuteilen, und das kann ich voll und ganz verstehen, doch das sollte keinen davon abhalten, sich auf dieses Abenteuer einzulassen. Natürlich erfährt man die Geschichte des anderen nicht, wenn man ihm nicht sagt, dass man für ihn betet. Man erhält nicht die Gelegenheit, unmittelbar und sofort eine Verbindung zu jemandem aufzubauen. Natürlich geht man das Risiko ein, dass der andere nicht möchte, dass man für ihn betet, und das ist in Ordnung. Es ist kein großes Problem, wenn dem so ist, doch glauben Sie mir: Diese Erfahrung habe ich in den vielen Monaten, in denen ich täglich für andere Menschen gebetet habe, nicht gemacht.

Alle, unabhängig von ihrem Glauben oder ihrer sozialen oder ethnischen Herkunft, vereint der Wunsch, gesegnet zu werden.

Das Schwierige daran – das, woran man sich etwas gewöhnen muss – ist, dass der Mensch, für den man betet, oft nicht in die »natürliche Auslese« passt. Mit anderen Worten, die Logik geht dabei den Bach runter.

Zum Beispiel der Mann dort drüben, der seine Sauerstoffflasche mit sich herumzieht und kaum atmen kann? Bei ihm wäre es doch leicht, oder? Ein Fall, den man vielleicht einen Selbstläufer nennen würde. Ich muss nicht erst eine »geistliche Schnitzeljagd« machen, um den richtigen Kandidaten zu finden. Hier ist ein Mann, der kaum atmet, ein bisschen wütend wirkt und eine Sauerstoffflasche hinter sich herzieht. So offensichtlich.

Doch dann steigt direkt hinter ihm eine Frau aus dem Auto, und sie erregt sofort meine Aufmerksamkeit. Sie kommt in die Poststelle, als ich gerade gehen will, und bevor es mir bewusst wird, stehe ich neben dem Mann mit der Atemhilfe, konzentriere mich aber voll und ganz auf diese Frau.

Sie sieht aus, als ob es ihr gut gehe. Wirklich. Sie ist eine attraktive Frau in den mittleren Jahren, die gerade aus einem schönen Auto gestiegen ist. *Schau mal,* sage ich mir, *ihr Leben ist wahrscheinlich ein Spaziergang und sie hat es vielleicht gar nicht nötig, dass jemand für sie betet. Aber der Mann neben mir hat es ziemlich schwer. Trotzdem …*

Sie fragt mich, ob die Post bereits geschlossen hat.

»Noch nicht«, sage ich. »Sie haben noch genau zwei Minuten.« Ich gehe zurück in den Laden und schaue ihr nachdenklich zu, statt mit dem Mann an der Frankiermaschine zu reden oder das Gebetsprojekt für heute aufzugeben und schleunigst zu meinem Auto zu verschwinden. Zu meiner Linken versucht der Mann mit der Sauerstoffflasche etwas am Selbstbedienungsschalter zu machen. Er beginnt, Umschläge zu stempeln. Sein Atem geht schwer, trotz des Sauerstoffs, der ihm durch einen dünnen Schlauch in seine Nase zugeführt wird, und er ist offensichtlich etwas gereizt. Wer könnte ihm das in seinem Zustand verdenken? Ich fange an, mit mir selbst zu diskutieren. *Das muss mein Fremder sein. Das ist ein Mann, der Gebet braucht.* Ich will schon hingehen und ihn ansprechen, doch heute ist nicht er mein Fremder. Ich schaue zurück zu der Frau. Sie ist es. Ich weiß nicht warum, aber ich weiß, dass sie es ist. Ich warte am Ausgang auf sie, halte ihr die Tür auf, als sie nach draußen geht, und sage: »Entschuldigen Sie bitte.« Dann erkläre ich ihr meine Mission und stelle mich vor. Sie faltet die Hände vor der Brust und sagt: »Sie sind meine Gebetserhörung. Sie sind eine Bestätigung für mich.« Sie hat einen philippinisch klingenden Akzent. »Ich bin gerade auf dem Weg zu einer besonderen Abendmesse in Kentucky. Ich hatte schwere gesundheitliche Probleme«, erklärt sie weiter. »Das letzte Jahr war so …«, und sie sucht nach Worten, »… so schwer.« Ich sage ihr, dass ich für sie beten werde. Dass ich für ihre Gesundheit und viel Segen und ein besseres Jahr beten werde. Sie umarmt mich und fragt nach meinem Namen. Sie sagt, dass sie auch für mich beten wird, und fragt mich, ob ich ein Gebetsanliegen hätte. Nur eines fällt mir ein, aber das steht in meinen Gedanken immer im Vordergrund. Ich sage ihr, dass meine Söhne als Soldaten im Auslandseinsatz in Kriegsgebieten sind und dass ich es schön fände, wenn sie für sie beten würde.

»Wie heißen sie?« Inzwischen geht sie mit mir zu meinem Auto.

»Nicholas und Christopher.«

Sie bleibt mitten auf dem Parkplatz stehen und faltet wieder die Hände. »Oh … ich bekomme gerade eine Gänsehaut! Das waren die Namen, die ich für meine Söhne ausgesucht hatte, doch dann bekam ich nur Mädchen.«

Maria verlässt mich nur ungern. Wir gehen über den Parkplatz, über den sich nun die Dunkelheit senkt. Sie folgt mir zu meinem Auto, umarmt mich noch einmal und erklärt: »Wenn wir uns auch nie wieder sehen, werden unsere Seelen sich immer wiedererkennen. Wir werden es hier drin«, und sie deutet auf ihr Herz, »immer wissen.« Sie umarmt mich ein drittes Mal, und dann ist sie verschwunden.

Lerne ich dadurch Selbstvertrauen? Nein. Aber ich lerne, jemandem zu vertrauen, der größer ist als ich selbst. Das Angebot, für die Heilung und Wiederherstellung von Menschen zu beten, ist wie ein Tropfen im Ozean, wie eine Münze, die jemand auf einen Teller legt. Doch meine Bereitschaft und mein Glaube, es zu tun, macht das Richtige daraus – mir selbst zum Trotz. Es gibt nicht die richtigen oder falschen Menschen, für die man betet. Wir alle brauchen Gebet. Unsere alte, schöne, müde, abgenutzte Welt ist voller Seelen, die sich nach Gebet sehnen. Doch irgendeine Kraft zieht mich täglich in die richtige Richtung, zeigt mir die besonderen Menschen auf meinem Weg, Menschen, die um ein Gebet, ein Zeichen, ein gutes Wort gebeten haben, das ihnen die Kraft zum Weitermachen gibt.

Und nun habe ich Marias tröstliche Worte. Ich weiß, dass an merkwürdigen Tagen und in seltsamen Nächten, vielleicht, wenn ich es am nötigsten brauche oder das Gefühl habe, nicht weitermachen zu können, eine kleine, aber starke Frau namens Maria ein besonderes Gebet in meine Richtung schicken wird, weil sie mich jetzt mit Namen kennt.

Gesichter in der Dunkelheit

Gebet bedeutet nicht, um das zu bitten, was man zu wollen meint, sondern auf eine Art und Weise verändert zu werden, die man sich nicht vorstellen kann.

Kathleen Norris

Was ist es an einem Gesicht, das wir im Vorbeigehen für nur einen Augenblick sehen, das so unsere Aufmerksamkeit fesselt? Ist es jene Möglichkeit, jener Blitz des Beinahe-Erkennens, des »Kenne ich dich?« Gestern, als ich mit dem Auto an einer Ampel stand, rief mich ein Mann, der gerade um die Ecke kam. Er hob die Hand, als wolle er sagen: *Warten Sie mal, ich kenne Sie!* Oder vielleicht war es auch: *Warten Sie bitte, ich brauche Sie*. Dann schaltete die Ampel auf Grün. Das Auto hinter mir hupte und ich musste weiterfahren. Ich wusste nicht, wer der Mann war, doch als ich mich abends ins Bett lege, ist sein Gesicht da, nur ein Umriss in der Dunkelheit, und drängt sich in jenen stillen Raum, bevor die Träume kommen. Und er legt mir seine Nöte vor. Ich weiß nicht, worin sie bestehen – nur dass er sie hat. Also räume ich einige meiner eigenen Bedürfnisse aus dem Weg und versuche, Raum für die Augen dieses Mannes zu schaffen, für seinen alten, zotteligen Bart. Ich versuche, meine eigenen Wünsche aus dem Weg zu schieben, damit ich sein Gesicht vor Gott bringen kann.

Nun habe ich keinen Zweifel daran, dass Gott ihn kennt. Gott weiß besser als ich, was er nötig hat und sich wünscht. Doch ich glaube fest daran, dass die Gebete eines Menschen in dieser großen Welt etwas Unsichtbares in der geistlichen Welt in Bewegung setzen können. Dass wir Menschen, denen wir begegnen und an die wir uns erinnern, zu einer besseren Zukunft verhelfen können. Ich glaube, so ähnlich wurden auch am Beginn der Zeit die

Dinge in Bewegung gesetzt. Mit jedem Tag, der vergeht, bin ich mir dessen gewisser.

In letzter Zeit habe ich Thomas Merton gelesen. Er war Mönch und genoss als Schriftsteller beachtliches Ansehen, und ich bewundere ihn schon seit Langem. Nicht für die Anerkennung, die er für seine Werke erhielt, was durchaus logisch wäre, sondern für seine Einsamkeit, sein Alleinsein mit der Natur und mit Gott. Doch dieses Jahr lehrt mich etwas über mich selbst, das ich bisher nicht wusste. Ich bin nicht dazu geschaffen, allein zu sein. Das, wonach ich mich so sehr gesehnt habe, was ich möglicherweise für meine Bestimmung hielt und nicht erreicht habe, war nie meine Berufung. Meine Bestimmung war jenes alte Gesicht im Autofenster, das Kind im Bus, die Frau im vorbeifahrenden Zug. Ich bin dazu geboren, mich in der Menschheit zu verlieren, und das ist nicht leicht für mich.

Ich habe immer über Jesus gestaunt. Ich verstehe den Teil an ihm, der mitten in einem tosenden Sturm auf dem See von Frieden und Ruhe erfüllt sein kann. Doch seine herrliche Fähigkeit, mitten im Meer der Menschen von Frieden und Ruhe erfüllt zu bleiben, erfüllt mich mit Ehrfurcht und Staunen. Ist es das, was es bedeutet, zu lieben? Sich immer wieder unter den Menschen, allen Menschen, mit einem offenen Gesicht zu bewegen? Ich fand Menschen immer recht bedrohlich. Nicht, dass sie mir in einem äußerlichen Sinn Angst machen, dass ich mich vor ihnen verstecken wollte. Doch ihr Lärm, ihre Bedürfnisse, ihre elende Unversöhnlichkeit empfinde ich als Bedrohung. Aber jetzt erinnere ich mich an das Gesicht des jungen Mädchens, dem ich auf meinem Weg durch den Wald begegnet bin, das den Arm in einer Schlinge trug und dessen Augen von etwas gehetzt wirkten, das ich nicht sehen konnte. Sie war zusammen mit einigen anderen Mädchen unterwegs, sonst hätte ich sie angesprochen. Doch jetzt tut es mir leid, dass ich nicht mehr getan habe als diesen kurzen Moment lang Blickkontakt zu halten, in dem ich ihre müde, misstrauische Seele spürte. Jetzt ist sie eines von vielen jener namenlosen Gesichter auf meiner Liste, die nicht per Zufall in mein Leben getreten sind.

Der Mann auf der Straße, das Gesicht im Zug, das Mädchen im Wald – es muss Gründe dafür geben, dass sich unsere Wege kreuzen, Gründe für dieses Kreuz und Quer in unserem Leben. Wenn jene Momente menschlicher Begegnung persönlich würden, zu Gebeten würden, wenn die Verbindung universell würde – was würde dann wohl geschehen?

Heute ist mein Leben voll von Momentaufnahmen von Gesichtern der Menschen, die mir auf meinem Weg begegnen. Heute halte ich diese Begegnungen auf Papier fest. Ich habe den Mann mit den Vogelhäusern notiert, den Jungen aus dem Lebensmittelladen, die junge Frau aus dem Flugzeug. Und so geht es immer weiter, Notizen, die ich aus Hosen- und Handtaschen ziehe, aus Koffern und Laptoptaschen. Sie tauchen überall auf. Sie sind wie kleine Brotkrumen, die mir als Leuchtspur nachzeichnen, wo ich dieses Jahr war, welchen Menschen ich unterwegs begegnet bin und welche Erinnerung ich an ihre Not oder ihr Lächeln oder ihre Situation habe.

Ich übertrage Namen in meine Tagebücher; ich übertrage Worte von Tagebüchern in den Laptop, in dem Versuch, diesen Weg ebenso sehr aufzuzeichnen wie ihn zu gehen. Doch die Geschichten halten mich immer davon ab, weiterzuschreiben. Die Tagebücher liegen halb gefüllt herum, im Laptop ist noch mehr Platz. Ich starre aus dem Fenster und denke an Menschen, die meinen Weg gekreuzt haben. Hauptsächlich erinnere ich mich an ihre Gesichter – in keiner besonderen Reihenfolge. Sie besuchen mich einfach, scheinbar willkürlich. Was mich erstaunt, ist, an wie viele Einzelheiten ich mich erinnere. Dass diese Fremden tatsächlich Schnappschüsse sind, die sich einfach so in meine Erinnerung eingebrannt haben, wie ein Bild, das mit einem altmodischen Magnesiumblitz erzeugt wurde. Wie sie vor mir standen, wie sie den Kopf geneigt oder mir die Hand entgegengestreckt hatten. Festgehalten. Konserviert. Für immer. Das ist noch etwas, mit dem ich am ersten Tag des Jahres nicht gerechnet hätte – eines der vielen, vielen Dinge, die ich nicht einmal ahnte: dass ich dieses Album mit Momentaufnahmen von Gesichtern bekommen würde. Doch jetzt habe ich es. Jetzt habe ich *sie*. Ich schätze, ich muss einfach für immer weiter für sie beten.

Kleinstadt-Blues

Nichts lässt uns einen Menschen so sehr lieben, wie für ihn zu beten.

William Law

In meinem Leben bin ich schon durch Hunderte Kleinstädte gekommen. Ich bin in der Nähe von vielen Kleinstädten aufgewachsen und bin auf meiner Lebensreise durch Hunderte hindurchgefahren, um zum nächsten Ort entlang der Straße zu gelangen.

Vor nicht allzu langer Zeit hielt und parkte ich an jenem Ferienhaus im Wald, um zu schreiben. Der nächste Ort, in dem es die grundlegendsten Waren für den täglichen Bedarf gibt, ist eigentlich keine offizielle Ortschaft, sondern ein Platz mitten im Wald, ein Punkt auf der Landkarte. Das geschäftige »Einkaufszentrum« an der Ampel besteht aus einem kleinen Lebensmittelladen, einer Tankstelle, einem Videoverleih und einem Billigladen. Ich schätze, die Kinder werden per Bus in die nächste Stadt zur Schule gefahren. Ich kenne solche Orte. Meine Eltern sind in solchen Orten aufgewachsen und ich habe meine Sommerferien dort verbracht. Die Provinz steckt voller wunderbarer Menschen, lustiger Geschichten und goldener Herzen, doch wenn man nur hindurchfährt, kann es sein, dass einem das nicht auffällt. Was einem allerdings wahrscheinlich auffällt, ist das, was zu fehlen scheint – nämlich eine brauchbare Möglichkeit, einen ordentlichen Lebensunterhalt zu verdienen.

Ich wandere in den Billigladen auf der Suche nach etwas, das den Skorpionen und den rattengroßen haarigen Spinnen den Garaus macht. »Insektenvernichtungsmittel«, sage ich immer wieder zu der jungen Frau hinter dem Ladentisch, »nicht Insektenspray gegen Mücken. Ich brauche ein Skorpionenvernichtungsmittel.«

»Skorpionenvernichtungsmittel? Weiß nicht, ob wir so was hier haben. Wir haben Ameisengift und vielleicht was gegen Kakerlaken, aber das war's dann auch.«

»Zeigen Sie mir einfach das Gift«, sage ich zu ihr. Inzwischen würde ich auch reines DDT verwenden, um dem Viehzeug den Garaus zu machen, und wenn ich selbst dabei draufgehe. Stellen Sie sich einfach Bill Murray in *Caddyshack* und das süße kleine Nagetierchen vor. Skorpione sind nicht niedlich. Sie sind der Inbegriff von »nicht niedlich«. Ich will sie alle umbringen!

Die junge Frau hat recht. Es gibt nichts mit dem Totenkopfzeichen, das mich davor warnt, dass es etwas töten könnte, das einem Skorpion auch nur ähnelt. Ich versuche, mich zu trösten, indem ich eine Auswahl von alten, zweitklassigen Schwarzweißfilmen auf DVD kaufe – vier Filme zum Angebotspreis von 3,99 Dollar. Sicher sollte selbst eine Schriftstellerin ohne Kabelanschluss oder Fernseher spätabends noch einen Film schauen dürfen, um nicht allzu sehr darüber nachzudenken, dass sie mitten in einem Zimmer voller Spinnen und Skorpione mit Schuhen an den Füßen in einem Floßbett schläft, oder? Ich glaube schon.

Als ich zurück zu der jungen Frau gehe, um zu bezahlen, fällt mir dieses Mal auf, dass sie etwa im sechsten Monat schwanger ist – und dass sie meine Fremde des Tages ist. Sie sieht so müde aus. Die Art von Müdigkeit, die nicht nur daher rührt, dass man schwanger und den ganzen Tag auf den Beinen ist, um Insektenspray und Konserven und Putzmittel zu verkaufen. Ihr Gesicht trägt einen Ausdruck, der von einer müden Seele zeugt, und ich will anfangen, ihr zu erzählen, dass sie meine Fremde ist, während sie meine Einkäufe einpackt, doch dann stellt sich hinter mir eine andere Frau an. Und dann noch eine Person. Sicher will keiner, dass ich den Verkehr aufhalte, weil ich eine Geschichte erzähle. Doch ich frage die Kassiererin trotzdem nach ihrem Namen.

»Sharon.« Sie schaut mich etwas genauer an und überlegt, ob wir uns kennen.

Also erzähle ich ihr von meinem Entschluss, davon, dass sie meine Fremde des Tages ist, und dass ich zwischen Arbeit und Skorpionjagd für sie beten werde. Dafür, dass Gott sie segnet – und auch für ihr Baby.

Ich wünschte, ich könnte ein Foto von dem Lächeln machen, das über ihr Gesicht zieht, von dem Licht, das aus dem Nichts auftaucht, von dem leisen »Danke«, das sie mir zuflüstert. Es ist erstaunlich, wie wenig nötig ist, um im Leben eines anderen Menschen etwas zu bewirken: ein Moment Innehalten im Atemzug eines Moments.

Als ich gehe, bete ich wirklich für Sharon, wenn man es überhaupt ein Gebet nennen kann. Manch einer würde es wohl eher eine Fürbitte nennen. Ich klopfe sozusagen an die Himmelstür und sage: »Welche Chance hat sie denn? Sie und ihr Baby brauchen viele Dinge, und am allermeisten braucht sie eine Zukunft.«

Plötzlich ist Sharon keine namenlose Kassiererin bei einem kurzen Aufenthalt im Hinterwald meines Lebens mehr. Sie ist nicht einfach eine »Durchgangsfigur«, die meine Einkäufe abkassiert und eingepackt hat und von den Seiten meines Lebens verschwunden ist wie eine Figur aus einem Groschenroman. Plötzlich sind Sharon und ihr Baby und die Erinnerung an die beiden ein in mein Lebenspuzzle eingebundenes Teil. Damit kann ich leben.

Hinter der Maske

Selbst wenn du mein Gesicht nie wiedersiehst, so bete doch für meine Seele.

Alfred Lord Tennyson

Es ist wieder einer dieser Tage. Ein Tag, an dem ich immerzu sage, wie beschäftigt ich bin. Ein Tag, an dem es in meinem Leben keine Zeit für Fremde gibt. Allerdings ist das eine ziemliche Ironie, wenn man bedenkt, dass Fremde zu meiner Alltagswelt gehören (wenn ich mich nicht gerade irgendwo vergraben habe, um zu schreiben). Doch es ist ein Tag, an dem ich meine, buchstäblich viel zu beschäftigt zu sein, um für ein Weilchen das Tempo zu drosseln und ein einfaches Gespräch mit jemandem zu führen, den ich nicht kenne. Vergessen wir einmal kurz, dass ich normalerweise mit Kopfhörern in den Ohren unterwegs bin oder mit dem Mobiltelefon in der Hand und nur anhalte, um jemandem zwischen zwei Terminen eine geschäftliche SMS zu schicken. Nichts davon ist eine gute Entschuldigung, denn diese Dinge habe ich selbst in mein Leben gebracht. Habe ich Ihnen schon erzählt, dass ich ein Mensch bin, der in großen Menschenansammlungen immer Ohrhörer in den Ohren hat, selbst wenn ich keine Musik höre, nur damit mich kein Fremder anspricht? Okay – das war vor meinem Neujahrsvorsatz, aber mal im Ernst: Haben Sie schon einmal gehört, dass das jemand so macht? Heute habe ich keine Kopfhörer dabei. Ich habe eine Liste mit Dingen, die ich erledigen muss, einen Einkaufszettel, und ich habe es eilig, alles zu erledigen und dann schleunigst wieder nach Hause zu fahren.

Ich bin in einem meiner Lieblingssupermärkte, der einen fantastischen Service hat. »Darf ich das für Sie tragen?« »Suchen Sie etwas Bestimmtes?« »Haben Sie eine Frage?« In Rekordzeit habe ich die Gänge durchstreift und meine Liste abgehakt. Falls ich doch etwas vergessen habe, werde ich auf keinen Fall zurückgehen. Ich bin auf dem Weg zum Ausgang und zu meiner Ziellinie. Eine junge Dame bietet mir an, mir meine Einkäufe zum Auto zu bringen, und ich sage: »Klar, gern!« Ich denke immer, die Angestellten sehnen sich einfach nach frischer Luft und einer kurzen Erholungspause vom Neonlicht.

Da sind wir also. Ich schaue auf die Uhr, das Mädchen mit meinem Einkaufswagen schaut auf die Tür, und wir sind schon fast zur Tür hinaus, als eine andere Angestellte sagt: »Danke, dass Sie heute bei uns eingekauft haben. Ich wünsche Ihnen einen schönen Tag.«

Sofort drehe ich mich zu der jungen Dame mit meinem Einkaufswagen um und bitte sie, einen Moment zu warten. Bei all meiner Eile habe ich nämlich gelernt, dass ich *fast jedes Mal* von einer Sekunde auf die andere alles stehen und liegen lasse, wenn ich mit der einen bestimmten Person rede, die meine Aufmerksamkeit auf besondere Weise erregt hat.

»Wie heißen Sie? Denn Sie sind heute meine Fremde«, spreche ich die Angestellte an der Tür an. Natürlich habe ich noch ein bisschen mehr gesagt, aber das war im Prinzip der Inhalt meiner Erklärung.

»Danke, vielen, vielen Dank! Sie haben keine Ahnung, wie viel mir das bedeutet.« Und während ich mein *Das freut mich, und Sie müssen mir nicht danken* und so weiter sage … bricht die junge Frau in Tränen aus. Ich wende mich der anderen jungen Dame mit meinem Einkaufswagen zu und sage: »Schon gut, ich kümmere mich darum«, damit sie nicht weiter in einer Situation feststecken muss, die ohnehin schon unangenehm genug für sie ist, da ihre Kollegin plötzlich in Tränen aufgelöst ist.

»Können Sie mit mir zu meinem Auto gehen?«, frage ich die Fremde und denke mir, dass sie jetzt vielleicht diejenige ist, die ein bisschen frische Luft braucht – und jemanden, der sich ihre Geschichte anhört.

Wissen Sie, was mich immer am meisten berührt – ich meine, was mir *wirklich* an die Nieren geht? Vor einigen Jahren gab es einen Song von Billy Joel mit dem Titel *The Stranger* (»Der Fremde«), in dem es darum ging, dass jeder vor anderen eine Maske trägt und nicht sein wirkliches Gesicht zeigt, nicht zeigt, was hinter seinen Augen vor sich geht. Es war eine eingängige Melodie. Woran mich dieser Song jetzt erinnert, als mir die junge Frau unter Tränen ihre Geschichte erzählt, ist, dass wir alle für Fremde ein anderes Gesicht aufsetzen. Die meisten von uns stehen morgens auf und ziehen sich diese Maske fest übers Gesicht. Wir nehmen sie nicht wieder ab, bis wir uns sicher sind, dass das Licht aus, das Theater leer ist und wir nur noch für uns allein unser Leben spielen. Wir alle schauspielern. Ständig, ununterbrochen. Kein Wunder, dass wir so erschöpft sind und Psychopharmaka schlucken.

»Mein Vater ist krank, und das ist so schwer«, sagt Rachel und fährt fort: »Und ich muss in dieser Schicht arbeiten, aber ich vermisse meine Gemeindefamilie. Sie haben mir in der Situation mit meinem Vater wirklich sehr geholfen, aber jetzt muss ich arbeiten. Natürlich bin ich froh über diesen Job. Bitte verstehen Sie mich nicht falsch, ich mag meine Arbeit wirklich und ich kenne viele Menschen, die keine Arbeit haben, also gehöre ich zu den Glücklichen, wissen Sie? Es ist nur so …«

»Ich weiß«, sage ich zu ihr. »Ich weiß.« Wenn ich mich über Termindruck oder Korrekturen oder was auch immer ärgere, bin ich wirklich dankbar, dass ich diese Probleme überhaupt habe, es ist nur so …

Und ich denke, das »nur so« bedeutet, dass wir trotz allem nur Menschen sind. Von einer Sekunde auf die andere, unter einem Hauch menschlicher Güte, dem Gebet eines Fremden, können wir zusammenbrechen und all unsere sorgfältig geplante Zurückhaltung verlieren. Diese Maske kann so schnell fallen, dass nur noch unser nacktes Gesicht übrig ist und wir uns beeilen, uns zu verstecken. Doch während andere Einkäufer und freundliche Helfer zu ihren Autos ziehen, höre ich Rachel zu, tätschele ihr die Schulter und sage ihr, dass alles gut wird. Und ja, ich bete, dass sie vielleicht ihre Schicht verlegen kann oder dass ihre besondere »Gemeindefamilie« an sie denkt und sich an ihren freien Tagen um Rachel kümmert, außerhalb der Grenzen ihrer üblichen Terminpläne und Routine. Dass die Menschen, die sie Familie nennt, kommen, wenn sie gebraucht werden und nicht nur, wenn es bequem ist. Und dann erinnere ich mich selbst an diese Worte, denn sie treffen auch auf mein eigenes Leben zu und auf die Menschen in meiner Umgebung.

Ich hoffe, dass es Rachel geholfen hat, diese kurze Unterbrechung, diese kurze Pause von ihrem Leben, die wenigen Minuten Gespräch auf einem Parkplatz über ihre Probleme. Ich hoffe, dass es etwas bei ihr bewirkt oder dass vielleicht ihre Kollegin sie später freundlich nach dem Grund für ihre Tränen fragt, so dass noch weitere Mauern eingerissen werden. Diese Masken, die wir für Fremde tragen, können uns wirklich behindern. Ich meine, mal ehrlich – vor wem versuchen wir uns eigentlich so angestrengt zu verstecken?

Sich Zeit nehmen

Wenn das Feuer des Gebets erlischt, übernimmt die Öde der Geschäftigkeit die Führung.

George Carey

Woher weiß man, für wen man beten soll? Wie entscheidet man das? Diese Frage höre ich immer wieder im Verlauf meines Gebetsprojekts. Ich weiß nicht, wie ich diese Frage genau beantworten soll. Manchmal habe ich ein Bauchgefühl, manchmal nicht. Ich glaube, es spielt auf lange Sicht keine so große Rolle. Ich glaube, jeder braucht in irgendeiner Form Gebet. Aber trotzdem muss ich sagen, wenn dieser »Suchscheinwerfer« in meiner Seele eingeschaltet ist, nach einer bestimmten Person Ausschau zu halten, macht es mich den ganzen Tag über aufmerksamer für die Menschen, die mich umgeben. Nicht, dass ich das bewusst täte. Oder vielleicht doch; irgendwo in meinem Inneren will ich mich offenbar dazu zwingen, ein Leben zu führen, das mit dem Leben anderer Menschen verwoben ist. Ich möchte mit den anderen Bewohnern dieses Planeten verbunden bleiben. Und vielleicht liegt das daran, dass ich weiß, wie sehr ich mich in meine eigene Welt zurückziehen und den Rest meiner irdischen Existenz dort verleben könnte.

Ich bin auf dem Weg zu einem Buchtermin, einer Signierstunde. Wenn ich zu solchen Terminen unterwegs bin, mache ich nur selten Pause. Ich esse mein Sandwich am Lenkrad und fahre einfach durch. Wenn ich eine Pause machen muss, fahre ich auf einen Rastplatz, nicht weil ich rasten will, sondern weil ich von dort aus am schnellsten wieder auf der Straße bin.

Heute bin ich auf der Damentoilette des Rastplatzes, als ich merke, dass eine Frau meine Fremde des Tages ist. Eigentlich will ich nicht mit einer Frau auf der Toilette reden. Eigentlich will ich nur wieder auf die Straße und weiter so gut vorankommen wie bisher. Trotzdem gehe ich nach draußen und warte am Trinkwasserbrunnen auf sie, damit ich abseits vom Geräusch der Toilettenspülungen mit ihr reden kann. Als sie herauskommt, höre ich sie: Sie summt vor sich hin. Summen ist für mich ein fröhliches Geräusch. Ich summe vor mich hin, wenn mein Mann zum Tiefseeangeln fährt und mit einem Fisch zurückkommt, den er binnen weniger Stunden ausnehmen und mir servieren wird. Das macht mich fröhlich. Meine Mutter summt vor sich hin, wenn sie das Haus für Weihnachten schmückt, weil es ihre liebste Zeit im Jahr ist.

Als ich diese Frau summen höre, sage ich mir: *Das war's – ich fahre weiter. Diese Frau braucht wirklich kein Gebet. Sie summt vor sich hin, sie ist glücklich.*

Ich mache mich zu meinem Auto auf und sie geht in die entgegengesetzte Richtung zu ihrem, und bevor ich bis drei zählen kann, drehe ich mich um und jage ihr nach. Das Herumdrehen und jemandem Hinterherrennen gehört inzwischen auch zu meinem Repertoire. Es ist fast so, als erlaubte ich meinen Füßen, meinen Gedanken vorauszueilen, Hallo zu sagen, jemanden aufzuhalten, bevor mein Gehirn den Impuls unterdrücken kann.

»Entschuldigen Sie bitte, darf ich Sie nach Ihrem Namen fragen?« Meine Eisbrecher-Frage. Als sie mir antwortet, erzähle ich ihr von meinem Gebetsprojekt und dass sie meine Fremde des Tages ist. Dann überrascht sie mich, nimmt meine Hand in ihre und sagt: »Ach ja, bitte beten Sie für mich!«

Ich schaue nach links und nach rechts. Es ist ein ruhiger Rastplatz, niemand ist in unserer Nähe unterwegs, aber ich muss ihr sagen: »Das mache ich normalerweise nicht in der Öffentlichkeit. Ich denke einfach an die betreffende Person. Tagsüber und abends vor dem Einschlafen.« Dann schaue ich ihr richtig in die Augen, wie wir alle es vielleicht öfter tun sollten, es aber nicht riskieren. Ich sehe den Schmerz hinter allen gesummten Melodien. »Haben Sie ein besonderes Gebetsanliegen?«

Sie nickt und Tränen steigen in ihren Augen auf. »Mein Sohn ist vor zwei Monaten gestorben.«

Das geht mir nahe, da das Bedürfnis nach Sicherheit für meine Söhne in gewisser Weise ein Auslöser für diesen Neujahrsvorsatz war. Also breche ich meine Regel über das Beten in der Öffentlichkeit. Ich lege meine Arme um sie, hier, mitten auf dem Rastplatz, und flüstere ein Gebet für ihr gebrochenes Herz. Von einer Mutter zur anderen. Ich könnte Ihnen heute nicht mehr den Wortlaut sagen, aber das spielt auch keine Rolle.

Die Frau ruft ihren Ehemann und stellt mich vor; dann reden wir eine Weile über meine Reise, aber ich denke nicht mehr daran, so schnell wie möglich an mein Ziel zu kommen. Heute war die Reise das eigentliche Ziel. Die Menschen, die ich unterwegs treffe. Doch ich hoffe, dass jenes Gebet irgendwie noch heute nachwirkt, während ich diese Geschichte aufschreibe. Ich hoffe, dass Gebete zeitlos und unvergänglich sind. Ich hoffe, dass die Frau auch jetzt noch die Worte spürt und dass ihr Herz weiter heilt.

Das Waisenkind

Jedes Kind, dem man begegnet, ist eine göttliche Aufgabe.

Wess Stafford

Irgendwo schreit ein Baby. Ich sitze in meinem Zimmer in der Frühstückspension und kann es irgendwo unter mir hören. Ich bin hier, um mich zu verstecken und zu schreiben, aber meine Mutterohren hören das Babygeschrei trotzdem. Es klingt nach einem sehr jungen Säugling.

Ich wende mich wieder meinen Büchern, Stift und Papier zu und versuche, mich auf meine Arbeit zu konzentrieren, doch ein Weilchen später weint das Baby immer noch. Die müden Eltern und das arme Baby tun mir leid. Vielleicht ist das Kind krank oder vielleicht auch einfach nur übermüdet. Das Baby schreit immer weiter und ich lege mein Tagebuch beiseite und gehe zur Tür. Ich mische mich nur ungern ein, aber hört denn niemand das Baby? Sind die Eltern weggegangen und haben es allein zurückgelassen?

Ich öffne die Tür einen Spalt weit und das Weinen wird lauter. Einen Augenblick lang bleibe ich unentschlossen stehen; dann gehe ich hinaus auf den Flur, ziehe meine Zimmertür hinter mir zu und steige leise die Treppen hinunter. Das Weinen wird noch lauter, als ich auf ein Zimmer in der ersten Etage zugehe. Die Tür steht einen Spalt weit offen und im Zimmer ist es dunkel. Ich rufe: »Hallo? Ist da jemand?« Dann stoße ich die Tür behutsam in das dunkle Zimmer hinein auf. Ich sehe ein großes, leeres Bett, ein kleines Kinderbettchen, und in dem Bettchen bewegt sich etwas – etwas, das verängstigt und verzweifelt und wütend klingt. »Ist jemand da?«, rufe ich noch einmal, so laut, dass es das ganze Haus hören kann, doch es kommt keine Antwort. Also gehe ich ins Zimmer und schaue in das Kinderbettchen. Ein kleines Baby liegt darin. Die Decke ist ihm übers Gesicht gerutscht, die Beine winden sich und treten und seine Schreie klingen gedämpft. Ich ziehe die Decke zurück und befreie sein Gesicht, nehme das Baby auf den Arm, streichele es ein bisschen und sage: »Aber, aber«, wie eine Mutter es tut. Ich laufe ein wenig hin und her, gehe ins Wohnzimmer, und das Baby beruhigt sich und schaut mich mit feuchten blauen Augen an. Sein Haar ist dunkel und verschwitzt. Ich finde einen Schaukelstuhl und hebe das Baby an meine Schulter, tätschele es und schaukele. Dabei frage ich mich, wo die Eltern sind und wem dieser kleine Schatz gehört.

Ich denke nicht an meine Söhne und schöpfe auch nicht aus einem riesigen Mutterinstinkt, sondern denke einfach: *Wem gehört dieses Baby? Warum habe ich das Kind? Ich sollte eigentlich schreiben und mich ausruhen. Jetzt sitze ich hier mit einem fremden Baby. Vielleicht die ganze Nacht lang. Vielleicht für immer. Aber, aber, mein Kleines. Alles wird gut. Schau einer an, wie viele Haare du schon hast!*

Das kleine Mädchen hört auf zu weinen, beruhigt sich und entspannt sich, sodass sie ganz schwer in meinen Armen wird, wie es so typisch für Babys ist. Sie seufzt leise und kuschelt sich an meine Brust. Und ich wiege sie einfach in meinen Armen. Wir entwickeln einen Rhythmus und mir ist inzwischen egal, ob jemand kommt und sie holt, mich von meiner Last befreit, oder nicht. Hier ist diese winzige Menschenseele, die bald in diese chaotische Menschenwelt hineingeworfen werden wird, und egal, was kommt, sie wird jedes Gebet brauchen können, das sie bekommen kann – so wie jeder andere von uns. Dann, bevor ich überhaupt darüber nachdenke, bete ich im Stillen mit ganzer Kraft und aus tiefstem Herzen für dieses Baby. Es ist ein neugeborenes Mädchen, fast noch brandneu, mit Ohrlöchern in den kleinen Ohren. Ich bete für ihre Zukunft und ihre Sicherheit, für die Bestimmung ihres Lebens in Gott.

Schließlich kommt eine Frau die Treppe herunter und sagt: »O weh! Das Baby ist aufgewacht? Das tut mir so leid!« Aber mir tut es nicht leid, und dem schlafenden Baby an meiner Schulter scheint es auch nicht mehr leid zu tun. Das kleine Mädchen wirkt wunderschön und zufrieden, als ich es in die wartenden Arme lege. »Das ist das Kind meiner Enkelin«, erklärt die Frau. »Sie ist noch sehr jung, hat Probleme. Ich glaube nicht, dass sie das Baby behalten können.« Das Baby schaut sie mit einem fragenden Blick an. »Ich bin zu alt für einen Säugling. Sie muss wohl in ein Heim.« Die Frau schaut in das kleine Gesicht und erhascht einen Blick auf das, was hätte sein können. »Was für ein Jammer.«

Dann denke ich über Zufälle nach, über fremde Babys, die im Dunkeln weinen, über Fremde, die beten, dass sich ein Leben so entfaltet, wie es sollte. Ein Baby fällt mir spätabends in die Hände, während ich auf Schreibklausur bin. Eines mit einer ungewissen Zukunft, das auf einen langen Weg voller Ungewissheiten geschickt wird. Ich glaube nicht, dass es ein Zufall war. Es ist genauso wenig ein Zufall, wie mein Entschluss zu beten einfach eine fixe – und leichte – Idee war.

Die Form des Gebets

Die meisten Menschen beten um Kraft, um die Stärke, Dinge zu tun. Wenige Menschen beten um Liebe, um die Qualität, jemand zu sein.

Robert Foster

Gebet kann verschiedene Formen annehmen. Ich denke, es könnte zum Beispiel darin bestehen, einer alten Frau auf der Straße an einem regnerischen Nachmittag eine Mitfahrgelegenheit anzubieten. Oder jemandem, der vor einem Restaurant steht und nichts weiter als Zeit hat, eine Tasse Kaffee und eine Mahlzeit zu spendieren. Manchmal besteht es auch einfach darin, nicht untätig danebenzustehen.

Ich höre, wie das Mädchen vor mir sich über die Theke beugt und die Bedienung dahinter im Flüsterton fragt: »Wie viel kostet eine Portion Gemüse?«

Er nennt ihr den Preis und ich höre, wie sie sagt: »Für ein Gemüse? Nur eine Sorte Gemüse?« Er nickt; sie tritt aus der Reihe und wendet sich mit hängendem Kopf zum Gehen.

»Warte mal«, sage ich, trete selbst aus der Reihe und hebe den Arm, als wollte ich ein Taxi anhalten. »Warte doch mal!«, rufe ich ihr sehr undamenhaft zu. Sie dreht sich um, die Hand am Gesicht, wo sie sich die Tränen abwischt. »Komm her«, sage ich und winke ihr zu, sich zu beeilen. Dabei bemühe ich mich, meine freundlichste Geste zu verwenden. Als sie zu mir kommt, sage ich zu ihr: »Ich mach das schon. Bestell einfach ein Mittagessen.«

»Nein, nein, ist schon gut.«

»Bitte. Lass mich einfach machen. Ist in Ordnung.«

»Ganz sicher?« Sie ist klein, trägt Hosen in Tarnfarbe und ein T-Shirt, das sie zu verschlucken droht.

»Na klar bin ich sicher. Die einzige Bedingung ist, dass du alles bestellen musst.« »Alles« bedeutet in diesem Fall das Tagesgericht. Das ist etwas für Tennessee Typisches: eine Sorte Fleisch, drei Sorten Gemüse, Maisbrot und Eistee. Das ganze Paket.

Manchmal sind Menschen seelisch fast am Ende und halten sich nur gerade so über Wasser. Und wir wissen nie, nie, nie, wie ein einziger weiterer Tropfen Regen diesen Menschen über den Rand in den Abgrund spülen kann. Oder wie ein Wort von uns, ein kleines Angebot, ein Mittagessen, ein Gebet das sein kann, was ihn vom Rand des Abgrunds zurückholt.

»Wie heißt du?«

»Jewel«, antwortet sie und schaut auf ihren Teller. »Vielen, vielen Dank! Sie haben keine Ahnung, wie viel mir das bedeutet. Sie haben *keine* Ahnung!«

»Ich war auch schon in deiner Situation, Jewel. Ich wünsche dir einfach, dass dein Tag ab jetzt besser wird.«

Ich *war* schon in ihrer Situation. Tatsache ist: Ich weiß besser, als mir lieb ist, wie ein Fremder einem anderen helfen kann, diese Sache namens Leben zu überleben. Dann lasse ich Jewel mit ihrem Essen allein. Ich schlage ihr nicht vor, mit ihr zusammen zu essen, weil ich nicht will, dass sie denkt, sie müsste mir dankbar sein. »Pass gut auf dich auf«, sage ich zu ihr und wünsche ihr ein reiches Leben. Ein kurzes, stilles Gebet für Erfolg in ihrem Leben. Dass die unebenen Stellen geebnet werden.

Ein winziges Wort. Wie kann es sein, dass es eine so große Rolle spielt? Doch so ist es. Immer wieder. Dass wir eine Verbindung zueinander haben und dass wir einander brauchen bestätigt sich immer wieder.

Ich war in einem meiner Lieblingsimbissläden und bestellte ein paar italienische Riesensandwiches. Für mich war es einfach nur ein Tag wie jeder andere. Doch als jener Mann an die Theke trat, um meine Bestellung entgegenzunehmen, war es Zeit für etwas mehr als gewöhnlichen Small Talk. Ich hatte ihn nämlich schon beobachtet, während ich den Käse und das Angebot der Woche begutachtete.

Er verrät mir seinen Namen – Ronnie –, und ich sage ihm, dass ich heute mehr will als nur bestellen. Ich bin auf der Suche nach einem Fremden. Seine Reaktion klingt mir immer noch in den Ohren. Ich habe es schon erlebt, dass meine »Fremden« zu weinen anfangen, mich umarmen und mir mit einem Blick zutiefst danken, doch dieser Mann ist bisher der Einzige, der reagiert hat, als hätte er im Lotto gewonnen. Wirklich. Man könnte meinen, ich hätte nach meiner Erklärung zu meinem Gebetsprojekt und meiner Aussage, er sei heute mein Fremder, außerdem noch gesagt: »Und jetzt dürfen Sie vortreten, denn Sie haben eine Million Dollar gewonnen!«

»Und heute bin ich es?! Heute bin ich der Fremde? Ich bin derjenige?!«

Die Sache ist die: Er ist ohnehin freundlich. Ein Mann, der gern lächelt und sich so agil bewegt wie ein Boxer im Ring. Er ist … flink. Ich schaue immer nach rechts und links, bevor ich einem Fremden von meinem Entschluss erzähle, und versuche, die Sache nicht so auffällig zu machen, um kein Aufsehen zu erregen. Doch dieses Mal könnte das unvermeidlich sein, weil dieser Mann so laut und lebhaft ist.

»Ich?« Er macht ganze drei Schritte rückwärts. »Und Sie haben mich ausgesucht.« Jetzt kommt er wieder heran. »Mann, Sie haben *keine Ahnung*, wie sehr ich das gebraucht habe.«

»Wirklich?«

»Ja, besonders heute. Sie haben keine Ahnung, was los ist. Mann! Dass ich es heute bin …!« Seine Stimme wird in absolutem, ungeniertem Entzücken immer lauter.

Ich glaube, ich habe noch nie etwas gewonnen. Ich habe es versucht. Hier und dort habe ich an einigen Preisausschreiben teilgenommen. Einmal war der Hauptpreis eine Reise nach Italien; ich war sicher, ich hätte gewonnen, aber der Anruf kam nicht. Und alles andere, was ich je »gewonnen« habe, hatte einen Haken. Eine kostenlose Reise? Überraschung: Die Anreise per Flugzeug kostet sechshundert Dollar. Oder ich muss mich binnen drei Stunden entschließen, lebenslanges Mitglied bei irgendetwas zu werden, um einen Fernseher gratis zu bekommen. Doch heute bin ich diejenige, die den Preis vergeben darf. Nur in diesem Fall geht es gar nicht um Geld oder einen Lottogewinn. Ich habe nichts weiter zu bieten als Gebet, als das Versprechen zu beten. Nach dem Lächeln in Ronnies Gesicht zu schließen ist das genug. Danach sehe ich Ronnie noch hin und wieder, aber er kann mich nicht einordnen. Es ist so, wie wenn man jemanden sieht und versucht, sich zu erinnern, woher man ihn kennt, aber die Erinnerungen nicht so zusammensetzen kann, dass man weiß, wo sein Gesicht hingehört. Bei Jewel ist das anders. Zufällig treffe ich sie wieder.

Monate später gehe ich über den Flur eines örtlichen Colleges, und da ist sie – es ist Jewel, aber sie wirkt ganz anders, so als wäre sie von einem Lichtschein umgeben. Jener Tag in der Schlange im Restaurant kommt mir vor wie eine weit entfernte, düstere Erinnerung.

Fast wäre ich an ihr vorbeigegangen – sie hatte sich so sichtlich verändert, dass ich sie kaum erkannte. »Hey! Wie geht es dir?«

»Oh, hallo!« Sie strahlt nur so. »Wirklich gut! Das Studium läuft prima. Ich habe gute Noten und mache bald meinen Abschluss.« Und dann erzählt sie mir etwas über ihre Kurse und Kunst, aber ich höre mir, ehrlich gesagt, die Details gar nicht an. Ich schaue auf den Unterschied in ihrem Gesicht. Wie lebendig sie ist.

Wenn ich auch nur ein klein wenig zu der Wendung in ihrem Leben beigetragen habe, wenn jener eine Tag geholfen hat, sie durch einen stürmischen, hungrigen Nachmittag zu bringen, dann muss ich mich daran erinnern, dass auch die einfachste Tat, die winzigsten Dinge an einem ziemlich gewöhnlichen Tag etwas bewirken können, das mein Verstehen übersteigt. Und dass ich nicht damit aufhören darf. Ich muss in Verbindung bleiben.

Beten für die Kinder

Ein Wunsch kann niemals ein Ersatz für ein Gebet sein.

Ed Cole

Meine Cousine, die in einer Ambulanz in Georgia arbeitet, schreibt mir in einer E-Mail, dass der H1N1-Virus dort Einzug gehalten hat. Am schlimmsten, sagt sie, sind die Kinder betroffen. In der Ambulanz wimmelt es nur so von ihnen. Viele mussten direkt mit dem Krankenwagen ins Krankenhaus gebracht werden. Sie bittet mich, für diese Kinder zu beten, die alle so krank und so traurig sind.

Ich antworte ihr, dass ich auf jeden Fall für die Kinder beten werde. Dann bete ich eines meiner Schuhcremegebete: auf Hochglanz poliert und blitzschnell. Gott, hilf den Kindern und mach sie wieder gesund. Amen. Erledigt. Abgehakt.

Nur dass ich heute Morgen aufgewacht bin und wieder an diese Kinder denken musste. Meine Enkel sind sieben und drei Jahre alt, meine Nichte und mein Neffe acht und fünf. Die Nachricht vom Ausbruch des Virus beunruhigt mich; ich sorge mich, dass er sich ausbreiten könnte und schlimme Folgen nach sich zieht, dass meine Kinder und die Menschen in meinem Leben, die mir ganz besonders nahestehen, betroffen sein könnten. Meine Sorge um sie ist größer als meine besten Gebete für die kranken Kinder in der Ambulanz. Das Fenster meiner Seele ist offenbar etwas verhangen.

Die Kinder in der Ambulanz haben keinen konkreten, gesicherten Platz in meinem Leben. Ich kenne nicht ihre *Geschichten*, die kleinen, lustigen Dinge, die sie einmal gesagt haben, und weiß nicht, wie sie laufen oder sprechen gelernt haben. Ich habe sie nie in ihrem Leben und »dreidimensional« erlebt. Sie sind Statistiken, Zahlen, flüchtige Bilder in den Abendnachrichten. Opfer einer weit entfernten Epidemie, Hungersnot, Überflutung oder anderen Katastrophe. Ich kann traurig den Kopf schütteln und rasch und leicht für sie beten. Normalerweise.

Aber heute Morgen sind diese Kinder in jener Ambulanz meine Fremden. Nicht ein einzelnes von ihnen, sondern sie als Gruppe. Ich bete ganz bewusst für sie. Ich will bereit sein, meinen Tagesplan zu unterbrechen, das Frühstück ein wenig nach hinten zu verschieben, damit ich wirklich und wahrhaftig für sie beten kann. Und das tue ich auch. Ich bete für die Kranken, für die Menschen, die rund um die Uhr für sie sorgen, für die besorgten Eltern, die über sie wachen. Ich bete alle vollmächtigen Gebete, die mir in den Sinn kommen, um meine Aufgabe zu erfüllen.

Das vielleicht Wichtigste dabei ist, dass sie mir plötzlich ehrlich am Herzen liegen, diese besonders kranken Kinder in einer Ambulanz in Georgia, die ich noch nie gesehen habe. Und vielleicht ist es diese innerliche Zuwendung, dieses Mitgefühl, das etwas bewirkt. Ich trage sie den ganzen Tag über bei mir und der Gedanke an sie ist in meinem Herzen, als ich mich schlafen lege.

Dann kommt mir ein anderer Gedanke und ich überlege: *Könnte der Fremde, für den wir beten, mehr als nur eine Person sein?* Könnte es eine Nachbarschaft oder eine Stadt sein, ein Flüchtlingslager oder ein Staat? Die Wahrheit ist: Ich habe für dieses Projekt keinen Gradmesser, kein kurz gefasstes Handbuch. Es ist nur ein innerlicher Anstoß und ein Entschluss. Ich weiß keineswegs, was ich hier tue. Nur eines tue ich – beten. Ich setze meinen Gebetsvorsatz Tag für Tag fort. Und ich verändere mich ständig dabei. Von innen nach außen.

Segen für ein Kind

Mehr entsteht durch Gebet, als diese Welt zu träumen wagt.
Alfred Lord Tennyson

Ich bin in einem Coffeeshop und will nur schnell einen Milchkaffee bestellen. Normalerweise bestelle ich draußen an dem Schalter, an dem man im Auto sitzen bleiben kann. Doch heute stehe ich drinnen und schaue mir ihre Auswahl an CDs an, während ich warte. Ich suche gern nach neuer Musik, die ich in meiner Radiosendung vorstellen kann. Während ich warte, fällt mir eine junge Frau auf, die mich mit ziemlich ernstem Blick beobachtet. Sie lächelt verlegen, als ich sie sehe, und versteckt ihr Gesicht rasch wieder hinter dem Buch, das sie vor sich hat. Ich warte auf meinen Milchkaffee, überlege, welche Möglichkeiten ich habe, und schaue auf die Uhr. Da ist es wieder, jenes vertraute, drängende Gefühl, und gleichzeitig die Frage, die inzwischen praktisch meine ständige Begleiterin ist.

Schließlich nehme ich meinen Kaffee und die neue CD und gehe auf sie zu. Ich gehe neben ihr in die Knie – ein Knie auf dem Boden – und versuche, leise mit ihr zu sprechen. Ich will nicht, dass die anderen Kunden uns zuhören. So ganz aus der Nähe sehe ich, dass sie jung ist, viel jünger, als ich zunächst dachte. Eher noch ein Schulmädchen. Ich will sie nicht erschrecken, aber ich bin schon so nah dran. Ich erkläre ihr mein Projekt und sage ihr, dass sie mir als ein besonderer Mensch aufgefallen ist und ich sie das nur wissen lassen wollte. Ich bleibe noch einen Moment in der Nähe, auch nachdem sie sich schon flüsternd bedankt hat.

»Soll ich für etwas Bestimmtes beten?«

In der Musikanlage des Coffeeshops läuft Sheryl Crows neuer Song. Ich höre auf den Text, während ich warte. Manchmal ist sie ein Geschenk, diese Fähigkeit zu warten. Das Mädchen ist nervös und ich kann es sehen. Es ist keine Nervosität wie am ersten Schultag, sondern eher die Nervosität, die einen befällt, wenn man Schatten in einer Ecke beobachtet. Ich kenne diese Art Nervosität. Sie breitet sich aus und macht einem eine Gänsehaut.

Ohne Zögern nickt sie. »Meine Mutter.«

Ich warte, während sie offenbar nach den richtigen Worten sucht. Dabei überlege ich, ob ich ein klein wenig nachhaken oder weiterfragen sollte, doch dann ist das gar nicht nötig. Sie antwortet, immer noch flüsternd, zögerlich, als hätten die Wände im Coffeeshop Ohren. »Meine Mutter«, sagt sie noch einmal. »Sie leidet an einer bipolaren Störung und …« Sie stockt, unterbricht sich und zieht sich wieder zurück. Ich sage ihr, dass ich für ihre Mutter beten werde. Dann setze ich hinzu: »Aber du solltest wissen, dass ich auch für dich beten werde.«

In ihrem Alter hätte ich jeden Tag das Gebet eines Fremden gebrauchen können. Doch dieses Mädchen muss sich nicht nur mit den gewöhnlichen Teenager-Problemen auseinandersetzen. Das Zuhause sollte ein sicherer Ort sein, doch bei ihr kann es sein, dass sie eines Tages zur Tür hineinkommt und feststellen muss, dass sich die Situation tagsüber verändert hat, während sie fort war. Ich habe Freunde und Verwandte, bei denen eine bipolare Störung festgestellt wurde. Manchmal nehmen sie ihre Medikamente und manchmal nicht. Es gibt Zeiten in ihrem Leben, die relativ friedlich sind, und Zeiten ohne auch nur einen Hauch von Schlaf oder Frieden.

Mein Herz zieht sich ein bisschen zusammen, als ich für sie bete und mir vorstelle, wie sie nie alles über ihre Situation daheim erzählen kann, oder wenn ich daran denke, dass sie schon viel zu früh erwachsen werden muss. Dass sie versuchen muss, Dinge zu klären, sie unter Verschluss und am Laufen zu halten.

Kein Wunder, dass sie auf den ersten Blick so viel älter wirkte. Sie ist es auch.

Seltsame Schilder und rauchende Lastwagen

Je weniger man weiß, desto mehr glaubt man.

Bono

Ich sitze auf dem Beifahrersitz eines Abschleppwagens. Ach, fragen Sie nicht. Wirklich nicht. Heute ist nicht der Tag, an dem ich in allen Einzelheiten erklären will, warum oder wie ich hierhergekommen bin.

Nur so viel: Ich hatte ein kleines Problem mit meinem Auto, das eigentlich inzwischen hätte repariert sein sollen, es aber nicht ist. Deswegen fahre ich jetzt in einem Abschleppwagen. Einem rauchenden Abschleppwagen. Ich glaube, es ist ein 1968er Modell. Der Fahrer schwitzt und das Getriebe knirscht und meine Liste mit Dingen, die ich heute erledigen müsste, löst sich in Wohlgefallen auf.

Eigentlich hatte mein Tag ganz einfach begonnen. Ich saß in meinem kleinen Traumauto – dem Auto, das nach meinem ausdauernden, zuverlässigen Nissan kam, der irgendwann ins Gras gebissen hatte –, doch mitten am Tag (einem Tag, an dem ich mehr geplant hatte, als ich überhaupt erledigen konnte), fing das Auto an zu klappern und zu schlingern und blieb schließlich ruckend an einer Kreuzung stehen, während das Motorwarnlicht aufblinkte.

Das hatte ich doch gerade erst reparieren lassen. Diesem Auto sollte nichts fehlen. Es ist der erste Tag, nachdem ich es aus der Werkstatt abgeholt habe! Nach so vielen Tagen ohne fahrbaren Untersatz habe ich eine besorgniserregende Liste von Dingen, die ich tun will. Ich muss dringend ein paar Geburtstagsgeschenke besorgen, ich muss zur Post und auch sonst alles Mögliche erledigen.

Doch dann das Rütteln und Schütteln an der Ampel. Ich sitze auf dem Seitenstreifen und mache unhöfliche Anrufe. Vergessen sind meine altruistisch erleuchteten Augenblicke, in denen ich für jede Seele, der ich begegnete, um Gutes betete. Ich bin nur noch den Tränen nahe und müde. Der Fahrer braucht ein paar Anläufe, um mein Auto auf den Abschleppwagen zu laden. Er schaut mehr als nur ein bisschen besorgt drein, als er wieder versucht zu schalten, und hat immer ein Auge auf den Rückspiegel gerichtet. Bestimmt fragt er sich, ob er das Auto auf der Ladefläche verlieren wird. Garantiert. Ich auch.

Ich will im Moment keine Autoprobleme haben. Ich will nicht sauer auf die Versicherung sein oder auf die Werkstatt, die sie empfohlen hat. Ich will einfach nur ein Fahrzeug, das in einer Stadt, in der man ohne Auto ziemlich aufgeschmissen ist, ordentlich läuft. Auf meinem Heimweg muss ich durch mehrere Waldgebiete. An meinem Haus führt auch nicht gerade eine Buslinie vorbei. Es gibt keine U-Bahn, und die Eisenbahn, die man nur aus der Ferne hört, sind Frachtzüge. Ein Auto ist hier einfach eine Notwendigkeit.

Also sitze ich in diesem rauchenden, stotternden Abschleppwagen, wir stehen zu einer verkehrsreichen Zeit im Stau, und jetzt sorgt sich der Fahrer nicht mehr nur um ein knirschendes Getriebe oder das Risiko, mein Auto von der Ladefläche zu verlieren, sondern auch sehr darum, dass der Lastwagen überhitzen könnte. Ich fange an zu denken, dass wir vielleicht einen zweiten Abschleppwagen brauchen, der uns beide hier rausholt. Es ist nicht mehr nur unangenehm und teuer – es wird noch schlimmer.

Doch dann sehe ich einen Mann, der am Straßenrand steht. Man könnte annehmen, dass er obdachlos ist. Oder wenigstens arbeitslos. Okay, das Schild, das er in den Händen hält – auf dem »arbeitslos« steht –, könnte ihn verraten haben. Ich glaube, auf dem Schild steht auch etwas darüber, dass er Hilfe braucht, aber ich lese es gar nicht richtig. Ich brauche auch Hilfe. Doch dann macht er etwas ganz Merkwürdiges: Er schaut mich an, und mit diesem einen Blick sieht er den dampfenden, rauchenden Abschleppwagen, der mein Auto hinter sich her zieht, mich auf dem Beifahrersitz und meinen Gesichtsausdruck und den Gesichtsausdruck des Fahrers. Und dann lächelt er sanft, hebt zwei Finger und zeigt mir das, was zum universellen Zeichen auch für »Frieden« geworden ist.

Frieden.

Ich verstehe. Frieden mitten in den Turbulenzen und Problemen des Lebens. Jener seltsame, bleibende Frieden, der uns hilft, unser Ziel im Leben zu erreichen. Sei es die Suche nach geistlichen Gipfelerlebnissen oder einfach das Ziel, nur die nächste Tankstelle zu erreichen: Das Element des Friedens, der Besitz jenes vollkommenen Seelenfriedens, scheint auf dem Weg dorthin mehr zu helfen als alles andere. Es ist leichter, für einen Fremden zu beten, wenn wir diesen Frieden haben, mit dem wir über das Wasser gehen können, also das, was uns am meisten Angst macht – die Wellen unserer Gefühle, die in uns aufsteigen und wogen.

Ich erwidere sein Lächeln und hebe die Hand mit zwei gespreizten Fingern.

Peace, Bruder. Ich bete für dich.

Ich würde gern sagen, dass der Rest der Fahrt dann anders verlief, dass der Fahrer und ich den Rest der Strecke »Me and Bobby McGee« sangen. Doch so war es nicht. Er machte sich weiterhin Sorgen über den Verkehr und die Überhitzung. Ich versuchte zu verhindern, dass mein Ärger überkochte. Doch ich holte ein paar Mal tief Luft und unterhielt mich ein bisschen mit ihm über seinen Enkelsohn, der ihn immer wieder auf dem Mobiltelefon anrief. Er wünschte sich, dass sein Opa ihn abholt und mit ihm auf die Suche nach einem Gokart geht. Mich beeindruckte besonders, dass der Fahrer ans Telefon ging, obwohl der Abschleppwagen rauchte, als er versuchte, mich und das Auto den Berg hinaufzuschleppen.

Der Mann am Straßenrand, sein Gesichtsausdruck und seine Botschaft – das galt nicht nur für jenen Augenblick. Gute Botschaften sind ewig. Sie verlieren auf lange Sicht nicht ihre Bedeutung. Ich kann die Botschaft dieses Mannes an mich jeden Tag hervorholen, zur Kenntnis nehmen und annehmen. Dann kann ich mich umdrehen und sie weitergeben. Und jedes Mal, wenn ich das tue, werde ich für ihn beten.

Wahrnehmung und Perspektive

Man kann davon ausgehen, dass man Gott nach seinem eigenen Bild erschaffen hat, wenn man feststellt, dass Gott die gleichen Leute hasst wie man selbst.

Anne Lamott

Ich erinnere mich an einen alten Cartoon, in dem sieben blinde Männer einen Elefanten beschreiben wollen. Jeder betastet einen unterschiedlichen Teil des Tieres und nimmt daher an, dass sich der ganze Elefant von diesem kurzsichtigen Standpunkt aus beschreiben lässt. Mir scheint, in vielerlei Hinsicht werden wir in unserer Kultur oder Gesellschaft dazu angehalten, Dinge ebenso zu betrachten. Alle anhand von einem beurteilen. Menschen gleich nach dem ersten Blick in stark unterschiedliche Kategorien einteilen. Eines ist im Leben jedenfalls sicher: Uns wird schon früh beigebracht, parteiisch zu sein. Auch wenn wir behaupten, wir seien es nicht – wir sind es trotzdem. Wir können uns sogar bemühen, nicht parteiisch zu sein, doch diese Angewohnheit hängt uns aus vergangenen Zeiten an. Das ist eines von den Dingen, die wir schon in der Grundschule lernen. Man muss sich auf eine Seite schlagen, man muss Namen nennen. Man muss für Mannschaft A oder Mannschaft B spielen, für die grüne oder die blaue. Man muss sich auf eine Seite des Spielfelds stellen. Diesem Muster folgen alle Schulaktivitäten; es geht um »wir gegen sie«: eine Schule gegen eine andere in der gleichen Stadt, eine Stadt gegen die andere, ein Bundesstaat gegen den anderen und schließlich – hoffentlich – der Wettkampf auf nationaler Ebene. Ich habe nichts gegen Mannschaften oder positiven Sportsgeist. Irgendwo habe ich auch noch ein paar Fußballtrophäen aus der Schule, und ich bin begeisterter Fan der Olympischen Spiele.

Wogegen ich etwas habe, ist der Gedanke von »den anderen«. Nicht, dass es nicht normal wäre, dass wir uns mit denen zusammentun, die ähnlich denken und sich für ähnliche Dinge begeistern. Allerdings beunruhigt es mich, wenn »der andere« jemand ist, den wir ungerechtfertigt zu unserem Feind erklärt haben. Wie unsere chemische Reinigung, deren Inhaber einen Sticker der Republikaner im Fenster hat, oder der Inhaber des kleinen Restaurants, der sich öffentlich zu den Demokraten bekennt.

Unglücklicherweise können sich unsere Vorlieben zu Vorurteilen entwickeln, die uns davon abhalten, friedlich miteinander auszukommen. Und obwohl es bei meinen persönlichen Vorurteilen nicht um Hautfarbe, Glaubensbekenntnis oder Religion geht, können Sie mir glauben, dass ich trotzdem ein paar Vorurteile habe. Aber ich arbeite daran.

Während meines Gebetsprojektes habe ich festgestellt, dass ich für Menschen unabhängig davon bete, auf welcher Seite der Linie sie sich politisch, geistlich, kulturell oder wirtschaftlich befinden. Ich bete für sie, ohne ihre Geschichte zu kennen oder ihre Postleitzahl, ohne zu wissen, für wen sie bei der letzten Wahl gestimmt haben. Okay. Manchmal. Ich habe mit Menschen gesprochen, deren Schild vor dem Haus anders als mein eigenes ausfallen würde (wenn ich eines hätte), deren Autoaufkleber anders aussehen würden als meine (wenn ich welche hätte). Ich interessiere mich sehr für das Verbindende, das zwischen uns besteht, und nicht so sehr für die Unterschiede. Doch manchmal sind meine Ansichten trotzdem zehn Meilen gegen den Wind zu erkennen.

An einigen Tagen dieses Jahres habe ich für Menschen gebetet, die im politischen Bereich sehr bekannt sind. Persönlich stimme ich nicht mit ihren politischen Ansichten und Zielen überein, und ich mag eigentlich keinen von ihnen besonders, aber andererseits kenne ich sie auch gar nicht richtig. Ich kenne nur ihr aufpoliertes Image, ihre Äußerungen in der Öffentlichkeit, die starren Momentaufnahmen von ihren Gesichtern auf den Seiten von Zeitschriften und Zeitungen.

Was mich überrascht hat? Die Gebete für diese Politiker (fürs Protokoll: sowohl demokratische als auch republikanische), für Menschen der unterschiedlichsten Glaubensüberzeugungen und Hintergründe, waren vollkommen aufrichtig und kamen von Herzen. Und die erstaunliche Entdeckung daran war für mich, dass man, je länger man für einen Menschen betet, umso mehr die Antipathie gegen ihn verliert. Diese Dinge verlieren an Bedeutung, und stattdessen beginnt man sogar hier und da, den anderen für einen kurzen Moment zu verstehen. Es entsteht Mitgefühl, sodass, wenn der Betreffende zur Tür hereinkäme, ich mich in dem Moment freuen würde, ihn zu sehen.

Irgendwann in dem kurzen Zeitabschnitt, in dem ich für diese Menschen betete, ihnen Gutes für ihr Leben wünschte und hoffte, dass das Ungerade für sie geebnet wird und ihre Feinde im Frieden mit ihnen leben, verschwand meine Frustration über sie.

Heute habe ich für eine Frau gebetet, die ganz anders ist als ich. Ich weiß nicht genau, *wie* anders. Immerhin könnte es durchaus sein, dass wir die gleichen Autoren und Parfums mögen – aber sie sieht anders aus. Sie trägt eine Burka. Ich stehe ein bisschen mehr auf Jeans. Eine Burka ist etwas, das in Amerika so völlig exotisch wirkt. Sie erinnert uns daran, dass es Länder gibt, in denen solche Frauenkleidung entstand. Leider haben einige Personen, die aus diesen Ländern stammen oder damit in Verbindung gebracht werden, sich zu Feinden meines Volkes und Landes erklärt. Doch das Kleidungsstück an sich, der Schleier, die Frau, die beides trägt und an diesem regnerischen Tag an mir vorbeigeht, ist nicht mein Feind. Heute ist sie meine Fremde.

Bisher hatte ich einen schlechten Tag. So ein Tag, an dem man auf dem Weg zur Arbeit einen platten Reifen hat und danach feststellt, dass man das Konto überzogen hat und die Gehaltszahlung sich aus bürokratischen Gründen noch zwei Wochen verzögert. Das sind so wunderbare Tage, an denen das Getröpfel des Alltags wahnsinnig machen kann – selbst inmitten eines Ozeans von Segen. Es ist so ein Tag, an dem es ganz stetig tröpfelt ... tropf, tropf, tropf. Bald wird aus dem Tröpfeln ein gleichmäßiger kalter, eisiger Regen. Welch poetisches Bild.

Dann sehe ich die junge Frau in der Burka durch den Regen gehen. Ich strecke die Hand aus und berühre sie leicht am Arm, als sie an mir vorbeigeht. »Entschuldigen Sie bitte. Darf ich nach Ihrem Namen fragen?«

»Faith«[7], antwortet sie, mit einem Lächeln in den Augen, das sie inmitten des ganzen Schwarz erstrahlen lässt.

Natürlich. An einem regnerischen Tag in der Art von: »Wir schreiben einen unangekündigten Test und der Hund hat meine Hausaufgaben gefressen«, muss ich ausgerechnet eine Frau namens Faith anhalten. Noch dazu in einer Burka.

»Faith, Sie haben einen wunderbaren Namen. Die Sache ist die: Ich werde für Sie beten und Ihnen Gottes Segen wünschen, ein gutes Leben und wahre Liebe und Glück im Überfluss.« So habe ich es natürlich nicht wörtlich gesagt, aber etwas ganz Ähnliches. Sie lächelt noch einmal, fröstelt und dankt mir.

Ich schaue ihr einen Moment nach, als sie weggeht und irgendwo auf dem Campus verschwindet. Was ich sagen wollte, war: »Nein – ich danke *Ihnen*, Faith. Für Ihren Namen und Ihr Lächeln.«

Vielleicht werden wir uns in einer perfekten Welt nicht anhand unserer Unterschiede gegenseitig verurteilen, sondern es schaffen, uns stattdessen daran zu freuen. Vielleicht wird es in einer perfekten Welt von Natur aus einige Regeln geben wie Respekt vor unterschiedlicher Glaubensüberzeugung oder Hautfarbe, ethnischer Herkunft oder Religion, politischer Überzeugung oder sozialer Herkunft, Katzenmenschen und Hundemenschen. Viel-

---

7 faith = Glauben (Anm. d. Übers.)

leicht können wir diese Dinge erkennen, ohne zuzulassen, dass sie bestimmen, wer wir sind oder wer wir nicht sein dürfen.

Täglich die unglaubliche Gelegenheit zu ergreifen, Menschen anzusprechen, für Menschen zu beten, die ich nicht liebe oder noch nicht einmal mag oder die einen anderen ideologischen oder politischen Hintergrund haben, hat mich einem Zustand der persönlichen Gnade näher gebracht, in dem es mir möglich ist, sie zu lieben. Nicht nur möglich, sondern sogar wahrscheinlich.

Doch das Leben ist eine chaotische Angelegenheit, voller Meinungen und Motive, Gefühle und Geschichten, Freundschaften und Feindschaften. Vielleicht liegt es in unserer menschlichen Natur, ein Zugehörigkeitsgefühl zu entwickeln. Und es ist genau einer der Gründe, warum ich dieses Gebetsprojekt so sehr liebe – ich bete einfach immer weiter, ganz gleich, worin unsere Unterschiede liegen. Selbst wenn Sie die Nachrichten auf dem Fernsehsender Fox schauen und ich auf BBC, wenn Sie in eine andere Gemeinde gehen als ich oder in gar keine, wenn Sie Erdbeeren mögen und ich davon Ausschlag bekomme: Das alles spielt keine Rolle, weil es im großen Plan der Welt keine Rolle spielt.

Eines allerdings spielt eine Rolle.

An manchen Tagen bete ich für mehr als nur einen Menschen. Weil ich es kann und weil ich es möchte. Weil mein Herz in diesem Jahr, in dem ich Verbindungen zu den anderen Menschen in dieser Welt aufgebaut habe, weicher geworden ist. Gerade neulich erst bin ich an einem Mann mit weißem Hut vorbeigekommen, der auf seinem Traktorrasenmäher über die Wiese fuhr. Er lächelte und winkte und ich winkte zurück, und in diesem Moment – »Fremder des Tages« hin oder her – war meine automatische Reaktion, ihm Segen für sein Leben zu wünschen und ein rasches Gebet für seine Gesundheit und sein Glück zu sprechen. Und so verlief auch der Rest meines Tages. Eine Kassiererin, die Frau von der Versicherung, die Bibliothekarin – ich habe für sie alle gebetet.

Dann begann ich zu überlegen: Könnten wir uns auf einer Welle des Gebets durch den Tag bewegen, nehmend und gebend, mit stillen Worten, Gedanken, guten Absichten den Menschen gegenüber, denen wir unterwegs begegnen? Könnten Ströme des Gebets durch unsere Städte fließen, mitten durch die Geschäftigkeit unseres Lebens? Wäre das deutlich spürbar, wie ein Sog, der uns zieht, uns zuflüstert und uns daran erinnert, dass wir Teil eines größeren, weiten Ozeans sind, in dem es von Leben und Geschichten nur so wimmelt? Wenn ich anfange, so zu leben, jeweils einen Moment lang, einen Tag in der Woche, eine Woche lang, dann, ja, dann kann ich mir einen Ort vorstellen, an dem Menschen einen gemeinsamen Nenner der Zeitlosigkeit, der Verständigung und des Wohlwollens finden. Und das gefällt mir.

Verpasste Gelegenheiten

Gebet ist ein Triumph, egal in welcher Form.

Terri Guillemets

Sie verfolgt mich. Wirklich. Die ganze Nacht und bis in diesen Morgen hinein. Es ist ziemlich lächerlich, dass jemand, dem ich im Vorbeigehen begegnet bin, solche Gefühle in mir auslöst, doch verpasste Gelegenheiten sind genauso zu einem Teil meines Lebens geworden wie das Gebet für Fremde. Es ist nicht so, dass ich nicht bete – das tue ich durchaus. Doch manchmal lasse ich mir die Gelegenheit zu einem menschlichen Kontakt entgehen, der vielleicht aus einem ganz bestimmten Grund zustande kommen sollte. Es kann jeden Tag passieren, dass ich »zufällig« auf jemanden treffe und eine besondere Verbindung spüre.

Gestern war es eine Frau im Lebensmittelladen. Eine ältere Frau hatte ihren Einkaufswagen stehen gelassen, war zurückgegangen, um eine Dose Tomaten zu holen, und in diesem Moment trafen sich unsere Blicke. Sofort fragte ich: »Wie geht es Ihnen heute?«

Sie erinnerte mich an meine Großmutter. Ihre Augen, ihr Auftreten. Und sie freute sich, dass jemand sie fragte. Sie antwortete genauso schnell: »Gut, und Ihnen?«

Dann ging ich weiter und sagte: »Gut, gut.«

Ich weiß nicht, weshalb ich sie nicht aufhielt und zu ihr sagte: *Heute Abend vor dem Einschlafen werde ich einen besonderen Segen für Sie sprechen. Vielleicht auch zwei.* Ich wünschte, ich hätte nach ihrem Namen gefragt und einen Teil ihrer Geschichte erfahren. Ich bin so frustriert von diesem Erlebnis heute, von dieser unfertigen, unerledigten persönlichen Begegnung, dass ich am liebsten … fast hätte ich gesagt *verrückt werden* würde.

Vielleicht meine ich eher *extrovertiert*. Und bei diesem Gedanken musste ich einfach alles stehen und liegen lassen und das Wort *extrovertiert* in einem meiner Lieblingswörterbücher nachschlagen, dem *Reader's Digest Universallexikon*. Es erklärt mir, »Extrovertiertheit« bedeutet »das eigene Interesse auf Gegenstände und Handlungen außerhalb der eigenen Person zu richten statt auf die eigenen Gedanken und Gefühle«. Seltsam, das habe ich eigentlich nicht im Kopf, wenn ich an einen extrovertierten Menschen denke. Normalerweise stelle ich mir jemanden vor, der eher viel redet, und zwar laut.

Ich glaube – und das ist ein brutales Geständnis –, dass ich bisher dachte, introvertierte Menschen seien extrovertierten in mancher Hinsicht überlegen. Meine lieben extrovertierten Freunde, ich bitte euch um Entschuldigung. Es ist nicht so, dass ich mich meinen kontaktfreudigen und energiegeladenen Freunden mit ihrer geselligen, nicht-schüchternen Art überlegen fühlen würde. Es ist nur so, dass ich Stille sehr schätze. *Sehr*. Dabei denke ich an das Mönchtum, wie bei den Klosternonnen oder den Wüstenmönchen.

Es stört mich nicht, einen Tag oder mehrere Tage allein und in der Stille zu verbringen. Je länger ich allein bin, umso leichter wird die Stille, weil mein Geist sein Zentrum, seinen Ruhepunkt findet. Ja, natürlich laufen meine Gedanken und mein Körper zunächst noch auf Hochtouren weiter. Dann würde ich am liebsten hundert Freunde und Verwandte anrufen und sagen: *Ich habe mich hier an einen ganz stillen Ort zurückgezogen, und ich werde jetzt zur Ruhe kommen, aber vorher – was gibt es Neues bei euch und euren Kindern und Enkeln? Bei der Arbeit und in der Freizeit? Habt ihr in letzter Zeit einen guten Film gesehen?* Doch am Ende zwänge ich meine angewöhnte Geschäftigkeit in eine Art heiliger Stille, in der ich mich selbst denken hören kann. Ich schätze diese Stille so sehr, dass ich auch Freunde ermutige, das Gleiche zu tun. *Ach, komm schon,* sage ich dann, *nur drei Tage und Nächte ohne Mobil-*

telefon, E-Mail und Fernsehen – nicht einmal ein tolles Buch, um dich abzulenken. Nur du und, hmmm, vielleicht ein oder zwei Tagebücher und einen Freund und absolute Stille für zweiundsiebzig Stunden.

»Ich würde sterben«, sagt meine Cousine dazu. Das ist natürlich nicht wahr, aber sie glaubt es.

Andere Freunde sagen mir, sie würden verrückt werden. *Richtig* verrückt.

Meine große Frage ist: warum? Was an unserer Gesellschaft macht uns so abhängig von Lärm und Zerstreuung? Und wenn selbst die Extrovertiertesten von uns generell so abhängig von und so gewöhnt an Lärm und ständige Gespräche sind, warum ist es dann so schwierig, jeden Tag, dreimal pro Woche oder einmal im Monat einem Menschen zu sagen, dass wir ihm Gutes und Frieden und Barmherzigkeit wünschen?

Ich glaube, ich muss zu einer größeren Ausgeglichenheit in meinem Leben finden. Ich glaube, dass mir dieses Gebetsprojekt zeigt, wie ich zu dieser Ausgeglichenheit finden kann. Ich glaube, dass es mich einen Weg führt, den ich nie vorhatte zu gehen. Ich glaube, dass ich diese stillen Momente immer als Teil meines Lebens behalten muss, indem ich mir Zeit für die Stille nehme, die meine Seele zur Heilung und Erneuerung braucht. Doch ich denke, dass ich die Zeit, in der ich nicht fort bin, wo ich nicht an meinem Ort, in meinem Zimmer, in meinem Auto oder auf dem Weg zwischen meinen Bäumen hindurch bin, mit anderen Menschen verbringen sollte. Nicht nur mit den Menschen, die ich mir bewusst ausgesucht habe, sondern auch mit denen, die mich durch irgendwelche Umstände ausgesucht haben. Ich denke darüber nach, dass ich mich der Frau im Lebensmittelladen vorstellen kann. Vielleicht kann ich sie mehr fragen als nur, wie es ihr geht, während ich fast so schnell an ihr vorbeigehe, dass ich nicht einmal ihre Antwort höre. Sie wollte mehr von diesem Augenblick, eine stärkere Verbindung. Das Seltsame, Unglaubliche ist, dass ich mir am Ende das Gleiche wünschte.

Ich vermisse meine Großmutter. Ich vermisse ihr Alter, wie sie einfach Dinge wusste, die jüngere Menschen nicht wissen. Jünger, das waren für sie alle anderen. Sie ist schon lange, lange nicht mehr da, und doch vermisse ich ihre tröstliche Anwesenheit. Manchmal, in guten Nächten, träume ich von einem Besuch bei ihr. Doch diese Nächte sind sehr selten. Dazwischen vergehen Jahre, doch dann kommt der Morgen, an dem ich aufwache und es ist, als säße ich wieder in ihrer Küche. Ich wache auf und fühle mich rundum bedingungslos geliebt.

Doch hier war diese Frau, im gleichen Alter wie meine Großmutter, als ich sie zum letzten Mal sah, die sich einfach etwas länger unterhalten wollte. Vielleicht war sie ein Geschenk an mich, auf die seltsame Art und Weise, wie Menschen es manchmal sein können. Ein neuer Freund oder jemand, der wie aus dem Nichts kommt und hilft. Vielleicht hätte diese Frau ein klein wenig die Lücke füllen können, die meine Großmutter hinterlassen hat. Selbst wenn es nur ein Gespräch lang gewesen wäre. Ich denke, wir beide hätten das gut gebrauchen können. Und vielleicht werde ich sie wiedersehen. Wenn nicht, treffe ich vielleicht jemanden wie sie, der vielleicht ein klein wenig einsam und offen für einen neuen Freund ist. Und ich verspreche, dass ich stehen bleiben und mir Zeit für ihn oder sie nehmen werde, und uns beiden wird es dadurch etwas besser gehen.

Das richtige Timing

Ich grüße dich. Nicht so, wie die Welt Grüße schickt, sondern mit tiefster Wertschätzung und dem Gebet, dass für dich jetzt und immer der Tag anbreche und die Schatten fliehen.

Fra Giovanni Giocondo

Im Kaufhaus spiele ich gerade in der Make-up-Abteilung, als ich sie sehe. Meine Cousine hat mich aus dem Haus geholt und eine Liste von Dingen mitgebracht, die wir erledigen müssen. Da ich so ungern einkaufen gehe und sie die beste Einkäuferin aller Zeiten ist, haben wir versucht, die Aufgabe gemeinsam anzugehen. Sachen für Mutter kaufen, die Sonderangebote beim Make-up ausnutzen und Ohrringe finden.

Ich spiele mit den Lippenstiften, als ich aufschaue und sehe, wie die Frau mit einer Kosmetikverkäuferin am nächsten Tresen spricht. Und mir nichts, dir nichts denke ich: *Ach, das ist sie.* Was ich an diesem Beten für Fremde besonders gut finde, ist, wenn es so passiert wie jetzt – dass sie sich zur Seitentür meines Lebens hereinschleichen. Zum Beispiel, wenn ich im Supermarkt das Fleisch begutachte oder überlege, was in einem Fruchtsaft ist, bei dem auf dem Etikett steht: »enthält 10 Prozent Saft«. Was genau sind die anderen 90 Prozent? Und dann schaue ich auf und sehe einen alten Mann, der sich redlich bemüht, ebenfalls das Saftetikett zu lesen, und ich denke: *Ja – das ist er.* Doch heute ist es nicht Saft, sondern es sind Fuchsia- und Rot- und Brauntöne und die neuesten neutralen Farben. Ich kann meine Fremde nicht unterbrechen, während sie sich unterhält, also werde ich warten und sie abfangen, wenn sie fertig ist. Nur um ein paar Worte zu sagen.

Dann wandere ich hinüber zu Mascara und Lidschatten und fange an, wie eine Fünfjährige mit den Testern zu spielen. Auf meinem Handrücken sind mittlerweile sieben verschiedene Braunschattierungen, drei grüne, zwei blaue und ein Rauchgrau. Ich schaue auf und die Frau ist weg. Es könnten fünf Minuten vergangen sein – oder fünfundzwanzig. Manchmal merke ich einfach nicht, wie die Zeit vergeht.

Ich schaue zur anderen Seite der Theke und suche den Bereich um die Kosmetikartikel und Parfums ab. Weg. Mich überfällt ein vertrautes Gefühl von Verlust. Ich bekomme es jedes Mal, wenn ich mit jemandem hätte sprechen sollen und es aus irgendeinem Grund nicht getan habe – weil ich zu sehr in Eile war, zu faul oder zu abgelenkt. Oder in diesem Fall mit allen guten Absichten, sie anzusprechen, aber vergeblich. Es hinterlässt in mir immer ein Gefühl der Leere, das Gefühl einer verpassten Gelegenheit. So ähnlich wie damals, als ich in einem Restaurant an Bill Murray vorbeikam und ihm eigentlich sagen wollte: »Mir persönlich hat *Auf Messers Schneide* besonders gut gefallen, und weil Sie in diesem Film mitgespielt haben, lese ich alles, was Somerset Maugham je geschrieben hat. Das wollte ich Ihnen nur gern sagen.« Doch da ich nicht in meinem Element war oder vielleicht etwas zu schüchtern oder vielleicht einfach hin und weg von diesem Star war, sagte ich kein Wort, und das verfolgt mich immer noch. Dieses Gefühl ist ganz ähnlich. Wenn ich jemanden ansprechen soll, wenn ein Mensch auf besondere Art und Weise ins Blickfeld meines Lebens gerät, verfolgt es mich, wenn ich schweige. Es verfolgt mich mehr als jede eilige oder halbherzige Reaktion, die ich erhalten könnte; denn während ich eine persönliche Ablehnung riskiere, wenn ich einen Fremden anspreche, bewirkt das Nicht-Reden Fragen wie *Was wäre wenn* und *Was hätte sein können*. Diese Fragen belasten mich immer geraume Zeit.

Dann, gerade als ich meine Cousine suche, taucht die Frau aus der Handtaschenabteilung auf. Es ist das reinste Wunder, dass ich sie nicht umgerannt und festgehalten habe, so entschlossen war ich in meinem Enthusiasmus, sie mir nicht noch ein zweites Mal entkommen zu lassen.

»Darf ich nach Ihrem Namen fragen?«

Und so beginnt das Gespräch mit dieser wunderbaren Frau. Es entwickelt sich zu mehr, und ich denke, dass wir uns eine Viertelstunde später immer noch unterhalten. Darüber, dass ihr Mann vor einigen Jahren gestorben ist und dass sie ehrenamtlich im örtlichen Krankenhaus arbeitet und wie viel es ihr bedeutet, dass ich sie angesprochen habe. Sie will meinen Namen wissen und mehr darüber, wie das Jahr bisher gelaufen ist.

Ich erzähle ihr, dass ich die Geschichten gerade aufschreibe und dass sie eines Tages in einem Buch erscheinen sollen.

»Oh, *das* Buch würde ich gern lesen. Wenn ich noch lebe, wenn es herauskommt, kaufe ich es mir.«

Virginia hat einige schwere Lasten zu tragen. Ihre Gesundheit – oder vielmehr eine Menge neuer Gesundheitsprobleme – ist eine davon. Doch ihr einfach zu sagen, dass sie meine Fremde ist, scheint diese Last schon sichtlich leichter zu machen. Wir umarmen uns, bevor wir uns verabschieden, und ich sage ihr, dass sie noch eine ganze Weile leben wird. Denn das glaube ich wirklich.

Meine Cousine hat an einem anderen Make-up-Stand gespielt und auf mich gewartet. »Woher kennst du sie?«, fragt sie mich.

»Wen?«

»Die Frau, mit der du eben geredet hast.«

»Ich habe sie gerade erst kennengelernt. Sie ist meine Fremde.«

»Du machst Witze, oder?«

»Nein. Kein Witz. Habe sie gerade erst getroffen. Sie ist Witwe, hat ihren Mann verloren, arbeitet ehrenamtlich im Krankenhaus. Sehr nette Frau.«

»Das ist unglaublich! So, wie ihr euch unterhalten habt, dachte ich, ihr kennt euch gut.«

Jetzt kenne ich sie. Zumindest besser als bevor wir uns unterhalten haben. Eine seltsame Sache, dieses Gebetsprojekt.

»Fast hätte ich sie verpasst«, sage ich. Wir machen uns auf in den Rest des Tages. Ich setze meine Sonnenbrille auf und lasse das Auto an, während meine Cousine noch immer flüstert: »Unglaublich!« Unterdessen denke ich an die winzigen Fäden des Zufalls, die ein Leben mit einem anderen verbinden. Wie zart und unvorhersehbar sie sind und welche unerwartete Freude es bringt, mit einem Leben in Verbindung zu treten, das wir andernfalls nie kennengelernt hätten.

Gebete der Menschen

Das Gebet gibt einem Menschen die Gelegenheit, jemanden kennenzulernen, den er sonst nur selten trifft. Ich meine nicht den Schöpfer, sondern sich selbst.

William Inge

Bei meinem letzten Besuch in New York hatte ich das Vergnügen, die St. Patrick's Cathedral zu besuchen. Ich kam an, stieg die riesigen Stufen empor, und als ich drin war, stellte ich fest, dass es nicht die gedämpfte, stille Atmosphäre einer verlassenen Kathedrale an einem Nachmittag in der Innenstadt war wie in der historischen Christ Church Cathedral auf dem Broadway in Nashville. Zum Teil ist sie ein Anziehungspunkt für Touristen. Wachleute kontrollieren Rucksäcke, Menschen fotografieren *überall*. Andere nehmen Broschüren mit. Und doch existiert mitten unter den ganzen Menschen und in diesem Rummel zumindest der *Versuch*, Stille zu halten. Da kommen Menschen in den Raum und versuchen sichtlich, den Unterschied zu praktizieren, den Übergang von einer Stimmung in die andere. Wie jemand, der mit quietschenden Schuhen vergeblich versucht, auf Zehenspitzen zu gehen.

Für diejenigen von Ihnen, die keine Kathedralenfans sind und im Urlaub keine Klöster oder seltsame heilige Stätten besuchen, werde ich einige Dinge beschreiben. Vom Eingang von St. Patrick's aus sehen Sie Menschen und Rucksäcke. Jede Menge. Dann kommt ein Tisch mit Wachposten, denn heute sind Rucksäcke überall (und ich meine überall) verdächtig und müssen durchsucht werden. Dann gibt es drei Gänge, den rechten, linken und mittleren. Im rechten und linken Gang gibt es kleine Gebetsplätze. An jedem ist eine andere Szene dargestellt, und überall gibt es

Kerzen für Gebete, von denen schon viele kürzlich von Besuchern angezündet wurden oder von Touristen, die meinen, eine Kerze anzuzünden sei das zum Fotografieren zugehörige Ritual. Menschen, die normalerweise keine Kerze anzünden, aber es trotzdem tun, weil sie meinen, es sei ein Zeichen des Respekts.

Mehr zur Mitte der Kathedrale hin stellt man fest, dass sich Ruhe ausbreitet. Es gibt eine Art Blase, in der Stille herrscht. Wenn man anfängt, die rastlosen Gedanken zur Ruhe kommen zu lassen, bemerkt man, dass manche Menschen knien und ernst unterschiedliche Worte an das Unsichtbare richten. Hier tun die Menschen leisere Schritte, stecken ihre Fotoapparate instinktiv ein, noch bevor sie das Schild sehen, auf dem steht: »Ab hier bitte nicht mehr fotografieren und reden«. Und dort, jenseits des Altarraums vorn in der Kirche, weit entfernt, liegt eine weitere Kapelle in den tiefsten Tiefen der Kathedrale versteckt.

Alles ist weiß. Das Licht, der Marmor. Ich lasse mich in eine Sitzbank gleiten, setze mich klein und müde und still hin. Und warte. Nicht auf *etwas*. Nicht auf ein Zeichen oder eine Antwort – ich warte einfach. Vielleicht, dass die Jenseitigkeit die Geschäftigkeit der Fifth Avenue überwindet, dass das Andere ganz in mich eindringt, unter meine Haut, in meine Adern, bis ins Mark meiner Knochen. Und dann fällt mir besonders das unorganisierte Flüstern auf – ein Gebet hier, ein Gebet dort. Flaumweich, Stimmen, die eigentlich zu leise sind, um überhaupt gehört zu werden. Vielleicht habe ich sie anfänglich auch nur gespürt. Es waren verschiedene Sprachen: Englisch, Spanisch, eine orientalische Sprache, die ich nicht erkennen konnte. Musik des Schmelztiegels. Und was mir in jenem Moment besonders gefiel, war, dass der Lkw-Fahrer sich auf der gleichen Stufe befand wie die Frau, die dazu geboren wurde, mit Geld zu leben und zu sterben. Ein junges Mädchen, ein alter Mann, zwei sich sehr ähnlich sehende Schwestern, die wie Buchstützen daknieten und sich dann gegenseitig auf die Beine halfen – alle waren sie an diesem Donnerstagnachmittag im tiefsten, stillsten Teil von St. Patrick's auf der Fifth Avenue in Manhattan. Menschen, die wegen etwas anderem gekommen waren als einem Foto oder einer Postkarte. Sie hatten sich bewusst in die tiefste Tiefe zurückgezogen, waren nicht einfach an einer kleinen Gebetsecke stehen geblieben oder an einem symbolträchtigen Stilelement, sondern hatten sich bewusst dorthin begeben, was man als das Allerheiligste bezeichnen könnte.

Dann dachte ich daran, dass diese ganze reich gesegnete und schöne Ansammlung von Gesichtern sich in diesem Moment auf einer Ebene befand. Ganz gleich, welchen Status oder welche Position sie im Leben einnahmen, wo sie arbeiteten oder wohnten – auf der Park Avenue oder auf der Parkbank –; vor Gott waren sie alle gleich. Ihr Flüstern wogte vor den flackernden Lichtern hinauf und hinaus und durch die Marmordecke hindurch nach oben.

Und ich konnte nur flüstern: *Amen, Amen, Amen*.

Segnungen

Du musst beten, dass der Weg lang sein möge, voller Abenteuer und Erfahrungen.

Constantine Peter Cavafy

Für die Menschen in dieser Firma habe ich schon öfter gebetet. Versorgungs- und Dienstleistungsfirmen scheinen in dieser Hinsicht Wellen zu schlagen. Ich hatte bereits »Fremde« vom Servicetelefon im Wasserwerk, beim Stromanbieter, vom Kundendienst der Telefongesellschaft und habe auch schon Kassierern, die hinter der Scheibe eines Bankschalters Zahlungen annehmen, flüsternd erzählt, dass ich für sie beten werde.

Damit Sie mich nicht falsch verstehen: Ich bin ein Mensch, der auch bei ausgeschaltetem Strom, schwindendem Licht und ausgetrocknetem Wasserhahn schreiben könnte. Ich konnte mich schon immer gut mit der Frau in *Auf der Jagd nach dem grünen Diamanten* identifizieren, die schreibt und schreibt und schreibt und ihren Roman fertigstellt, während sich um sie herum der Müll stapelt und der Katze das Futter ausgeht. Vielleicht muss ich deswegen öfter meine Schecks persönlich in die Stadt zu den Firmen bringen, weil ich vergessen habe, sie rechtzeitig vor dem Fälligkeitsdatum in den Postkasten zu stecken.

Heute ist einer jener Tage, an denen ich beschlossen habe, dem Fremden einfach gar nicht von meinem Gebetsprojekt zu erzählen. Ich plane, alles für mich zu behalten und mir einfach die Bilder von Gesichtern vor Augen zu halten und vor dem Schlafengehen für sie zu beten. Wenn ich mich zu so etwas entscheide, wenn ich am wildesten dazu entschlossen bin, spreche ich normalerweise die nächste Person an, die ich sehe. Das ungefähr passiert, als ich in der Schlange stehe und sich eine Frau vor mich stellt. Als ich sie sehe, weiß ich, dass ich mit ihr sprechen muss. Ich muss einfach.

Ich beeile mich, beim Kundendienst so schnell wie möglich fertig zu werden, und eile zur Tür. Sie trägt eine große schwarze Jacke und bequeme Schuhe und läuft langsam über den Parkplatz. Ich gehe ihr nach.

»Entschuldigen Sie. Entschuldigen Sie bitte! Dürfte ich eventuell nach Ihrem Namen fragen?«

»Kate«, antwortet sie.

»Ein hübscher Name! Eine Person in einem Buch, das ich geschrieben habe, heißt Kate. In meiner Familie gab es auch eine Kate. Meine Tante hieß so.«

»Wirklich? Und Sie sind Schriftstellerin?«

»Ja, Ma'am. Aber ich habe Sie aus einem anderen Grund angesprochen. Ich mache da seit einem Jahr so eine Sache ...«

»Und was?« Ich kann sehen, dass sie glücklicherweise nicht in Eile ist.

»Für Menschen beten. Das ist mein Projekt. Ich bete jeden Tag für einen anderen Fremden, den ich sehe, und heute sind Sie meine Fremde.«

»Gott segne Sie dafür! Ich kann das gut gebrauchen.«

»Wie das? Wofür brauchen Sie Gebet?«

»Hauptsächlich für meine Gesundheit. Dass ich mich bewegen kann.« Sie verlagert immer wieder das Gewicht auf ihren Füßen. Die sehen aus, als wären sie jetzt lieber irgendwo hochgelegt.

»Ja, Ma'am. Ich verstehe. Ich werde für Sie beten, für alles. Für gute Gesundheit und alle guten Dinge.«

»Dann will ich Sie einmal umarmen, bevor Sie gehen«, sagt Kate. Und sie beugt sich zu mir und schließt mich in ihre starken Arme. Ach, so eine Umarmung und eine Million weitere Umarmungen von allen Kates der Welt nehme ich jederzeit! Ich liebe diese kurzen gesegneten Momente des menschlichen Kontakts. Während ich für Kate und ihre Gesundheit bete, werde ich auch gleichzeitig ein Dankgebet sprechen. Nur ein rasches Dankeschön an den Schöpfer, das sagt: *Danke, dass du die Kates dieser Welt erschaffen hast. Danke für alle Umarmungen, die sie schon seit Generationen verteilen. Die Welt braucht mehr davon.*

Die wilde Sandy Lee

Liebt einander.

Jesus (Johannes 13,34)

In manchen Momenten ist es leichter, für einen Fremden zu beten oder ihn wenigstens anzusprechen, als in anderen. Ich vermute, in den Südstaaten ist es wahrscheinlich leichter. Persönlich denke ich, es liegt daran, dass die ländlicheren Gebiete hier so weitläufig sind und wir uns mit einem kurzen Gespräch in der Schlange an der Kasse gegenseitig nicht zu nahe treten. Das sage ich so, aber wenn ich in die Stadt fahre, spreche ich auch dort mit Fremden. Nur nicht, wenn wir alle in Windeseile den Fußweg entlanglaufen. Einmal schlug ich meiner Autorenkollegin Alex Strauss vor, wir könnten doch einfach die Straße hinunter ins Theater schlendern. Sie antwortete: »Das machen wir hier nicht.«

»Warum?«

»Ich weiß nicht, aber so ist es. Das haben wir noch nie gemacht.«

»Aber, Alex, wir haben jede Menge Zeit. Wir haben es nicht eilig.«

»Doch«, sagte sie zu mir. »Wir haben es eilig, dorthin zu kommen. Dann können wir warten.«

Das ist meine Freundin. Ich kann mir nicht vorstellen, dass sie irgendwo sonst auf der Welt lebt als in Manhattan. Mich begeistert ihre Energie und das Elektrisierende, das New York ausmacht. Und mich begeistern die Fremden, die nicht einfach nur so die Gehwege entlangschlendern. Das Leben läuft hier einfach mit einer höheren Geschwindigkeit. Man kann es schon in dem Moment spüren, in dem man ankommt. Man spürt es, wenn man durch die Straßen geht oder sich einfach hinsetzt und zuschaut, wie alle anderen das Gleiche tun.

Heute bin ich weit von New York entfernt. Ich stehe in den Hinterwäldern von Tennessee an einer Theke in einem Imbissladen und warte, dass ich an der Reihe bin … nur, dass in unserer Schlange eher ein horizontales Einvernehmen herrscht: *Nein, ist schon gut – wirklich – gehen Sie ruhig vor.*

Nun mag es wohl etwas leichter sein, in der entspannten Südstaatenatmosphäre Fremde anzusprechen, doch trotzdem denke ich: *Heute sage ich nichts*. Dann wende ich mich der Frau zu meiner Linken zu und frage schlicht: »Wie geht es Ihnen?«

Das ist neu für mich. Früher sagte ich den Betreffenden immer so schnell wie möglich: *Heute sind Sie mein Fremder, ich bete für Sie, einen schönen Tag noch.* Doch inzwischen gehe ich die Sache etwas ruhiger an. Mir ist klar geworden, dass ich nicht explodiere, wenn ich das Wort *Gebet* erwähne, und der andere auch nicht. Entweder unterhalten wir uns ein paar Minuten oder nicht, und wenn wir nicht beide in schrecklicher Eile zu einem unglaublich wichtigen Termin unterwegs sind, haben wir normalerweise ein paar Minuten mehr für einen Fremden übrig, als uns bewusst ist.

»Geht es Ihnen gut?«, frage ich sie.

»Ich schlage mich so durch, aber es ist einfach kalt. Das ist belastend für mich.«

Leser, die an Orten wie Montana, Michigan oder New York leben, denken jetzt vielleicht, dass es ein Zeichen von Schwäche ist, wenn jemand behauptet, es sei im südlich gelegenen Bundesstaat Tennessee kalt. Aber es *ist* kalt. Sie hat recht. Wir hatten mehr Schnee, als irgendjemand sich auf Jahre erinnern kann. Und mehr Frost. Heute Abend ist es empfindlich, windig kalt.

»Ich leide auch darunter. Ich bin aus Florida. Kälte bekommt mir nicht so gut.« Ich frage nach ihrem Namen.

»Sandy Lee.«

»Dann, Sandy Lee, ziehen Sie sich gut warm an, wenn Sie wieder rausgehen.«

»Sie haben ja so recht! Wollen Sie mal sehen, was ich alles anhabe?« Sie zieht den obersten Pullover hoch und ein zweiter kommt zum Vorschein und noch eine dritte und vierte Lage Kleidung. Dann beugt sie sich zu mir herüber und flüstert: »Wollen Sie sehen, was ich noch habe?« Sie wirft einen Blick über beide Schultern und sieht, dass die Welt im Moment mit sich selbst beschäftigt ist. Jeder konzentriert sich auf seine eigenen Angelegenheiten. »Die habe ich vor ein paar Monaten bekommen.« Sie zieht das Unterhemd hoch und eine lange, frische Narbe kommt zum Vorschein, die vom Bauch bis zum Brustkorb reicht. »Herzoperation. Kam ganz überraschend. Heute ist der erste Tag, dass ich aus dem Haus bin.«

Es ist eine böse aussehende rote Linie, die sich mitten durch ihren Körper zieht. Ich denke darüber nach, wie es wohl ist, so aufgeschnitten zu werden, der Welt so ausgeliefert zu sein.

»Das is' ja 'n Ding.« Manchmal rutsche ich in meinen Heimatdialekt zurück. Ich nenne es gern »hinterwäldlerisch«. Dies ist einer jener Momente. »Mein Vater hatte auch eine Herz-OP. Ist nicht leicht, aber man kann damit leben.«

Dann reden wir über andere Dinge, bei denen ich heute noch lache, wenn ich nur daran denke. Allerdings sollte des Schriftstellers Höflichkeit wohl darüber schweigen.

So ist das mit den Südstaatlern. Manch einer mag denken, Sandy Lee wäre ein bisschen zu »offenherzig«, dass sie ihre Pullover hochzieht und eine so große Narbe zeigt – doch ich sage Ihnen, das ist nicht der Fall. Hier im Süden muss man wissen, wann es nötig ist, einem Fremden in die Augen zu schauen und zu entscheiden, ob man ihn in den seltsamen, wunderbaren Witz des eigenen Lebens einweiht oder nicht. Es war mein Glück, dass Sandy Lee mich für würdig befand, ihre Geschichte anzuhören.

Irgendwo schaffte ich es noch einzuflechten, dass sie meine Fremde des Tages war, denn das war ja überhaupt der Grund, warum ich sie in ein Gespräch verwickelt hatte. Dann sagte ich ihr, sie solle ja alle Kleidungsschichten anbehalten und auf dem vereisten Boden vorsichtig gehen.

Vor dem Einschlafen bringe ich die wilde Sandy Lee vor Gott und bitte ihn, dass er meine neue Freundin beschützt und ihr alles Schöne und Zufriedenmachende schenkt, was das Leben zu bieten hat. Ich hoffe sehr, sie einmal wiederzusehen.

Sekundenbruchteile und flüchtige Augenblicke

Wenn Gott durch mich wirken kann, kann er durch jeden wirken.
Franz von Assisi

Ich habe viel Zeit in Menschen investiert. Manchen von ihnen bin ich nur in einem kurzen Augenblick begegnet. Trotzdem erinnere ich mich an sie genauso gut wie an den, der in einer Ecke eines Hotelparkplatzes saß und mir Geschichten erzählte, oder der ein paar Kilometer in meinem Auto mitgefahren ist, oder diejenigen, die ich in meinem Alltag nun regelmäßig sehe. Inzwischen gibt es gefühlte Unmengen von Menschen, mit denen ich nur einen Sekundenbruchteil lang Blickkontakt hatte, deren Hand meine gestreift hat, denen ich etwas über ein Gebet zugeflüstert habe, deren Namen ich in meinen Taschen und deren Gesichter ich in meinem Herzen gesammelt habe.

Das Wichtigste daran ist für mich: Diese flüchtigen Ereignisse, diese auch noch so kurzen Momente mit Menschen, sind so aufschlussreich wie verändernd. Die Verbindung ist so real wie dauerhaft. Es sind mittlerweile viele Monate, in denen ich mit Menschen geflüstert habe und an ihnen vorbeigegangen bin.

Oft sind es die Verkäufer, die Leute vom Kundendienst, die Kassierer im Supermarkt, der Mann oder die Frau hinter dem Imbissladen – das sind meine Leute, und sie haben einfach nicht die Möglichkeit, innezuhalten und sich mit mir zu unterhalten. Nicht, dass nicht viele von ihnen gern einmal Pause machen würden, doch normalerweise sind viele Augen auf sie gerichtet, hinter mir steht eine ganze Menschenschlange und wartet, und sie haben noch viele Stunden Dienst vor sich.

Und inmitten dieser Realität, mitten in allem, was in ihrem Leben vor sich geht, kommt diese Fremde und sagt: *Hallo, heute sind Sie mein Fremder des Tages. Ich werde an Sie denken und Gott um seinen besonderen Segen für Sie bitten, bevor ich schlafen gehe.* Nur einmal habe ich in einer solchen Situation weniger bekommen als ein *Oh, Gott sei Dank!* Es steht ihnen in die Augen geschrieben, und immer mehr begreife ich, warum Augen als die Fenster der Seele bezeichnet werden. Die Kommunikation, die ganzen Gespräche, die ich in solchen Momenten mit den Augen von Menschen geführt habe, sprechen Bände. Worte über Worte, die auszusprechen keine Zeit und nicht der richtige Ort war, doch es ist, als würden sie mir in diesen kurzen Momenten im Vorübergehen ihre ganze Lebensgeschichte, ihre gesamte Situation erzählen. Und während ich wohl auch die meisten ihrer Namen noch im Kopf habe, erinnere ich mich besonders an den Ausdruck in ihren Augen. *Danke, danke, danke,* sagen sie immer wieder laut und deutlich.

Da ist Peter beim Metzger. Oder jener junge Mann namens Jason im Imbissladen, der sich so sichtlich veränderte, als ich ihm jene Worte zuflüsterte, dass man hätte meinen können, man sähe, wie sich über seinem Kopf die Wolken teilen. Als er sagte: »Einen schönen Tag wünsche ich Ihnen!«, meinte er es wirklich aus tiefstem Herzen. Es war nicht nur eine gewohnheitsmäßige Phrase. Oder die ältere Frau in der Gemüseabteilung, die, gemessen an ihrem Gesichtsausdruck, genauso gut einem Engel hätte begegnet sein können, der ihr sagt, ihr Leben würde noch einmal verschont. Alicia, das Mädchen mit der Zahnspange, das in einem raueren Teil der Stadt in einem Geschäft an der Kasse arbeitet. Ihr silbernes Lächeln, das für mich aufstrahlte, inspirierte mich dazu, so gut ich nur konnte, für ihre Zukunft zu beten. Es waren nur ein paar Sekunden, und dann saß ich in meinem Auto und betete inständig dafür, dass Menschen ihren Weg kreuzen, die ihr helfen zu erreichen, was für ihr Leben vorherbestimmt ist. Barbara, die ein so schönes Lächeln hatte und mich bat, sie zu umarmen, während sie sagte: »Fühlen Sie sich da nicht auch gleich besser?« So war es auch; sie hatte es wirklich verstanden. Menschen, die über den Parkplatz zu ihren Autos eilen. Junge, Alte und die dazwischen. Sie alle sind mittlerweile als Schnappschüsse Teil meines Lebens, und ich frage mich, wo sie alle vorher waren. Warum konnte ich früher nicht mit kleinen, raschen Schritten und doch so tiefgründig Verbindungen zu anderen Menschen aufbauen? War ich denn so nachlässig oder blind? Waren sie einfach das Ergebnis dessen, als was ich sie unterbewusst wahrnahm: die Kassiererin, die Bedienung, der Mann am Telefon, der Fremde, der an mir vorübergeht und daher keine Bedeutung für mich hat? Hatte ich wirklich so lange leben und so ahnungslos sein können?

Was mir immer mehr deutlich wird, wenn ich so über diese bunte Mischung von Menschen nachdenke, sind die Fäden, die uns miteinander verbinden: an einem beliebigen Tag die Anzahl von Menschen, die irgendwie die Ränder meines Lebens berühren – und umgekehrt. Selbst wenn es durch die Medien ist, über die Seiten einer Zeitung, den Klang ihrer Stimme im Radio: das sind Menschen, die – damals wie heute – ausmachen, wer ich bin.

Nach und nach begreife ich, wie wichtig und wohltuend diese Verbindungen sind, so kurz oder flüchtig sie auch sein müssen. Auch vergesse ich, mir so viel Sorgen zu machen, ob die anderen Menschen mich freundlich aufnehmen. Zuvor war ich so beschäftigt damit, was andere Menschen über mich dachten und wie seltsam ich ihnen erscheinen mochte, dass ich etwas sehr Wichtiges übersah: Wenn man jemandem Gebet anbietet, bietet man ihm damit ein Geschenk an. Es gibt unzählige Tage, an denen ich nicht viel zu bieten habe, doch dieses bisschen scheint genau das zu sein, was viele Menschen in ihrem Arbeitsalltag brauchen, während sie die nächste Bestellung aufnehmen oder Wechselgeld herausgeben. Ich sehe es in ihren Augen: Dankbarkeit, Verbindung, Anerkennung, Erinnerung. Irgendwo wird bei alldem, in diesen jeweils wenigen Sekunden, die Welt durch mich zu einem besseren Ort.

Es war einmal …

Gebet ist nicht einfach ein gelegentlicher Impuls, auf den wir reagieren, wenn wir in Schwierigkeiten stecken: Gebet ist eine Lebenshaltung.

Walter A. Mueller

Er saß auf einem alten Baumstamm. Er trug ein weißes T-Shirt, Schweiß rann ihm vom Gesicht, doch er war gerade dabei, sich abzukühlen. Ich war ihm begegnet, als ich den Wanderweg in der Waldgegend hochging, wo ich lebte.

Vor langer Zeit war dies einmal eine Eisenbahnstrecke. Dann wurde daraus im Prinzip nichts. Danach machte man daraus einen Park, beseitigte das Unterholz und pflasterte die Schienenstrecke, sehr zur Freude von Radfahrern, Wanderern und Naturliebhabern überhaupt.

Was mir hier am besten gefällt – abgesehen von den großen Vögeln am Ufer des Wassers, den kleinen Eisenbahnbrücken, die sich noch hier und dort übers Wasser spannen, den Felsvorsprüngen oder kleinen Wasserfällen –, sind die Menschen. Genau genommen bin ich besonders begeistert davon, welch breite Palette von Menschen ich hier entdecke.

Heute habe ich es nicht so eilig wie sonst. Ein Teil von mir fühlt sich sehr wohl zwischen den Bäumen und herumhuschenden Tieren. Mein großer weißer Hund ist an meiner Seite. Er und ich sind glücklich hier im Wald. Wir haben ein paar Minuten zum Ent- und Ausspannen. Wir sagen Hallo zu den Fremden, die hier vorbeikommen: alte Leute auf Fahrrädern, die schon zwanzig Jahre nicht mehr das Tageslicht gesehen haben, fahren nun darauf herum, so weit ihre Beine es hergeben. Kleine Kinder rennen an ihrer Seite mit. Es ist ein lustiger Anblick. Dann gibt es die großen, kräftigen, tätowierten Kerle, die mit ihren Frauen spazieren gehen. Es gibt Truppen von Pfadfindern und Menschen, die in Spezialfahrzeugen ankommen und auf dem langen Weg von anderen unterstützt werden. Es ist wahrhaftig eine bunte, erlesene Mischung.

Inmitten all dessen fühle ich mich außerordentlich wohl. Ich bin bereit, einen Gang zurückzuschalten, mich ein paar Minuten zu unterhalten, mir eine Geschichte anzuhören, statt an jemandem vorbeizugehen, stehen zu bleiben und ihm Gutes zu wünschen, ihm oder ihr zu erzählen, dass ich für ihn oder sie bete. An anderen Tagen habe ich allerdings kein anderes Ziel, als bis zur nächsten Brücke zu kommen oder ein Lied auf meinem iPod anzuhören, und dann gehe ich ein wenig zu schnell an jemandem vorüber.

So war es auch bei dem älteren Mann im weißen T-Shirt. Ich wusste es schon, als wir in entgegengesetzter Richtung aneinander vorbeiliefen, er im Wanderschritt in die eine und ich im Joggingschritt in die andere. Ich hielt mein Tempo und ließ die Distanz zwischen uns anwachsen. Aber als ich umdrehte und wieder ans Ende jenes Seitenweges kam, an dem mein Auto geparkt stand, saß er da. Ich freute mich und beschloss auf der Stelle, dass es Zeit für eine kleine Pause und ein Gespräch war.

Jim Kelly heißt er und wandert diesen Weg mehrmals in der Woche entlang, um in Form zu bleiben. Er klopft sich auf den Bauch und lacht ein bisschen. »Form« ist relativ, aber er trainiert sein Herz. »Ich hatte vor nicht allzu langer Zeit einen Herzinfarkt.« Jetzt versucht er, die Pumpe am Laufen zu halten. Vor vier Jahren hat er auch seine Frau verloren. Es geht ihm nicht allzu gut, aber er ist hier draußen und wandert.

Er zeigt auf meinen Hund. »Das ist einer von diesen Hütehunden, stimmt's?«

»Normalerweise hüten sie Schafe und Ziegen auf der Weide«, erkläre ich. Ich klopfe Titan leicht auf seinen großen, dummen

Kopf. »Der hier hütet nichts außer dem Sofa und schaut zu viel *Animal Planet*.«

»Du meine Güte.« Der Mann lacht und klopft sich wieder auf den Bauch. »Groß ist er ja.«

»Ja, das ist er. Ein großes altes Baby. Außerdem hält er sich für einen Schoßhund.« Ich deute durch die Bäume und den Weg hinunter. »Haben Sie es schon einmal ganz bis ans Ende geschafft?«, frage ich ihn. »Ans andere Ende des Wegs und zurück?«

»Ans Ende?« Er lacht über den absurden Gedanken, er habe nie das Ende des Wanderweges gesehen. »Ich schätze, ich war schon ein paar hundert Mal bis zum Ende und zurück. Damals, als sie die Schienen gelegt haben, habe ich bei der Eisenbahn gearbeitet. Ich bin schon ewig hier.« Ja, das ist er. Ewig und drei Tage vielleicht. Ich frage mich, wie es wohl ist, solch eine Geschichte zu haben. Zu etwas zu gehören, das aus der Erde herausgearbeitet wurde, wo Brücken gebaut wurden, Züge fuhren … und dann über den Weg zu gehen, der im Lauf der Zeit alles unter sich begraben hat.

Wir reden eine Weile über den Lauf der Zeit, über die Industrien, die an diesem kleinen Ort mitten in Tennessee gekommen und gegangen sind, über die Wirtschaft und darüber, wie die Leute heute zurechtkommen. Dann wird mir bewusst, dass ich wirklich heim und mich an die Arbeit machen muss, die auf mich wartet.

»Wissen Sie, Jim Kelly, ich habe da ein Projekt. Jeden Tag bete ich für jemanden, und heute sind Sie meine Person des Tages.«

»Ja, also, das ist echt prima.«

»Ich werde an Sie denken und an Ihr Herz und Ihre Wanderungen.«

Sein Blick gleitet hinauf in die Bäume und dann zurück zu mir und er sagt: »Meine Schwester Dorothy könnte auch Gebet gebrauchen. Es geht ihr nicht so gut, und sie raucht immer noch, und ich versuche ihr zu sagen, dass sie lieber aufhören soll.«

»Und sie hört nicht auf Sie?«

»Nein, sie hört nicht. Sie bekommt Sauerstoff und raucht trotzdem weiter!«

»Ich habe früher selbst geraucht. Die Sucht ist schwer zu überwinden, das ist mal sicher. Passen Sie gut auf sich auf, Jim Kelly.«

»Sie auch, und passen Sie auf Ihr Riesenbaby auf.«

Ich wünschte, am Ende des Jahres könnte ich alle Menschen, die ich so kennengelernt habe, in einem großen Raum versammeln. Ich würde gern ihre Gesichter wiedersehen, nicht nur in den unerwarteten Winkeln meines Gehirns, wo sie hin und wieder auftauchen, sondern persönlich. Ich wünschte, sie könnten sich gegenseitig kennenlernen. Ich wünschte, wir könnten irgendwie unsere Telefonnummern austauschen, nur für den Fall, dass einer von ihnen mal einen der anderen braucht. Ich wünschte mir, dass Jim Kelly einmal Peggy, die diamantenbeladene Dame, kennenlernen könnte und sie beide das junge muslimische Mädchen Faith. Oder dass Gus und Pearl Jewel kennenlernen.

Vor ein paar Jahren, als mein Mann und ich eine Reise nach Italien machten, lernten wir einen Mann in Lucca kennen, der kaum Englisch sprach, uns aber versuchte begreiflich zu machen, dass es auf dem Marktplatz ein großes Fest geben würde und wir seien eingeladen, wir sollten unbedingt kommen.

»Es ist eine Fest für alle die Leute«, sagte er immer wieder. »Alle die Leute!«, und er betonte *alle*. So ein Fest würde ich auch gern geben, eines für alle Leute. Und wenn es einen Ort namens Himmel gibt, wird es dort sicher so sein – ein Fest für alle Menschen. Und wir werden so glücklich sein, einander wiederzusehen, als hätten wir uns sehr lange Zeit vermisst. Fremde und Freunde alle miteinander.

Alles zählt

Gebet fordert mehr vom Herzen als von der Zunge.

Adam Clarke

Sie saß allein am Fenster eines thailändischen Restaurants. Ich hatte einen Roman mitgebracht und geplant, nur in Gesellschaft meines Buches zu essen. Ich brauchte ein wenig Zeit, um mich zu entspannen und meine Gedanken zu sammeln. Das Bedürfnis ist legitim, aber vielleicht sollte ich lernen, es auf eine andere Art und Weise zu stillen. Oder zumindest sollte man meinen, dass ich nach so vielen Tagen und Monaten empfindsam genug für den einzelnen Moment bin. Offen für andere Menschen, wenn ich »draußen in der Welt« bin.

Doch so ist es nicht immer. Manchmal ist es, als lege jemand einen Schalter um: An manchen Tagen oder im richtigen Moment kann ich so offen und zugänglich sein, aber dann kann ich – wie so viele andere Menschen auch – völlig dichtmachen. Als wäre kein Licht an. Aber ich glaube ganz ernsthaft, dass wir so nicht leben sollen. Allerdings habe ich manchmal das Gefühl, gegen meine Natur anzukämpfen.

Ich hatte dieses thailändische Restaurant also mit dem festen Vorsatz betreten, allein zu essen und mit niemandem zu reden. Doch im gleichen Moment, als ich zur Tür hineinkomme, sitzt eine Frau allein am Fenster. Ihre Augen leuchten förmlich auf, als sie mich sieht, als würde sie mich erkennen oder auf mich warten. Als wären wir alte Freunde oder neue gute Bekannte. Sie hat so ein nettes Lächeln, und ihr Gesichtsausdruck sagt: »Endlich bist du da!« Und ich gehe geradewegs an ihr vorbei, setze mich an einen anderen Tisch am Fenster, bestelle und stecke meine Nase ins Buch.

Hinterher begreife ich es immer; im Rückblick ist mir alles sonnenklar. Ich hätte sagen können – ach, verflixt – ich hätte sie fragen können, ob sie sich zu mir setzen will. Und selbst jetzt, da ich diese Worte aufschreibe, kann ich spüren, wie meine harte Schale feine, kaum sichtbare Risse bekommt. Ich weiß, dass ich nicht jedermanns beste Freundin bin und sein kann. Ich weiß, dass ich schon Schwierigkeiten habe, mir Zeit für meine Familie zu nehmen. Doch es gibt Momente, in denen ich denke – nein, weiß –, dass ich versuchen sollte, manchen Kontakt mehr zu vertiefen. Nicht jeder Mensch, für den ich bete, kann jemand sein, mit dem ich hinterher noch jede Woche telefoniere – obwohl Sie staunen würden, wie oft ich mir wünsche, das wäre möglich. Ich will wirklich in Verbindung bleiben. Ich will herausfinden, was im Leben von Gloria, Nadine, Gus und all den anderen da draußen vor sich geht. Und trotzdem sitze ich dort mit kalten Augen, das Gesicht dem Buch und meinen Rücken der Frau zugewandt. Warum, warum, warum?

Selbst wenn ich einfach nur gesagt hätte: *Hallo, kenne ich Sie?*, und dann vielleicht: *Ich heiße River. Schön, Sie kennenzulernen*, wäre die Welt nicht stehen geblieben. Selbst wenn ich sie nicht eingeladen hätte, sich zu mir zu setzen, hätte vielleicht jener alte Flirtspruch »Kenne ich Sie nicht von irgendwoher?« eine Verbindung zwischen uns herstellen können.

Ich hatte nicht das Gefühl, dass diese Frau unbedingt »die Person« war, für die ich beten sollte. Ich hatte nur das Gefühl, dass ich unfreundlich zu einer völlig Fremden war, obwohl ich die Gelegenheit hatte, mich anders zu verhalten. Das Bewusstsein ihrer Anwesenheit und meine Entschlossenheit, sie nicht anzusprechen, brannten mir so sehr im Rücken, dass ich mich schließlich doch umdrehte. Sie war fort.

Irgendwann kam eine andere Frau allein ins Restaurant und setzte sich an den Tisch direkt hinter mir. Als ich ging, bemühte ich mich wirklich, etwas zu ihr zu sagen. Eine Bemerkung zu dem Buch zu machen, das sie las, und ihr einen schönen Tag zu wünschen – doch sie war ganz und gar nicht empfänglich. Sie gab einen undefinierbaren Laut von sich und las weiter.

Schon gut, dachte ich. *Ich kenne dich, weil ich genauso bin wie du.*

Mein Versuch, mit ihr zu reden, war keine Wiedergutmachung für die kalte Schulter, die ich der anderen Frau mit den erwartungsvollen Augen gezeigt hatte. Ich kann nur sagen: Ich musste mich zügeln, um mich nicht umzudrehen und ein Gespräch mit ihr zu beginnen. Ein Teil von mir wollte wirklich allein bleiben, aber ein anderer Teil von mir stupste mich sanft aus meiner Bequemlichkeit heraus. Ich weiß, das war ein Ergebnis dieses Jahres und der Reaktionen, die ich erhalten hatte – ein Ergebnis der Erkenntnis, was es jemandem bedeuten und was es für ihn ausmachen kann, wenn man nur mit ihm spricht. Und dieser unangenehme Knoten in meinem Magen, in dem mein Mittagessen sich nicht so besonders wohlfühlte? Er kommt daher, dass mein Gewissen inzwischen mehr auf zwischenmenschlichen Kontakt eingestellt ist. Wenn ich irgendetwas Gutes aus jener Situation mitnehme, dann das: Die Sorge und das Unbehagen sind etwas Neues, und ich betrachte das als gutes Zeichen.

Das Gesicht der Liebe

Gebete steigen empor und Segen kommt herab.

Jüdisches Sprichwort

Heute Morgen habe ich im Parthenon-Park in Nashville gearbeitet. Dort gibt es superschnelles kabelloses Internet, einen wunderschönen kleinen See, Trauerweiden, die den Rand des Wassers streifen, und immer eine Schar von Gänsen, die das ganze Jahr hier wohnen. Der Parthenon ragt hoch auf, ein seltsamer Schatten einer anderen Zivilisation, eines Landes irgendwo anders. Er wirkt deplatziert in der Südstaatenstadt, in der er steht – ein Überbleibsel, ein lebensgroßer Nachbau von der Weltausstellung in Tennessee im Jahr 1897. Heute finden in dem Park Bälle statt, Kino an Sommerabenden, Hundeshows, Kunstgewerbemärkte und Fotoausstellungen. Die Leute gehen und joggen auf den penibel gepflegten Wegen und durch die Gärten, machen Picknick auf den grünen Rasenflächen und spazieren mit ihren Babys zwischen den Blumenbeeten hindurch.

Es war einer der ersten Orte, den ich besuchte, als ich nach Nashville zog. Ich besichtigte den Parthenon von innen, brütete über den alten Fotografien von der Weltausstellung und sah ein unglaubliches Kunstwerk, das Frauen während der Weltwirtschaftskrise darstellte. Jeden Tag kommen Touristen in den Parthenon-Park, aber ich kann Ihnen sagen, dass es eigentlich ein Stadtpark ist. Die Einheimischen beanspruchen ihn für sich und halten ihn unter Beschlag.

Ich bin eine von den Einheimischen. Ich sitze in meinem Auto, schreibe und beobachte die Springbrunnen. Gelegentlich schaue ich auf und sehe die Hunde, die spazieren geführt werden, Leute, die mit ihren Hunden joggen, Familien und Spaziergänger. Menschen sind wirklich die vielfältigsten, erstaunlichsten Weltwunder. Dann schaue ich kurz auf und sehe einen Jungen, der vermutlich an einer spastischen Lähmung leidet. Ein junger Mann ist bei ihm und schiebt den Rollstuhl. Ich beobachte die beiden einen Moment lang und schaue dann wieder hinunter auf meine Arbeit. Als ich das nächste Mal aufschaue, sieht es so aus, als ob der Mann den Jungen mühsam bewegt oder hebt, und es sieht grob aus, wie er ihn zurück in den Rollstuhl setzt. Meine eine Hand fliegt zum Türgriff, meine andere greift nach meinem Mobiltelefon. Falls dieses Kind misshandelt wird, werde ich diesen jungen Mann nicht ohne Anzeige davonkommen lassen, werde ich nicht gehen, bevor ich das misshandelte Kind getröstet habe.

Ich beobachte die beiden weiter, sehe, wie der Mann etwas sagt; der Kopf des Jungen kippt nach hinten und dann zur Seite, als er antwortet. Ich speichere meine Datei ab, schließe den Laptop und nehme wieder mein Mobiltelefon zur Hand.

Die Erinnerung an den Jungen in dem Skigebiet vor Monaten taucht wieder auf, schimmert an der Oberfläche. Ich will jenen Jungen irgendwie retten, indem ich diesen Jungen rette. Wird er misshandelt? Geht der Mann grob mit ihm um? Sind seine Worte unfreundlich? Ich bin keine perfekte Zuschauerin, bin durch die Windschutzscheibe und die Entfernung von der Wahrheit getrennt.

Der Mann schiebt den Rollstuhl ans Ufer des Sees. Ich trommele mit den Fingern auf dem Lenkrad herum, beobachte, warte auf etwas, das ich nicht genau bezeichnen kann. Auf einen Beweis für ein Fehlverhalten. Ich bin bereit, schnell einzugreifen, falls es nötig sein sollte. Der Mann holt Futter für die Gänse hervor und dann bewegt sich die Vogelschar langsam übers Wasser, auf den Mann und den Jungen zu, und ich entspanne mich ein bisschen. »Hochgehoben«, sage ich laut. »Er hat ihn nur hochgehoben und bequemer hingesetzt.«

Dann habe ich ein schlechtes Gewissen wegen meiner Verdächtigung. Ich hatte schon sechs Monate alte Babys auf dem Arm, die mir Rückenschmerzen bereitet haben. Sicher ist es anstrengend, jemanden zu pflegen, zu bewegen, umzusetzen, der ungleich größer ist. Doch ich beobachte die beiden immer noch, nur um ganz sicherzugehen. Wenn man beschließt, jemanden zu retten, ist es schwer loszulassen. Der Mann tritt auf die großen Steine am Ufer vor dem Jungen, hebt dann langsam die Arme seitwärts und beginnt, wild mit ihnen zu schlagen. Die Gänse tun es ihm gleich: Sie flattern und schnattern einander zu. Er »flattert« schneller, springt von den Steinen und beginnt, um den Rollstuhl des Jungen herumzurennen, flatternd und quakend, und der Junge lacht so sehr, dass der junge Mann ebenfalls zu lachen beginnt. Dann lässt er sich neben dem Rollstuhl des Jungen aufs Gras fallen, und die beiden lachen immer noch. Ich nicht. Ganz und gar nicht. Ich sitze hinter dem Lenkrad und weine, weil ich Zeuge dieser Szene geworden bin. Ein Augenblick von Liebe in ihrer reinsten, wertvollsten Form. In diesem Moment liebte ich den jungen Mann von ganzem Herzen. Diese Art von Liebe namens Agape, die Materie und Dinge durchdringt. Die Art von Liebe, nach der wir streben sollen, doch die für uns nur so schwer zu greifen ist. Ich bete um ein solches Herz. Für den Mann und, ja, für den Jungen, aber auch für mich – um ein Herz, das seine Arme weit ausstreckt und für jemanden wunderbar hemmungslos albern herumrennt.

Begegnungen am Bankschalter

Suche Gott. Suche Gott wie ein Mann, dessen Kopf brennt, nach Wasser sucht.

Elizabeth Gilbert

Manchmal überrascht mich meine eigene Unerschrockenheit. Falls das irgendwie hochmütig klingt – so ist es nicht gemeint. An manchen Tagen, an vielen Tagen, bete ich für andere Menschen und erbitte Gottes Segen für sie, ohne es ihnen zu sagen. An anderen Tagen sage ich es ihnen zögerlich oder so schnell wie möglich im Vorbeigehen. An wieder anderen Tagen – so wie heute – bin ich ein seltsames Produkt meiner Entschlossenheit.

Mein Mann hat mich gebeten, etwas für ihn zu erledigen. Wir haben unsere Konten bei unterschiedlichen Banken; dafür gibt es keinen besonderen Grund, es hat sich einfach so ergeben. Während er sorgfältig Zinssätze, Kontogebühren und versteckte Kosten studiert, bevor er unterschreibt, werde ich wohl eher Kundin einer Bank, weil sie Einkaufstaschen oder Popcorn verschenkt.

Heute stehe ich in einer Schlange am Schalter, um also etwas für meinen Mann zu erledigen, und schaue mich um. Mein Blick gleitet über die Fremden, als die Frau in einem mit Glaswänden abgetrennten Büro meine Aufmerksamkeit erregt – und nicht wieder loslässt. Sie hat eine Kundin, und als ich mit meinen Überweisungen fertig bin, stelle ich mich in die Nähe ihrer Tür. Eine andere Bankangestellte kommt auf mich zu und fragt freundlich, ob sie mir helfen kann.

»Nein, danke. Ich möchte zu der Dame hier.«

»Ach, Marion. Okay. Es kann aber eine Weile dauern.«

»Das ist in Ordnung; ich warte auf sie.«

Es dauert tatsächlich eine Weile. Sie geht mit dem Kunden Zeile für Zeile seinen Kontoauszug durch. Ich blättere durch eine Zeitschrift, die ich niemals kaufen oder lesen würde, und überlege, wie ich es fertiggebracht habe, ohne Buch in der Tasche aus dem Haus zu gehen. Endlich erhebt sich Marion und bringt ihren Kunden zur Tür. Sie verabschiedet ihn und wendet sich dann mir zu: »Kommen Sie herein, bitte. Wie kann ich Ihnen helfen?«

»Ja, also …« Wie viele Varianten gibt es, diese Geschichte zu beginnen? »Ich war eigentlich nur hier, um etwas für meinen Mann zu erledigen.«

»Setzen Sie sich doch!«

»Ich habe schon seit Neujahr einen Vorsatz – es ist der einzige, den ich nicht gebrochen habe.«

Ich stelle mir vor, wie sie unter dem Schreibtisch langsam die Hand nach dem roten Alarmknopf ausstreckt. Dem für Notfälle und verrückte Leute, die aus der Bank befördert werden müssen.

»Ich bete jeden Tag für einen Fremden. Nicht persönlich mit ihm, sondern ich denke den ganzen Tag und vor dem Schlafengehen an ihn.«

»Wie schön.«

Ich nehme an, ihre Finger haben inzwischen schon fast den Alarmknopf gedrückt.

»Und heute sind Sie meine ›Fremde des Tages‹, und mehr wollte ich gar nicht loswerden. Ich wollte es Ihnen nur sagen.« Ich stehe auf und will gehen.

»Haben Sie ein Konto bei uns?« Sie greift nach einer Visitenkarte.

»Nein, Ma'am, aus irgendeinem Grund bin ich bei einer anderen Bank gelandet.«

»Sie sollten vielleicht darüber nachdenken, ein Konto hier zu eröffnen. Ich bin schon fünfzehn Jahre hier.«

»Ja, Ma'am. Vielleicht ein andermal.« Ich werfe einen Blick auf ihre Karte und stehe eine Sekunde lang einfach nur da.

»Gibt es vielleicht etwas Besonderes, für das ich für Sie beten soll?«

Marions Stimme wird um einiges leiser und samtiger. Die Bank verliert sie für einen Augenblick und die Realität sickert in den Raum. »Ja. Mein Mann – er hat Krebs. Es sieht nicht gut aus.«

Manchmal kann ein Gesicht alles sagen, was nötig ist. Es gibt eine große Gabe namens Mitgefühl, und ein Gesicht kann es vermitteln. Diese Neuigkeiten machen mich ehrlich traurig.

»Wir sind seit zweiundvierzig Jahren verheiratet«, sagt sie.

Sie sieht nicht so alt aus, aber die Würde, mit der sie sich bewegt, die Art und Weise, wie sie selbst in dieser schweren Zeit spricht, ist etwas, das wohl von einem gewissen Lebensalter herrührt. Eine Sicherheit angesichts aller Prüfungen. Eine Zuversicht aus geheimen Quellen, alten Quellen, auf die man in schweren Zeiten zurückgreifen kann.

»Zweiundvierzig Jahre sind eine lange Zeit«, sage ich zu ihr. »Da gibt es viele Geschichten zu erzählen.«

»Das stimmt wohl. Sehr viele Geschichten.« Diese Bemerkung kommt mit einem kurzen Lächeln, vielleicht über eine lustige Erinnerung, doch dann ist sie wieder ganz bei der Sache. »Er ist sehr, sehr krank.«

»Ich verstehe. Und ich werde für Sie und Ihren Mann beten.«

»Vielen Dank. Er kann es gut gebrauchen.« Sie erhebt sich und schüttelt mir die Hand. »Und Sie sollten nicht vergessen, was ich Ihnen gerade gesagt habe. Kommen Sie wieder und lassen Sie sich von mir wegen eines Kontos beraten.«

Ich denke über Marion und ihren Mann nach, während ich vom Parkplatz fahre. Darüber, wie lange sie verheiratet sind und Seite an Seite geschlafen haben. Über das Eheversprechen »in guten wie in schlechten Tagen, in Gesundheit und Krankheit, bis dass der Tod uns scheidet«. Und darüber, wie sehr es sich manchmal lohnt, herumzustehen und auf einen Fremden zu warten.

Trautes Heim

Wenn du nicht beten kannst, wie du willst, dann bete, wie du kannst. Gott weiß, was du meinst.

Vance Havner

Zuhause. Dieses Wort, dieser Ort, dieser Gedanke war in diesem Jahr Gegenstand von vielen Gebetsbitten. Ich persönlich setze das Wort *Zuhause* immer mit dem Wort *sicher* gleich. Wenn die Hobbits schließlich wohlbehalten ins Auenland zurückkehren, sind sie wieder zuhause. Wenn meine Lieblings-Baseballmannschaft in einem »Home Run« sicher um alle Bases herumgekommen ist, haben sie es »nach Hause« geschafft. Viele Familien- oder Gemeindetraditionen haben etwas mit Nach-Hause-Kommen zu tun, und viele von uns betrachten das Leben nach dem Tod als eine Art von Nach-Hause-Kommen. Einer meiner Lieblingssongs des Sängers Marc Broussard heißt einfach »Home« (»Nach Hause«), ein wunderbar rhythmisches Lied über einen kleinen Jungen, der in den Bus steigt und zurück zu seiner Mama fährt. Auch Eva Cassidy sang darüber, nach Hause zu ihrer Mama und ihrem Papa zu fahren. *Zuhause* – dieser Gedanke ist so tief in uns eingebettet, dass allein das Wort Bilder von dem wachruft, was wir mit aller Macht schützen und zu dem zurückzukehren wir uns sehnen. Sei es unser Vaterland oder das Haus unserer Großmutter oder ein Haus, von dessen Kauf wir schon seit Jahren träumen – wir haben einen Ort in uns, der für das gute Leben steht. Selbst diejenigen von uns, die ihr Leben lang von Ort zu Ort ziehen oder von einem Tag auf den anderen umziehen können, haben jemanden oder etwas, das Sicherheit repräsentiert, einen greifbaren Ort, an dem sich alles Gute im Leben befindet und wo die Tür immer offen stehen wird, wenn wir ankommen.

Angela, eine meiner Fremden, die ich in einer Krankenhauscafeteria kennenlernte, während ich auf meine Schwester wartete, bittet mich, für die Refinanzierung ihres Hauses zu beten. »Meinem Mann wurden seine Arbeitsstunden extrem gekürzt und wir versuchen, unser Haus zu retten.« Sie ist erstaunlich hoffnungsvoll. Trotzdem bittet sie um ein wenig zusätzliche Gebetsunterstützung. »Wir brauchen die Umschuldung, damit es funktioniert.« Ihre Hoffnung ist ansteckend, und so hoffe ich mit ihr, dass die Bank, der Hypothekengeber, wer auch immer der Gläubiger sein mag, ihr helfen wird zu behalten, was ihr gehört.

So war es dieses Jahr immer wieder: Ich habe mit vielen Menschen in ihrer Not gehofft. So viele Menschen, die versuchen, ihr Haus zu retten – oder deren Haus nicht mehr zu retten ist und die versuchen, über diesen Verlust hinwegzukommen.

Madeline steht in einem Supermarkt, als ich auf sie zugehe und ihr ganz leise meine – wie soll ich es nun nennen? – »routinemäßige Geschichte« erzähle. Nein, das stimmt nicht. Es ist viel mehr als Routine. Ich zögere immer noch sehr, auf Menschen zuzugehen. Und meine Gebete kommen aus viel tieferem Herzen, als ich hier beschreiben kann.

»Danke, das weiß ich zu schätzen. Ich werde auch für Sie beten.« Sie ist ein wenig reserviert. Ich mache ihr keine Vorwürfe deswegen, nicht im Geringsten.

Ich danke ihr und gehe schon weiter, doch dann kehre ich um. »Gibt es etwas, ich weiß nicht … etwas Besonderes, für das ich beten soll?« Für mich ist das eine mutige Frage, doch ich stelle sie so zögerlich, dass es ein Wunder ist, dass meine Worte sich nicht in Luft auflösen, bevor sie sie erreichen.

Sie hält kurz inne, bevor sie antwortet. Nicht, weil sie keine Bitte parat hätte, denn ich kann sehen, dass ihr etwas auf der Seele brennt. Ich sehe es daran, wie sie die Augen fester zusammenkneift, als wären alte Kopfschmerzen wieder aufgetaucht. »Ja«, sagt sie leise. Dann beginnt sie, mir die Geschichte zu erzählen. Dass sie oder ihr Mann, oder vielleicht waren es auch beide, ihre Arbeit verloren haben. So ganz genau erinnere ich mich nicht mehr. Was ich allerdings noch weiß, ist der Rest der Bitte, nachdem sie mir erzählt hat, wie sie ihr Haus verloren haben, wie sie ihr Bestes versucht haben, um es zu halten, aber am Ende nichts den Prozess aufhalten konnte. »Es geht uns gut, wirklich. Das heißt, mir und meinem Mann. Wir haben uns einen großen Wohnwagen gekauft und sind mit der Familie umgezogen. Insgesamt geht es uns also gut. Das wird schon wieder.«

Ich kann sehen, dass dieser Teil stimmt. Ich sehe die Überlebenskünstlerin in ihr, die geradlinige Hartnäckigkeit, die es erfordert, zurecht- und durchzukommen. Sie würde nicht so schnell jemanden um Hilfe oder Almosen bitten. Nicht einmal ihre nächsten Nachbarn.

»Aber mein Sohn«, sagt sie, »Daniel, für ihn ist es nicht so leicht. Er ist zwölf. Das ist ein schwieriges Alter. Er hat alle Freunde zurücklassen müssen und hat … alles verloren, als wir das Haus verloren haben. Es war eine gute Nachbarschaft.«

»Daniel«, wiederhole ich und präge mir seinen Namen und sein Alter ein. »Ich verstehe, was in einem Jungen in dem Alter vor sich geht. Ich habe Söhne. Sie hatten auch sehr schwierige Phasen.«

Seit unser Gespräch begonnen hat, ist sie sichtlich aufgetaut. Selbst heute noch kann ich ihr Gesicht sehen, wie sie zwischen den Regalen steht, wie sie irgendwie dort entlangschlendert, sich etwas von ihren Problemen ablenkt und ein wenig Ruhe sucht. Auch dieses Bedürfnis kenne ich, dass die Probleme einen dazu treiben, Stille und Frieden zu suchen.

Den Tag über und später am Abend denke ich immer wieder an Daniel. Ich denke darüber nach, wie Jungen sind, wie Kinder sind und welche Tiefschläge und Veränderungen wir beim Erwachsenwerden ertragen. Und dann denke ich an Madeline und weiß, wie sehr die Sicherheit und das Glück ihres Sohnes einer Mutter am Herzen liegen. Ja, ich verstehe sie wirklich.

Schlamm

Ich glaube, das Gebet ist unsere starke Verbindung zur größten Macht des Universums.

Loretta Young

Mein Neffe spielt Fußball. Jedenfalls soll es Fußball sein, doch daraus ist eine riesige Schlammgrube geworden, in der schlitternde Fünfjährige mit Höchstgeschwindigkeit aufeinanderprallen. Sie hatten noch nie die Erlaubnis, sich so dreckig zu machen. Man kann nicht einmal mehr ein Kind vom anderen unterscheiden. Es ist irgendwie lustig und schrecklich und aberwitzig. Heute ist Turniertag, also finden überall auf dem Feld solche Schlammschlachten statt. Orangefarbene Fähnchen ragen aus dem Boden hervor, sodass man sehen kann, wo eigentlich das Spielfeld sein soll.

»Das ist verrückt«, sage ich zu meiner Schwester. »Warum haben die das denn nicht auf nächste Woche verschoben?«

»Weiß ich nicht, aber sie haben es eben nicht gemacht. Gerade spielt die andere Mannschaft. Siehst du das Spielfeld ganz dort hinten?«, fragt sie und deutet auf eine Schlammgrube sechs Schlammgruben von der entfernt, in der wir gerade stehen.

»Es gibt keine Spielfelder«, sage ich zu ihr. »Es gibt nur Schlamm. Viel dicken, schleimigen Schlamm. Schau dir nur meine Schuhe an!«

Meine Schwester schaut mit prüfendem Blick zu Boden. »Ich kann deine Schuhe nicht sehen.«

»Ganz genau.« Ich habe Laufschuhe an, die zwei Jahre alt sind. Sie wurden noch nicht genug gelaufen, um abgetragen zu sein, aber der heutige Tag könnte ihr Ende sein.

Es beginnt zu regnen. »Ich mach das nicht mehr mit«, sage ich, als ich mich umdrehe und mich auf die Suche nach meinem Auto mache, das irgendwo auf dem überfüllten Parkplatz steht.

»Wo gehst du hin?«

»Gummistiefel kaufen.«

»Aber es ist schon fast vorbei!«

»Es war vorbei, bevor es angefangen hat, aber keinem ist es aufgefallen, und ich kann nicht laufen, aber ich komme wieder.« Meine männliche Seite ist nicht besonders ausgeprägt, aber ich bin auch kein zimperliches Mädchen. Ich schaue mir gern Kleider an, aber ich habe bereits mehrmals gesagt, dass ich nicht gern Kleider kaufe. Heute ist eine Ausnahme. Ich wollte noch nie so dringend etwas kaufen wie Gummistiefel, die mir bis an die Knie reichen.

Etwas schneller als erlaubt fahre ich zum nächsten Laden für Landwirtschaftsbedarf, wo solche Stiefel sicher in einer fein säuberlichen Reihe an der Tür auf mich warten. Geschlossen! Jetzt muss ich noch ein bisschen schneller zum nächsten Geschäft fahren, um mir besagte Stiefel zu beschaffen. Ich versichere Ihnen, dass ich mir bei normalem Schlamm nicht so viel Mühe machen würde, nicht an einem regnerischen Tag auf etwas nassem Untergrund und bei etwas weichem Boden. Ich habe die Sommer meiner Kindheit am Bach im Wald verbracht. Ich kenne Schlamm. Aber heute … solchen Schlamm bekommt man nach einer dreitägigen Überschwemmung, bei der der Bach über die Ufer tritt und das Wasser tagelang steht. Und die Kinder spielen darin. Meine einzige andere Möglichkeit wäre, die Hosenbeine hochzurollen, die Schuhe auszuziehen und barfuß zu gegen. Aber es ist auch kalt, also lasse ich das lieber.

Parken, parken, parken. Beeilung, Beeilung, Beeilung. In den Megamarkt, wo an der Wand die Stiefel stehen. Große, üppige, kniehohe Gummistiefel. Ich schnappe mir ein Paar, das fast meine Größe hat, und wende mich zum Gehen, damit ich schnell, schnell, schnell zurückfahren kann und mein Neffe hoffentlich nicht bemerkt hat, dass ich fehle. Doch dann bemerke ich eine Frau im Gang mit den Schuhen und bleibe mitten im Schritt (ganz genau wie in einem Trickfilm) stehen. Seufz. Zurück, zurück, zurück.

»Hallo. Sie kennen mich nicht, aber …« Und so geht es wieder los.

»Holly«, sagt sie auf meine Frage nach ihrem Namen. »Das weiß ich wirklich zu schätzen. Mein Mann ist vor einem halben Jahr gestorben, also bin ich ganz allein.«

»Das tut mir leid.« Ich verlagere das Gewicht, nehme die Stiefel in die andere Hand und warte, dass Holly mir erzählt, was sie loswerden muss. Dafür gibt es keine zeitliche Beschränkung. »Dadurch verändert sich natürlich einiges für Sie.«

»Ich muss jetzt alles selbst machen.« Sie schaut in ihren Einkaufswagen, geht aber nicht weiter. Ich weiß, dass ihr Einkaufszettel im Moment das Letzte ist, woran sie denkt. »Ich wusste vorher gar nicht, wie viel wir uns immer abgesprochen haben. Wie viele Entscheidungen wir gemeinsam getroffen haben. Jetzt muss ich alles alleine machen und an alles denken. Das ist nicht leicht.«

»Bestimmt nicht. Meine Mutter hat das auch durchgemacht. Mein Vater ist vor einigen Jahren gestorben, also musste sie seitdem alles allein am Laufen halten. Sie sagt, es ist seltsam, wie sie über die kleinen Dinge gestolpert ist. Kleine Entscheidungen, wissen Sie, die die beiden immer zusammen getroffen haben.«

»Das ist wahr, die kleinen Dinge. Und dass ich alles allein machen muss. Das ist nicht leicht«, sagt sie noch einmal. Dann setzt sie hinzu, wie sehr sie mir danken möchte, und umarmt mich, bevor ich davoneile.

So schnell ich kann, bin ich wieder im Auto, reiße mir die klatschnassen Schuhe von den Füßen und ziehe die Gummistiefel an. Wieder am Fußballplatz – oder dem, was einmal ein Fußballplatz war – finde ich meine Schwester an der Schlammgrube ganz hinten. Das Spiel ist vorbei und die Kinder rennen im Kreis und schlittern dann durch den Schlamm.

»Es ist vorbei«, sagt sie.

»Hat er mich vermisst?«

»Nein, ich glaube, es ist ihm gar nicht aufgefallen. Als Nächstes gibt es die Endjahres-Preisverleihung.«

Ich habe also das Finale verpasst, in dem mein Neffe ein Tor geschossen hat (oder auch nicht). Allerdings habe ich die Preisverleihung und ihn, über und über mit braunem Matsch bedeckt, gebührend fotografiert. Seine große Schwester, ganze acht Jahre alt und eine kleine Modeexpertin, war gebührend beeindruckt von den Gummistiefeln. Sie findet es wichtig, zu jeder Gelegenheit richtig angezogen zu sein.

Mitten in all dem Chaos, Regen, Schlamm und Durcheinander des Tages konnte ich eine Fremde treffen. Vielleicht sollte es so sein, dass ich das plötzliche dringende Bedürfnis nach Gummistiefeln hatte, das mich gerade rechtzeitig in jenes Geschäft führte, um Holly kennenzulernen. Mir ihre Geschichte anzuhören und sie wissen zu lassen, dass jemand sie hört, jemand, dem bewusst ist, dass es in dieser Welt durchaus nicht leicht ist, auf sich allein gestellt zu sein. Jemand, der für sie betet.

Ich glaube an solche Treffen, an seltsame Umstände, unter denen Menschen aus einem bestimmten Grund unseren Weg kreuzen. Ich hatte viel zu viele Erlebnisse wie dieses, um es nicht zu glauben.

Fremde im Paradies

Ich glaube ans Gebet und an einen starken Glauben.

Tina Turner

Es ist kalt und regnerisch in Nashville. Nashville liegt ziemlich weit im Süden, und dabei stellt man sich vielleicht Wärme, blauen Himmel und blühende Blumen vor. Heute ist nicht so ein Tag. Es herrscht ein kaltes Nieselwetter, das einem bis in die Knochen kriechen kann – ein Tag, an dem sich eine große graue Decke über die ganze Stadt gelegt hat. Ich denke, an solch einem Tag fühlen sich manche Menschen besonders kalt und einsam. Als ich an dem jungen Mann vorbeikomme, laufe ich einfach weiter, den Mantel fest um mich gezogen, die Kapuze über dem Kopf. Doch nach wenigen Schritten drehe ich um und gehe zurück zu ihm. Er arbeitet in einer Gruppe von etwa acht Männern, die ich sehen kann. Sie pflanzen Bäume; alle graben Löcher im Abstand von etwa vier Metern.

»Darf ich nach deinem Namen fragen?«

Er zögert, schaut über meine Schulter einen von den anderen Männern an. Dann begreife ich.

»Nein, es gibt kein Problem. Ich möchte einfach nur deinen Namen wissen, weil …« Ich halte inne. »Verstehst du mich?«

Kommunikation ist wichtig. Sie umgibt unsere Tage und Träume, Symbole und Fantasien, echte Worte, alte Briefe, unausgesprochene oder ausgesprochene Gedanken. Als junge Frau war meine Mutter Anfang der 1950er-Jahre nach Miami gezogen. Es war noch der gleiche Bundesstaat, in dem sie geboren und aufgewachsen war, aber doch nicht zu vergleichen mit dem Hinterland von Nordflorida. Für sie war Miami nichts weniger als ein tropisches Paradies. Viele Jahre später, als ich ein kleines Mädchen war, als die Umstände uns nach Amberg in Deutschland geführt hatten, wo mein Vater stationiert war, sagte sie mir oft: »Irgendwann nehme ich dich mal mit nach Miami.« Sie malte mir Bilder von den Palmen, dem warmen Wind und dem allgegenwärtigen Rosa von Blüten vor mein inneres Auge. Als ich fünf Jahre alt war, wurde das auch zu meinem Traum. Und das kleine Südstaatenmädchen, das unter dem kalten, grauen Himmel eines deutschen Morgens festsaß und seine Großmutter und alle Dinge vermisste, die es für gut hielt – nämlich Dinge, die mit Florida und warmen Orten zu tun hatten –, fragte dann: »Mama«, und unterbrach damit die Mutter in ihrer Arbeit, »wann gehen wir zu deinem Ämi?«

»Was? Wohin?«

»Deinem Ämi, Mama. Mit den rosa Blumen.«

»Nein, nein.« Sie kniete sich mit einem Knie auf dem Boden neben mich, sodass sie mir in die Augen sehen konnte, um zu unterstreichen, was sie sagen wollte. »Nicht ›mei Ämi‹ – es heißt *Miami*.«

»Habe ich doch gesagt. Wann gehen wir zu deinem Ämi?«

Dieses rätselhafte Frage-Antwort-Spiel setzte sich einige Jahre fort. Ich konnte nie verstehen, warum Mamas Ämi, wie ich es nannte, ihr eigentlich gar nicht allein gehörte. Mehrere Jahre später reisten wir dann tatsächlich nach Miami, das sich sehr verändert hatte; doch Mutter konnte trotzdem noch die Flagler Street wiedererkennen und die Straßen, durch die sie zur Arbeit gegangen war. Die Palmen waren genau wie versprochen, die rosa Blüten allgegenwärtig, und ich verstehe, warum es für sie damals so ein wunderbarer Ort war.

»Ich konnte dir nie begreiflich machen, was ich dir zu sagen versuchte«, sagte sie, während wir schwarze Bohnen und Kochbananen aßen. »Das hat mich ganz verrückt gemacht.«

»Manchmal können wir einfach nicht miteinander kommunizieren, Mama. Wir haben damals nicht die gleiche Sprache gesprochen.«

Jetzt schaue ich diesem jungen Mann ins Gesicht und frage, ob er mich versteht. Ich könnte ihm genauso gut etwas über Miami erzählen. Er ist eigentlich noch ein Kind. Vielleicht sechzehn. Er nickt leicht. Behutsam berühre ich seinen Arm. »Es gibt kein Problem«, sage ich, doch dann wird mir klar, dass ich etwas hinzusetzen muss: »mit mir«. Und ich denke mir, dass er das Wort *Vorsatz* wohl kaum verstehen wird. Alle meine guten Worte, die Dinge, die ich sagen wollte und normalerweise sage, nützen mir in dieser Situation nichts.

»Ich bete für dich. Gott segne dich. Verstehst du?« Ich versuche händeringend, mich an mein zwanzig Jahre altes unbenutztes Spanisch zu erinnern. Mir fällt nichts weiter ein als alte Westernfilme, die an der mexikanischen Grenze spielen, und *vaya con Dios*. »Dios«, sage ich. »*Mucho gusto tu,* Francisco. *Vaya con Dios*.«

Das war wohl nichts, denke ich, aber er steht im Regen und lächelt. Okay. Vielleicht hat er doch ein wenig von dem verstanden, was ich sagen will.

»*Sí, sí*«, sagt er und lächelt zaghaft. Ich klopfe ihm leicht auf den Arm und drehe mich um, während ich denke, dass ich vielleicht mein Spanisch wieder aufpolieren sollte. Und als ich gehe, überfällt mich ein ganz seltsames Gefühl von Sehnsucht. Ich drehe mich noch einmal um und schaue ihm zu, wie er im Regen Löcher gräbt.

Dunkle Gassen und gute Wünsche

Es gibt Momente, in denen muss ein Mensch einfach tun, was sein Herz, was seine Seele ihm befiehlt.

Jack Reed

Wir alle nehmen unsere Inspiration dorther, wo wir sie gerade finden. Manche aus dem Fernsehen, manche aus Büchern oder von Vorbildern. Für mich sind es oft die seltsamsten Charaktere von der Straße, die mir durch ihre Reaktion auf mich die Augen für etwas ganz Neues öffnen. Sie helfen mir, das Leben in einem neuen Licht zu betrachten. Das ist einer der Aspekte, der mir in diesem Jahr der Begegnungen mit Fremden am wertvollsten geworden ist: Am wichtigsten ist nicht, welche Wirkung ich auf sie habe, sondern welche Wirkung sie auf mich haben.

Solche Erfahrungen habe ich auch schon in der Vergangenheit gemacht. Ich bin nicht immun dagegen, doch ich hatte nicht so häufig oder so direkt Kontakt zu anderen Menschen. Es waren Zufälle, und wie es der Zufall so will, waren es oft Begegnungen mit Menschen, die auf der Straße leben.

Vor einigen Jahren hatte ich mir fürs Lernen für die Abschlussprüfungen einen Donut-Laden ausgesucht, wo ich mich niederließ, so oft ich konnte, das kostenlose Nachfüllen meiner Kaffeetasse schamlos ausnutzte und büffelte. In dem Geschäft gab es gerade genügend Betrieb, um mich wachzuhalten, aber nicht so viel, dass er mich abgelenkt hätte. An einem Tag hatte ich stundenlang gelernt, dann meine Büchertasche gepackt und war zu meinem Auto gegangen. Gerade als ich auf der Rückseite des Ladens vom Parkplatz fahren wollte, sah ich einen Mann, der in einem Müllcontainer nach etwas Essbarem suchte. Der Anblick berührte mich so sehr, dass ich anhielt, die Scheibe herunterließ und ihn zu mir rief. Ich zog einen gefalteten Zwanzigdollarschein hervor und gab ihn ihm. Zwanzig Dollar waren für mich damals sehr viel Geld – ich war eine junge Mutter und hatte gerade mein Studium wieder aufgenommen. Doch das war das Geld, das ich bei mir hatte und das zu geben ich mich gedrängt fühlte. Ich wusste um die Möglichkeit, dass dieser Mann ein Herumtreiber oder drogenabhängig war oder sich für ein Leben auf der Straße entschieden hatte, obwohl ihm andere Möglichkeiten offenstanden. Doch darum ging es in dem Moment nicht. Wichtig war nur, dass ich ihm barmherzig begegnete, dass ich das, was mich bewegte, in die Tat umsetzte. Es war wichtig, dass ich alle logischen Gründe, den Mann mit zwanzig Dollar zu beschenken, für den Moment außer Acht ließ, weil es vielleicht wirklich eine nachvollziehbare Reihe von Ereignissen gab, die ihn in diese Situation gebracht hatten.

Der Mann kam zum Fenster auf meiner Seite und ich reichte ihm den gefalteten Geldschein. Sein Gesicht und seine Hände waren schmutzig, alles in allem aber nicht allzu schmutzig. Doch dann geschah etwas, das mir in Erinnerung geblieben ist und weswegen mir diese Begegnung nach so vielen Jahren wieder eingefallen ist:

Seine Augen leuchteten von innen auf. Ich meine nicht wie bei einem Spezialeffekt im Film und noch nicht einmal wie in meinen Romanen, in denen wunderbar seltsame Dinge geschehen. Ich meine so, dass das Licht in der Seele eines Menschen plötzlich ein wenig heller leuchten kann, und die Augen scheinen die Stelle zu sein, an der dieses Licht herauskommt und am hellsten strahlt.

»Und wie geht es *Ihnen* heute?«, fragte er mich mit so ehrlichem Interesse, mit solchem Mitgefühlt dass er für mich genauso gut Jesus in menschlicher Gestalt hätte sein können.

Ich? Wie es mir geht? Ich hatte dieses ungläubige Gefühl, das am liebsten fragen würde: *Warum sollte bei mir etwas nicht in Ordnung sein?* Immerhin durchsuche ich keine Müllcontainer nach Lebensmitteln. Doch die Art, wie er die Frage stellte, die warmherzige Aufrichtigkeit in seiner Stimme und seinem Gesicht, brachte mein Herz ins Stolpern und ließ mir Tränen in die Augen schießen. *Ich weiß nicht,* wollte ich sagen. *Ich weiß nicht, ob ich Ihnen ganz ehrlich und zutreffend beschreiben kann, wie es mir genau geht, aber danke, dass Sie mich danach fragen.*

Und dann begriff ich, dass das der Schlüssel ist. Wie oft sind wir tatsächlich berührt davon, dass jemand uns aufrichtig fragt und wirklich wissen will, wie es uns geht? Ich glaube, diese Momente sind selten, sogar bei Eheleuten, in der Familie und unter den besten Freunden. Die Kehrseite der Medaille ist natürlich: Wie oft fragen wir die Menschen, die uns am nächsten stehen, wie es ihnen geht, und nehmen uns dann wirklich die Zeit, ihnen zuzuhören?

Die vielen Monate, in denen ich mich Fremden vorgestellt und ihnen im Grunde gesagt habe: *Mir ist wichtig, wie es Ihnen geht. Gibt es eine besondere Situation in Ihrem Leben? Soll ich für irgendetwas Spezielles beten?,* haben mir sehr klargemacht, dass uns Menschen diese Fragen nicht oft genug gestellt werden. Darum sind die Leute so überrascht, so erfrischt, so berührt. Die Welt hungert. Menschen sehnen sich nach einer einzigen Berührung, einem Hauch von Gebet. Das ist wirklich nicht zu viel verlangt.

Nichteinmischung

Der einfachsten Definition nach ist ein Gebet einfach ein an Gott gerichteter Wunsch.

Phillips Brooks

Irgendwie haben wir eine Gesellschaft erschaffen, in der wir uns nicht oft einmischen. Wir schauen weg und denken, jemand anderes werde schon einer bestimmten Not begegnen oder sich auf eine wunderbar menschenfreundliche Art und Weise einer Aufgabe stellen. Irgendwann überschreiten wir diese Grenze und überraschen uns selbst, indem wir für jemand anderen ganz im Vorbeigehen zum Helden, zum Vertrauten und Freund werden. An anderen Tagen gehen wir einfach weiter. Die Gründe dafür sind nicht immer selbstsüchtig oder eigennützig. Manchmal wollen wir nicht stören, nicht jemandes Gefühle verletzen, nicht unsere Grenzen überschreiten, nicht lästig sein, kein Besserwisser sein ... Die Liste lässt sich mit jedem Tag des Lebens fortsetzen, an dem wir an Menschen vorübergehen, die uns möglicherweise brauchen könnten.

Gerade neulich kam ich aus einem großen Einkaufsmarkt und war auf dem Weg zu meinem Auto. Ganz vorn auf dem Parkplatz stand ein älterer Herr. Er hatte sein Auto auf einem Behindertenparkplatz abgestellt und bemühte sich angestrengt, eine Frau – vermutlich seine Ehefrau – aus dem Rollstuhl auf den Beifahrersitz zu befördern. Ich wollte helfen, tat es aber nicht. Allerdings flüsterte ich ein Gebet, dass er die Aufgabe so gut wie möglich bewältigen konnte. Ich ging langsamer weiter, blieb zögernd an meinem Auto stehen und überlegte, ob ich nicht schleunigst zu ihnen zurückgehen sollte.

Mein Zögern war echt. Ich wollte den Mann nicht in Verlegenheit bringen. In meiner Fantasie lief ein Film über die beiden ab, von dem ich nicht wusste, ob er auf sie zutraf: Sie waren über fünfzig Jahre verheiratet und hatten eine spektakuläre, oscarverdächtige Ehe geführt. Eine Ehe, in der er ihr Held war, ihr Ritter ohne Furcht und Tadel. Ich wollte sie nicht in Verlegenheit bringen. Ich wollte nicht, dass er schwach oder ich stark dastehe. Also störte ich sie nicht, doch ich betete von Herzen, dass er seine Frau problemlos ins Auto bekommt. Dass er sie daheim wieder sicher heraus- und ins Haus manövrieren kann, ohne dabei einen Herzanfall zu bekommen. Und dass sie beide die Hilfe bekommen, die sie brauchen – eine ziemlich paradoxe Bitte, da ich selbst die Antwort auf dieses Gebet hätte sein können, es aber nicht war.

Was ich brauchte, war die fantastische Ehrlichkeit, die unerschrockene, neugierige Ehrlichkeit meines jüngsten Sohnes, der mich als Vierjähriger einmal zur Post begleitet hatte. Ein Mann in einem kurzärmeligen Hemd kam herein, doch etwas an ihm war anders, und mein Sohn bemerkte es sofort. Der Mann hatte nur einen Arm; der andere fehlte ab kurz unter der Schulter. Mein Sohn, der noch nie ein Blatt vor den Mund nahm oder sich vor einem direkten Gespräch scheute, deutete auf den fehlenden Körperteil und fragte laut und deutlich: »Wo ist dein Arm?« Ich versuchte, ihm zu erklären, dass es nicht höflich war, so etwas zu fragen. Doch der Mann korrigierte mich und sagte zu mir, es sei normal für ein Kind, neugierig zu sein und ohne Scheu Fragen zu stellen. Dann erzählte er meinem Sohn, wenn ich mich recht erinnere, dass Löwen ihm den Arm abgerissen hatten, als er im Dschungel auf Großwildjagd war … oder etwas Ähnliches, das für einen vierjährigen Jungen absolut glaubhaft war.

Ja, ich hätte dem alten Paar helfen sollen. Ich brauchte ja nicht auf fehlende Extremitäten zu zeigen, sondern nur darauf einzugehen, dass sie Hilfe brauchten. Ich habe Erfahrung mit solchen Situationen. Meine Großeltern lebten bei uns im Haus, als ich ein Kind war. Ich hatte älter werdende Verwandte. Mein Vater starb daheim. Ich verstehe, was die verschiedenen Lebensphasen auf dieser Erde manchmal mit sich bringen. Und, ja, mein menschliches Bedürfnis, mich nicht durch sie oder ihretwegen in Verlegenheit bringen zu lassen, hielt mich davon ab, das Richtige zu tun.

Ich hätte zurückgehen sollen. Ich hätte weniger besorgt darüber sein sollen, dass meine Hilfestellung als Einmischung betrachtet werden könnte. Ich hätte erkennen sollen, dass sie entweder meine Hilfe gern angenommen oder mir zu verstehen gegeben hätten, ich solle mich aus dem Staub machen. Annehmen oder ablehnen, dafür wären sie verantwortlich gewesen, aber die Hilfe überhaupt anzubieten – das lag bei mir. Gebete sind sehr wertvoll, doch gleichzeitig sind sie kein Ersatz für persönlichen Einsatz, so kurz dieser Einsatz auch sein mag. Vielleicht sind Gebete nur ein guter Anfang. Ein gut gemeintes Gebet, das uns dazu führt, Momente zu erkennen, in denen wir dazu gerufen sind, uns mehr um die Nöte zu kümmern, die uns begegnen – sei es im Kleinen wie hier auf dem Parkplatz oder im Großen, wie zum Beispiel in einem anderen Land Katastrophenhilfe zu leisten. Wenn wir uns engagieren, wird uns das immer etwas abverlangen. Was wir dafür zurückbekommen, ob nun die Anerkennung oder das einfache Wissen, das Richtige getan zu haben, ist eine unerwartet süße Belohnung.

Routenplaner

Christsein ohne zu beten ist genauso unmöglich wie leben ohne zu atmen.

Martin Luther King, Jr.

Ich betrete das Kundendienstzentrum eines örtlichen Transportunternehmens, um nach dem Weg zu fragen. Wenn *die* die Adresse nicht finden können, kann ich aufgeben. Der Mann hinter dem Tresen ist der Einzige dort. Es ist noch sehr früh; vielleicht hat er gerade erst die Tür aufgeschlossen. Ich will nur nach dem Weg fragen, doch sofort weiß ich, dass ich auch eine Nachricht zu überbringen habe. Daryl hilft mir, den Weg zu meinem Ziel zu planen, wie ich es mir schon gedacht hatte. Ich bedanke mich, doch dann stehe ich zögernd da und zögere meine Verabschiedung hinaus.

»Kann ich Ihnen noch anderweitig helfen?« Er lächelt und wartet geduldig.

»Ja, irgendwie schon, Daryl«, sage ich und starre eindringlich auf sein Namensschild.

»Und wie?«

»Wissen Sie, ich bete jeden Tag für jemanden.«

»Ah, ich verstehe.«

Er scheint einen kleinen Schritt von dem Tresen zurückzutreten, der uns voneinander trennt. Ich denke mir, vielleicht denkt er ja, ich sei verrückt oder ich würde plötzlich über den Tresen springen und ihm die Hände auflegen oder um Erleuchtung für ihn beten. So eine »Nur dieser Weg ist der richtige«-Art von Gebet.

»Also …« Ich gehe einen Schritt zur Tür, während ich weiterspreche, und bilde mir ein, dass er sich sichtlich entspannt. »Ich werde heute den Tag über für Sie beten und gute Dinge für Sie erbitten. Vor dem Einschlafen noch ein Gebet für Sie sprechen. So in der Art.«

Ich glaube nicht, dass Gebet eine zweitklassige Übung in Vergeblichkeit ist. Ich glaube nicht, dass es etwas Seichtes oder Belangloses ist. Mein Versuch, ihm leichthin zu erklären, wie ich für Menschen bete, soll nicht abwerten, was hoffentlich die wahre, bedeutungsvolle Substanz dieser Gebete ist. Aber es ist mir wichtig, dass er begreift, dass ich nicht versuche, ihn zu bekehren oder zu verurteilen, sondern ihm einfach Gebet für ein gelingendes Leben anzubieten.

Daryl beobachtet mich, als ich meine Hand an die Tür lege und gehen will.

»Ich verstehe«, sagt er. »Danke.«

»Soll ich für etwas Bestimmtes beten, wenn ich gerade dabei bin?«

»Ja, bitte.« Er ist wieder an den Tresen getreten und seine Hände ruhen auf der Arbeitsfläche. »Für meinen Vater.« Er unterbricht sich und wendet den Blick ab. »Er hatte gerade einen Herzinfarkt. Er kann auf jeden Fall Gebet gebrauchen.«

Ich nehme meine Hand von der Tür und trete innerlich ein wenig auf die Bremse. Nein, nicht ein wenig – kräftig. Plötzlich fürchte ich nicht mehr, dass Daryl meinen könnte, ich sei aufdringlich oder verrückt oder eine Fanatikerin, die hierhergekommen ist, um ihn hereinzulegen oder zu verurteilen. Er merkt, dass ich es ehrlich meine, und fährt fort: »Und für meine Mutter. Sie hatte eine Reihe Mini-Schlaganfälle, und es geht ihr nicht gut.«

Gott segne ihn. Hier steht dieser erwachsene Mann in seiner Uniform, stark genug, um schwere Dinge hochzuheben und sie den ganzen Tag bergauf und bergab, auf Lastwagen und vor Haustüren zu schleppen, doch sein Herz für seine Mutter und seinen Vater ist so unschuldig wie das eines kleinen Kindes.

Wir reden ein paar Minuten über seine Eltern und wie es ihnen geht oder nicht geht. Sein Vater ist gerade erst aus dem Krankenhaus nach Hause gekommen, und die ganze Sache war ein wenig furchterregend, ein wenig zu kritisch. An einem normalen Tag, an dem ich einfach nur nach dem Weg fragen wollte, führe ich – nicht ganz unverhofft und sehr bewusst – ein Gespräch mit dem Fremden hinter dem Tresen. Dabei baut sich zwischen uns eine Verbindung auf, die etwas stärker ist als eine oberflächliche Begegnung zwischen Tür und Angel.

Der Kunsthandwerker

Fürbitte lässt sich als Nächstenliebe auf Knien bezeichnen.

Charles Brent

Das Erste, was mir auffällt, als ich an dieser bunten Mischung vorbeigehe, ist ihre Schönheit. Vogelhäuser in jeder Größe und Form, alle handgearbeitet. Ein Mann steht davor mit den Händen in den Hosentaschen, lächelt und spricht mit einem potenziellen Kunden. Seine Familie, die ganze Familie, befindet sich in oder um den Kleintransporter. Da sind seine Frau und drei, vier oder fünf Kinder. Ich weiß nicht genau, ob sie alle ihm gehören oder ob Freunde der Kinder auf diesen Tagesausflug mitgekommen sind. Er hat einen behelfsmäßigen Laden auf dem Parkplatz eines anderen Geschäfts eingerichtet und bietet seine Waren stolz allen an, die stehen bleiben und etwas Zeit und Geld investieren wollen.

Ich bin schon einmal vorbeigefahren, aber bevor ich parken konnte, wendete ich und fuhr zurück, parkte mein Auto bei ihm und stieg aus. Die Finanzkrise hat sich bis hierhin ausgebreitet. Doch eigentlich sind die ärmeren Menschen im ländlichen Süden schon seit Generationen an schwere Zeiten gewöhnt. Was an der Börse geschieht oder nicht geschieht, hat hier nicht die gleichen Auswirkungen wie bei Tausenden anderer Familien. Einmal fragte ich meine Mutter, wie sich die Weltwirtschaftskrise bei ihnen bemerkbar gemacht hatte. Ich wollte wissen, was geschah, als alles zusammenbrach. »Bei uns herrschte immer eine Krise«, sagte sie. »Wir kannten nichts anderes.« Natürlich zeigten sich die Folgen der globalen Ereignisse irgendwann auch bei ihnen, doch ich nehme an, sie waren ohnehin zu nahe am Boden, um es tatsächlich zu bemerken.

Ich nehme an, es spielt keine Rolle, wo die Folgen der aktuellen Krise diesen Mr Laramie Brown treffen, der sich mir gerade vorgestellt hat; er wird immer beschäftigt sein, immer etwas mit seinen Händen bauen und einen Platz finden, an dem er es verkaufen kann. Er wird einen Weg finden, auch in schweren Zeiten mit den Materialien, die er finden und dem, was er daraus machen kann, produktiv zu sein.

Wir kommen ins Gespräch, und obwohl ich dringend noch einige letzte Zutaten für das Abendessen kaufen sollte, zu dem ich Gäste erwarte, muss ich ein Weilchen hierbleiben. Ich muss ihm sagen: *Heute sind Sie mein Fremder des Tages.*

Er lächelt.

Ich lasse meinen Blick über die Ladefläche seines Transporters schweifen. »Mein Herr«, ich deute auf die Vogelhäuschen, »Sie sind ein wahrer Künstler.«

»Ach, danke, danke.« Die Worte gleiten schnell und ineinanderfließend von seinen Lippen – ein langer Strang, den man erst einmal entziffern und verstehen muss.

»Diese Vogelhäuschen sind unglaublich schön.« Und das stimmt. Es sind keine massenproduzierten Vogelhäuschen, die man im Laden kaufen kann. Sie sind handgearbeitet, in verschiedenen Holzfarben, und geschnitzte Spiralen verzieren die Öffnungen. Ich muss gehen, doch im Kopf mache ich schon eine Einkaufsliste und denke an Personen, denen ich diese wunderbaren Kreationen schenken kann. »Haben Sie eine Telefonnummer?«

Laramie nennt mir die Nummer, die ich auf die Rückseite einer anderen Visitenkarte kritzele. Ich schaue auf den alten Lieferwagen, die Kinder, die wunderschönen Holzarbeiten.

»Ich werde an Sie denken – Ihnen alles Gute wünschen.« Und das werde ich, doch es werden keine Gebete für einen verzweifelten Mann sein. Er hat mir, glaube ich, erzählt, dass er früher Schweißer war, doch die Schweißer in seiner Fabrik wurden alle nacheinander entlassen, und so hat er nur noch dies hier übrig.

Das ist seine Arbeit. Er ist nicht verzweifelt. Allerdings würde ich ihn auch keinen Träumer nennen. Er ist ein Mann, der für seine Familie sorgt – er denkt nach und packt an. Er ist ein Unternehmer. Wenn er einen Marketingplan und ein paar gute Beziehungen hätte, würde er nicht mit seinem Lieferwagen durchs Land reisen. Er würde seine Kunstwerke erschaffen und andere würden sich um den Verkauf kümmern. Doch darum geht es vielleicht gar nicht.

Ich persönlich glaube nicht, dass Gebete, die nicht zum Leben eines Menschen passen, plötzlich erhört werden. Ich glaube, Gebete müssen mit dem Herzen und Schicksal eines Menschen zusammenpassen. Darum kann ich für einen Menschen um Segen beten, um wahre Liebe und ehrliche, gute Freunde. Universelle Dinge, die für mich angeborene menschliche Wünsche sind und uns helfen, ein einfaches, glückliches Leben zu führen.

Was weiß ich denn schon? Für Laramie könnte der beste Teil an dieser ganzen Sache sein, seine Familie in den Lieferwagen zu laden und herumzufahren, bis sie den perfekten Platz gefunden haben. Vielleicht liebt er es, die Gesichter der Menschen aus der Nähe zu sehen, die das bewundern, was seine Hände erschaffen haben. Ich muss nicht dafür beten, dass Laramie einen Investor findet und eine Onlinefirma gründet. Ich muss einfach nur darum beten, dass aller Segen, den er in diesem Leben haben kann, ihn erreicht und sein Becher mit Gnade und Güte überfließt und dass seine Familie immer genug zu essen, ein warmes Heim und Gesundheit hat.

Es ist im Grunde etwas so Einfaches. Und ich muss unbedingt ein paar Vogelhäuschen kaufen!

Meiner Mutter Hüterin

Die wirklich großen Menschen auf der Erde heute sind die Menschen, die beten, (nicht) die, die über Gebet reden … sondern ich meine die, die sich Zeit nehmen und beten.

S. D. Gordon

Es ist ihr Husten, der mich aufhorchen lässt. Er reißt mich aus meinen Gedanken, die gerade mit vielen kleinen Dingen beschäftigt waren – allesamt meinen unmittelbaren Familienkreis betreffend. Doch der Husten übertönt alle diese Gedanken. Es ist ein trockener, rasselnder Husten, der sich durch nichts beruhigen lässt. Ich bin an der Tankstelle; den Zapfhahn habe ich in den Tank gehängt und bin wieder ins warme Auto gesprungen, um nicht draußen in dem eisigen Wind sein zu müssen. Ich lasse meine Scheibe einen kleinen Spalt offen, damit ich das charakteristische Klicken des Zapfhahns hören kann, wenn der Tank voll ist. Was allerdings meine Aufmerksamkeit erregt und fesselt, ist das Geräusch dieses Hustens. *Das ist dann wohl meine Fremde des Tages*, denke ich. Ich steige aus und folge dem Geräusch. Der Wind wirbelt mein Haar auf und zerrt an meinem Mantel. Ich ziehe ihn enger um mich und umrunde die Tanksäulen.

Es ist eine alte Frau, die mit gebrechlichen Händen den Zapfhahn hält. Die Haut ist so dünn, dass sie transparent wirkt. Auf ihrem Handrücken und auf dem Arm darüber ist ein frischer Bluterguss. Das passiert bei älteren Menschen häufig. Sie bekommen schnell blaue Flecken, und ihre Haut reißt schneller auf, wenn sich erst einmal ein Bluterguss gebildet hat. Meiner Großmutter ging es so. Auch meine Mutter wird älter. Dieser Umstand erstaunt mich, ehrlich gesagt. Sie ist die letzte Überlebende von ihren sieben Geschwistern und ihre Lebenszeit ist fortgeschritten.

Für mich jedoch ist sie unbezwingbar, eine Überlebenskünstlerin, die stärkste Frau, die mir je begegnet ist. In meinen Gedanken ist sie immer jünger als ich jetzt bin, und ich glaube, ein Teil von mir meint wohl, dass sie ewig leben wird. Doch Tatsache ist: Sie wird älter, schwächer. Sie braucht Hilfe bei vielen einfachen Dingen, bei denen sie heben oder sich bewegen muss. Und als ich so diese Frau anschaue, die gebrechlich, mit blauen Flecken und vom Wind gebeutelt in der eisigen Kälte steht, hoffe ich, dass meine Mutter irgendwo im Warmen sitzt und ihr Auto vollgetankt ist.

Ich gehe vorsichtig auf die Frau zu und spreche sie leise an. Ich will sie wirklich nicht erschrecken. »Soll ich Ihnen helfen?«

»Ach, danke schön, jetzt läuft es ja. Alles okay.«

Ich bleibe, etwas verlegen, und setze mich gegen die Sturmböen zur Wehr. Es ist wirklich einer der windigsten Tage, den wir je in Nashville hatten. »Ich habe für dieses Jahr einen Vorsatz«, sage ich zu ihr, »nur einen.« Ich frage nach ihrem Namen.

»Meredith.« Sie lächelt.

Ich erkläre, dass ich für sie beten werde, und frage mich gleichzeitig, ob der Bluterguss auf ihrem Handrücken von einem Krankenhausaufenthalt stammt. Vielleicht war eine Infusionsnadel die Ursache, die in der zarten Haut dieser abgearbeiteten Hand steckte.

Oder vielleicht ist sie gestolpert und hingefallen. Das ist etwas, das meine Mutter extrem frustriert, dieses Stolpern und Hinfallen scheinbar ohne Grund. Vor nicht allzu langer Zeit ist sie schwer gestürzt, als sie mit Einkaufstaschen in der Hand die wenigen Stufen zu der kleinen Veranda am Haus meiner Schwester hochstieg. Eine ausgerenkte Schulter war die Folge. So schnell kann es gehen: zwei kleine Plastikbeutel, zwei kleine Stufen und Monate, bis sie sich wieder erholt hatte.

Ich denke über die Merediths dieser Welt nach, die Altgewordenen, die allein leben, die lernen mussten, allein zurechtzukommen. Sie mussten lernen, ihr Auto zu betanken – früher etwas

Unerhörtes –, mit der Selbstbedienungskasse fertig zu werden, mit den Selbstbedienungsläden und dem allein Überleben. Wie viele Millionen Menschen müssen sich in einer Gesellschaft, in der wir immer unterwegs oder einfach abwesend sind, allein durch jeden Tag kämpfen? Ich weiß nicht, ob dies der natürlichen Ordnung entspricht.

»Sie sollten nach Hause gehen, Meredith. Raus aus diesem Wind.« Sie ist so nett! Wirklich, manchmal merkt man das. Ich mache mir Sorgen, wie die alten Menschen in dieser Welt voran- und zurechtkommen. Meine Mutter lebt mehrere Bundesstaaten entfernt, und obwohl sie von Menschen umgeben ist, denen etwas an ihr liegt, und obwohl meine Cousine nur zwanzig Minuten entfernt wohnt, mache ich mir Sorgen um sie.

Aber ich bin hier in Tennessee und biete an, einer alten Frau beim Tanken zu helfen. Meine Cousine schaut auf einen Sprung bei meiner Mutter vorbei, um ihr zu helfen, das Auto ohne Unfall auszuladen. Und irgendwo auf der Welt gibt es Nachbarn, die ein Auge auf ihre alten Nachbarn haben. Vielleicht ist das die Antwort: zu erkennen, dass ein griesgrämiger alter Mann im Häuserblock nicht einfach ein isolierter Nachbar ist, über dessen Marotten man manchmal beinahe fluchen möchte. Er gehört zu einer Familie – zu jemandem, der vielleicht nicht oft zu Besuch kommt oder kommen kann. Haben wir eine universelle Gelegenheit, in die Bresche zu springen? Ein wenig Zeit für die zu opfern, die vielleicht mehr Hilfe brauchen, als ihr Stolz sie eingestehen lässt? Ich glaube schon. Ich glaube, das Mindeste, was ich tun kann, ist, ein kleines Gebet im Vorbeigehen zu sprechen.

Geburtstag in fremden Landen

Gebet bringt uns unserer eigenen Seele näher.

Herman Melville

Meine Cousine hat eine Reise für zwei Personen nach Costa Rica gewonnen. Ein Land der Vulkane und Kaffeebohnen, Regenwälder und Ozeane. Aus einer Reihe von sehr unterschiedlichen Gründen hat sie beschlossen, mich auf diese Reise mitzunehmen. Sie behauptet, es sei ein Geschenk zu meinem Geburtstag. Sie hat mich in meinem Leben in mehr Schwierigkeiten gebracht als jeder andere Mensch, und ich weiß, dass wir beide ein herrliches Abenteuer miteinander genießen werden.

Ich packe meine Koffer, packe meinen Badeanzug, Pullover und meinen Vorsatz ein. Den würde ich nicht daheim lassen, ganz gleich, ob ich mehr als *Vaya con Dios* sagen kann oder nicht. Wenn meine Gebete still und meine Fremden ein Geheimnis bleiben müssen, bitte. Ich werde nicht aufhören zu beten.

Wir legten einige tausend Kilometer mit dem Flugzeug zurück, fuhren mit einem Shuttlebus und dann mit einem weiteren Bus auf Serpentinenstraßen über nebelverhangene Berge. Jetzt sind wir in einem Gebiet mit Regenwald. Hier hat man eine unglaubliche Aussicht auf Täler und Flüsse. Die Straßen sind eine Aneinanderreihung von unberechenbaren Bodenwellen. Meine Cousine versichert mir, dass wir in einem hübschen historischen Hotel in der Innenstadt wohnen werden. Ich lese die Beschreibung und auch zwischen den Zeilen.

»Wir werden in einer alten Absteige ohne Frischluft und mit Gittern vor den Fenstern wohnen.«

»Werden wir nicht«, versichert sie mir. »In der Broschüre heißt es, es hat vier Sterne.«

Ich lächele und schaue aus dem Fenster auf die Landschaft. »Ist schon gut. Wird schon alles okay sein.«

In Wahrheit mache ich mir gar keine Sorgen darum, wohin wir fahren. Es wird wirklich alles gut sein. Ich bin in meinem Leben schon viel gereist und habe ebenso in schönen, luxuriösen Hotels gewohnt wie in abgelegenen, abgewohnten. Ich weiß, dass ich nachts nicht allein auf die Straße gehen darf und wie ich mit den Möbeln in meinem Zimmer die Tür verbarrikadieren kann. Ich mache mir keine Sorgen. Aber meine Cousine? Sie mag es eher bequem, neu und mit abschließbaren Toren. Was insgesamt ziemlich lustig ist, denn sie ist ohne das alles aufgewachsen, ohne Komfort und mit sehr wenig Geld. Vielleicht ist das der Grund, warum für sie jetzt damit Schluss sein soll. Sie will nicht dahin zurück. Vielleicht will sie aber auch alle Annehmlichkeiten nachholen, die sie als Kind nicht hatte.

Wir halten an dem Vier-Sterne-Hotel. Vor den Türen und Fenstern sind Gitter. Das leere Grundstück nebenan liegt voller Schutt von einem kürzlichen Abriss. Der Fahrer hält den Wagen an, steigt aus und öffnet uns die Türen, während meine Cousine die Broschüre studiert und sagt: »Das kann nicht sein.«

Kann es doch. Wir gehen hinein und warten auf den Empfangschef. Unser Zimmer ist gleich hinter der Essecke, die gleich hinter der Rezeption ist. Nicht ganz das, was meine Cousine erwartet hatte. Sie sagt immer wieder: »Sind Sie sich sicher, dass das alles so stimmt?«, während wir einen riesigen Schlüssel bekommen, mit dem wir nachts unsere Tür abschließen können.

»Dieses Haus ist wirklich alt«, sage ich zu ihr. »Schau mal, hier steht doch *historisch*.«

»Es ist nur nicht das, was ich erwartet hatte.«

»Ich weiß, aber es ist in Ordnung.« Ich schaue mir die Architektur an, stelle mir vor, wie das alte Haus früher aussah, stelle mir vor, wie dieser »historische« Teil der Stadt einmal zu einem blühenden Lebensumfeld gehörte.

»Na komm. Gehen wir auf Erkundungstour. Suchen wir uns einen Lebensmittelladen und besorgen wir uns paar Vorräte.«

»Ganz sicher?«

»Natürlich. Die Menschen hier essen ja auch in dieser Gegend. Kein Problem.«

Als Schriftstellerin könnte ich Tausende Worte über diese siebentägige Reise durchs Land, durch die Berge und hinunter an die Küste schreiben. Doch am meisten möchte ich sagen, dass ich unterwegs weiterhin für Fremde gebetet habe: von den unglaublich schönen, witzigen, freundlichen Menschen, die in jenem ersten »Vier-Sterne-Hotel« arbeiteten, bis hin zu denen, die uns in einer Ferienanlage das Abendessen servierten, das in jeder Hinsicht außergewöhnlich war und sogar die Erwartungen meiner Cousine überstieg.

Eine Frau, eine junge Mutter mit einem kleinen Kind, war mit dem Bus unterwegs, um an einem Feiertag Verwandte zu besuchen. Der Feiertag hatte auch zu zahlreichen Unfällen auf der Strecke geführt, sodass wir mehrere Umwege machen mussten, zum Teil über schlammige Feldwege, die das große Fahrzeug fast nicht bewältigen konnte. Aus unserer Fahrt von zweieinhalb Stunden wurde eine siebenstündige ungemütliche Reise, während derer wir – ich in gebrochenem Spanisch, die Frau in gebrochenem Englisch – uns unsere Geschichten erzählten, während das Baby zwischen unseren Füßen und über unsere Knie krabbelte und kletterte. Ich versuchte mein Bestes, um ihr zu erklären, dass ich für sie um Gottes besonderen Segen beten würde, und umarmte sie, bevor sie ging. Jetzt ist sie irgendwo in jenem Land südlich von mir und führt ihr Leben, und ich bin in diesem Moment hier und erinnere mich an sie. An sie und unzählige andere Menschen, zum Beispiel den Fahrer, der uns in jener Nacht wieder einmal zu unserem »historischen« Hotel brachte, und zwar so spät, dass die Tore bereits fest verriegelt waren. Wir konnten nicht hinein und wären in einem sehr schlechten Teil der Stadt allein im Dunkeln auf dem Gehweg geblieben. Am Ende weckten wir den Empfangschef, doch der Fahrer weigerte sich, uns zurückzulassen; er bot uns sogar an, uns mit zu sich nach Hause zu nehmen, damit seine Frau uns eine spätabendliche Mahlzeit kochen konnte und wir einen sicheren Platz zum Schlafen hatten.

Dann waren da der junge Fremdenführer, der uns auf einem Höhenweg durch den Regenwald führte; der Hotelangestellte, der mir eine großartige Geschichtsstunde über das ganze Land hielt, während ich fasziniert von seiner Geschichte dasaß; die Kellnerinnen und Kinder. Da mein Geburtstag in die Reisezeit fiel, hatte meine Cousine es sich in den Kopf gesetzt, dass er irgendwie denkwürdig sein sollte. In Costa Rica zu sein war eigentlich schon denkwürdig genug. Ich kann meinen Geburtstag in stillem Nachdenken verbringen, auf meine eigene Art und Weise feiern, indem ich einfach dankbar für ein weiteres Jahr bin, für Familie, Freunde und Liebe. Meine Cousine kann das nicht so gut. Sie hat den Entschluss gefasst, dass es an meinem Geburtstag irgendein Trara geben muss, und sie ist fest entschlossen, dass ich in der Hütte im Regenwald, in der wir gerade wohnen, ein Mittagessen bekomme.

Okay, also gibt es ein Mittagessen. Im ganzen Haus gibt es nur noch zwei weitere Tische. Zu unserem kommen die Kellnerinnen mit einer Geburtstagstorte, stellen sie vor mich hin, lächeln und singen dann »Happy Birthday« auf Spanisch. Ich wünschte so sehr, meine Cousine hätte mir das nicht angetan, denn in mir taucht wieder das fünfjährige Mädchen auf und will nur noch den Raum verlassen. Dann werfe ich einen Blick auf die Torte – und mir kommen die Tränen. Jemand hat sich zum Verzieren dieser Torte mehr Zeit genommen und Mühe gemacht, als ich für möglich gehalten hätte. Blütenblätter sind darauf exakt angeordnet, frisch gepflückte Blüten umringen die ganze Torte. Die Kellnerin umarmt mich und sagt: »Sie sind traurig? Seien Sie nicht traurig. Seien Sie glücklich! Sie haben Geburtstag!« Ich wische die Tränen fort und versuche zu erklären, dass es Freudentränen sind, aber »Freudentränen« ist nicht das, was ich eigentlich meine. Es sind Tränen der Dankbarkeit, der Wertschätzung. Ich bitte, in die Küche gehen zu dürfen, wo ich eine kleine Frau bei der Arbeit finde.

»Gracias, gracias«, sage ich und umarme sie. *»Bueno, bueno.«*

Dann versuche ich noch mit vielen anderen Worten und mit Hilfe der Kellnerin, ihr zu erklären, dass ich für sie beten und Gottes Segen für sie erbitten werde und dass sie meine »Fremde des Tages« ist. Ich rede über Güte und dass sie unabhängig von Grenzen und Orten ist und über die Ewigkeit, die im menschlichen Herzen liegt. Ich muss noch mehr Sprachen lernen, um all das zum Ausdruck zu bringen; aus irgendeinem Grund ist es mir so überaus wichtig.

Dann sagt meine Cousine: »Mann, ich habe ja nicht geahnt, dass du so darauf reagieren würdest. Ich wollte doch nur eine Torte für dich organisieren!«

»Ja, ich weiß. Und nun komm, rufen wir uns eines dieser Geländetaxis und fahren in die Stadt.«

So gehen wir aus und feiern, an einem regnerischen Tag in einer Stadt, in der nur wenige hundert Menschen wohnen. Wir gehen durch die Straßen, beobachten, wie die Wolken über die Berge ziehen, finden einen Platz, an dem wir mit einem Glas Wein auf einen schönen Geburtstag anstoßen können – und auf die Menschen in Costa Rica. Ich spreche ein Gebet für sie, für sie alle miteinander.

Erklären oder nicht erklären

Man kann für jemanden beten, selbst wenn man nicht glaubt, dass es Gott gibt.

Real Live Preacher

Es war wieder einmal einer jener Tage. Zum gefühlten dreihundertsten Mal beschloss ich, niemandem zu sagen, dass ich für ihn bete. Es geht gegen meine Natur. Es kostet Mut. Es kostet Zeit; all diese gesegneten Unterbrechungen halten mich von anderen Verpflichtungen und Beschäftigungen ab. Es kostet ein Mindestmaß an Glauben, dass meine Gebete für einen Fremden von Bedeutung sein könnten. Unterm Strich: Es *kostet*.

Aber es beschenkt auch.

Doch heute denke ich, dass dieser Akt des Erklärens einfach zu viel kostet. Ich werde weiterhin für die Menschen beten, aber ich werde diese Tatsache einfach für mich behalten. Trotz aller positiver Bestärkung, die ich in diesem Jahr erfahren habe, trotz der Dankbarkeit und der Tage, an denen ich die Welt für jemanden scheinbar etwas hoffnungsvoller oder heller gemacht habe – trotzdem will ich für mich sein, meine Nase in ein Buch stecken und lieber das Gebet studieren, anstatt für die ganze Welt zu beten, eine Person nach der anderen.

Ja, Studieren erscheint mir als ein großes und würdiges Bestreben. Ich könnte wieder einmal die Wüstenväter studieren, die einsamen betenden Mütter, die alten und neuen Heiligen. Ich könnte studieren, wie die Buddhisten beten oder die Jesuitenpater. Ich könnte alles Mögliche zum Beten studieren, ohne mir die geistlichen Hände schmutzig zu machen, die Ärmel hochzurollen und mich in das unübersichtliche Handgemenge zu stürzen.

Immerhin wären es sinnvolle Recherchen mit historischem Hintergrund. Je länger ich darüber nachdenke, desto besser gefällt mir die Idee. Bilder, wie ich über dicken Bänden von geistlichen Notizen und Briefen brüte, während die Spätnachmittagssonne ihre Strahlen in die staubige Luft malt und mich in einen heiligen Glanz taucht, entstehen vor meinem inneren Auge. Ich würde fleißig studieren, wunderbare Entwürfe schreiben und sie mit poetischer Sprache füllen, die auf die geistlichen Wahrheiten und Erfahrungen von Tausenden hinweist.

Dann geht ein alter Mann an mir vorbei, und bevor ich diese glorifizierten Tagträume aus meinen Gedanken verbannen kann, strecke ich die Hand aus, berühre seine Schulter und sage: »Wissen Sie was ...?« Meine Erzählerzunge ist wieder mal schneller als mein Kopf. »Ich bete jeden Tag für einen besonderen Menschen, der meinen Weg kreuzt. Heute sind Sie dieser Mensch.«

Die Stimmung ändert sich fast unmerklich. Ich spüre es und erkenne die Dankbarkeit, dass meine Worte willkommen sind. Wenn jemand tief Luft holt und dieser Atemzug beinahe einem *Amen* gleichkommt. Ich schaue auf sein Namensschild und sage: »Robert, ich wollte Ihnen nur sagen, dass ich heute den ganzen Tag und bis in die Nacht hinein an Sie denken werde.«

Er nickt ganz langsam. Eine Bewegung, die sagt: *Ja, ja.* Er wendet sich zum Gehen und sagt: »Das kann ich gut gebrauchen. Das kann ich *sehr gut* gebrauchen.«

»Wir alle brauchen es, guter Mann. Wir alle«, erwidere ich. Dann gehen wir wieder getrennter Wege, beide mit dem innerlichen wehmütigen Mitgefühl, wie sehr wir Gebet brauchen.

So viel zu meinem romantischen Bild vom Studieren zwischen Bücherstapeln. Erklären oder nicht erklären? Ich weiß es nie ganz genau und wehre mich beständig gegen jenes innere Drängen. Doch wenn ich über all die Roberts nachdenke, die mir begegnet sind, und über Menschen wie ihn, für die aus irgendeinem Grund einige wenige Worte von einer fremden Frau gute Medizin zu sein scheinen, dann muss ich Robert recht geben. Wir können es sehr gut gebrauchen. Sieht so aus, als wären die Zeiten, in denen ich mich hinter den Büchern versteckte, vorbei.

Ich glaube, wir unterschätzen immens unsere Fähigkeit zu beten, die Lebensgeschichte eines anderen Menschen positiv zu beeinflussen. Wir unterschätzen, dass dies eine Wort, diese eine Berührung etwas ist, das sie mit nach Hause nehmen und fest im Herzen behalten.

Einschließen, nicht ausschließen

Es bleibt das Gefühl, dass Gott ebenfalls auf der Reise ist.
Teresa von Avila

Ich habe schon viel geschrieben und viele Geschichten über die Menschen erzählt, die meinen Weg gekreuzt haben. Ich habe Leute vor Aufzügen angehalten, sie auf Parkplätzen angestupst, mit ihnen in Arztpraxen gesprochen und sie in Supermärkten getroffen. Wenn ich auf das letzte Jahr zurückschaue, gibt es eine ganze Reihe von Menschen, für die ich gebetet habe. Manchen habe ich es gesagt und bei manchen habe ich die Sache für mich behalten. Wenn ich es ihnen nicht gesagt habe, habe ich mir später in neun von zehn Fällen gewünscht, ich hätte es getan. So funktioniert das Ganze bei mir; es ist das, wozu ich mich inspiriert fühle. Bei jemand anderem kann es ganz anders sein. Ich denke, Gebet ist eine enorme Handlung; vorrangig geht es darum, an einen anderen Menschen und sein Leben zu denken, einen Moment lang zu überlegen, wie es ihm geht, sich diesen Menschen aufs Herz zu legen. Es ihm zu sagen ist gleichzeitig seltsam und wunderbar, aber es ist nicht unbedingt erforderlich.

Ich glaube allerdings, dass es in meinem Leben etwas bewirkt, wenn Menschen für mich beten. Ich weiß, dass es mit meinem Gebet für andere so ist. Darum habe ich damit weitergemacht, an Tagen, an denen ich allein oder beschäftigt war. Selbst an Tagen, an denen ich nicht aus dem Haus gegangen bin. Es gibt immer noch Tausende von Menschen vor meiner Tür, die ein besonderes Segensgebet brauchen, und sei es auch noch so leise.

Es gab Tage, an denen ich für Menschen in den Nachrichten gebetet habe, für ein Gesicht aus der Zeitung, eine Person auf Facebook oder Twitter. In unserer heutigen Zeit der sozialen Medien und enormen sozialen Interaktion im Internet hat die Zahl von Menschen, denen ich etwas Gutes tun kann, ohne auch nur einen Fuß vor die Tür zu setzen, keine Grenzen. Das Schöne daran ist: Es zählt trotzdem.

Eine sehr liebe Freundin von mir hat diese Idee, für einen Fremden zu beten, aufgegriffen. Sie ist Rentnerin und kann nicht mehr Auto fahren. Einen Großteil ihres Lebens verbringt sie daheim. Ungeachtet der Tatsache, dass sie jetzt weniger mobil ist, gibt es keine Grenzen, die sie vom Beten abhalten – davon, jeden Tag einem Fremden etwas Gutes, Wunderbares zu tun.

Am liebsten würde ich ihre Begeisterung in Flaschen abfüllen. Ich möchte sie bewahren und mich daran erinnern, dass das, was als Neujahrsvorsatz begann, nicht als solcher geendet hat. Und die vielen Tage, an denen ich »musste«, sind nun zu segensreichen Tagen geworden, an denen ich »will«. Es gibt tatsächlich keine Beschränkungen; es gibt unendliche Möglichkeiten.

Unbequeme Liebe

Unser Gebet darf nicht nur ichbezogen sein. Es muss aufsteigen, nicht nur, weil wir unsere eigene Not als Last empfinden, die wir auf Gott legen müssen, sondern auch, weil wir in unserer Liebe zu unseren Nächsten so gebunden sind, dass wir ihre Nöte zutiefst als unsere eigenen empfinden. Fürbitte für Menschen zu tun ist der wirksamste und praktischste Weg, unsere Liebe zu ihnen zum Ausdruck zu bringen.

Johannes Calvin

Sie schienen ein einsames Ehepaar zu sein. Nicht in ihrem Zusammensein, sondern irgendwie von den anderen Gästen im Speisesaal isoliert. Zunächst einmal war er sichtlich behindert. Etwas, eine alte Verletzung, vielleicht eine Krankheit, hinderte ihn daran, richtig zu essen oder ein Gespräch zu führen. Sie saßen ein paar Tische von uns entfernt. Gelegentlich schaute ich der Frau in die Augen, und es war einer jener »Fremden«-Momente, in denen diese Verbindung einen Hauch tiefer geht als wenn sich die Blicke von zwei Menschen auf der Straße nur zufällig treffen.

Mein Mann und ich bestellen thailändisches Essen, thailändisches Bier und versuchen eigentlich nur, uns von unserem Tag zu erholen, doch der Mann und die Frau sind irgendwie mit bei uns. Ich höre einen Kellner sagen, dass das Dessert in ihrem Menü inbegriffen ist. Ich kenne dieses Restaurant gut, kenne die Speisekarte in- und auswendig. Das Dessert ist nirgendwo inklusive. Als sie im Gehen begriffen sind, bekomme ich dieses verrückte Gefühl, dass sie meine Fremden sind. Ich will es ihnen sagen, aber ich will keine Aufmerksamkeit auf die Behinderung des Mannes ziehen. Ich will nicht, dass er das Gefühl hat, ich hätte ihn genau deshalb herausgegriffen, weil ich Mitleid mit ihm hatte.

Wir nicken uns zum Abschied zu, als sie das Restaurant verlassen. Später, nachdem wir noch länger beim Abendessen gesessen haben, nachdem wir über die Leute gesprochen haben, die fast unsere Tischnachbarn waren, nachdem wir uns über das Beten für Fremde unterhalten haben und wie es tagtäglich damit ist, gehen mein Mann und ich. Wir sind mit zwei Autos gekommen, weil wir aus unterschiedlichen Richtungen kamen. Jetzt ist es spät, wir sind müde und es ist Zeit, nach Hause zu gehen. Ich fahre hinter meinem Mann vom Parkplatz und auf die vierspurige Schnellstraße. Dabei schaue ich nach rechts und entdecke das Ehepaar aus dem Restaurant. Sie sitzen an einer Bushaltestelle im Dunkeln. Ich bin schon fast an der roten Ampel, als mein Mobiltelefon klingelt.

»Ich weiß«, sage ich. Es ist mein Mann, der das Ehepaar ebenfalls gesehen hat.

»Fahren so spät überhaupt noch Busse?«, fragt er mich.

»Ich glaube nicht.« Dann entsteht eine Pause, während wir beide über die Folgen dieser Erkenntnis nachdenken, über die Komplikationen, über das Ärgernis, dass wir müde sind und gleichzeitig das Gefühl haben, wir sollten etwas unternehmen.

»Ich drehe um«, sage ich zu ihm. »Ich rufe dich wieder an.«

Als ich an der Bushaltestelle anhalte, frage ich sie: »Warten Sie auf einen Bus? Ich glaube nämlich, so spät fahren die nicht mehr.«

»Wir wissen nicht, was wir machen sollen. Wir brauchen ein Hotel für die Nacht, aber das hier« – sie deutet auf ein Hotel in Sichtweite – »ist voll.«

Ich denke kurz über die beiden und ihre Situation nach. »Schauen Sie, ich habe meinen Hund im Auto, aber der beißt nicht. Wenn Sie wollen, kann ich Sie zu einem anderen Hotel fahren.«

»Okay, danke.« Dann erheben sie sich. Sie hilft dem Mann, der langsam – sehr langsam – von der Bank aufsteht. Dann sehen sie meinen großen weißen Hund, der den Kopf zum Fenster herausstreckt. »Ach, lassen Sie nur«, sagen sie da. »Er ist einfach zu groß.«

Na, ein Chihuahua ist er sicher nicht. Das wäre die Untertreibung des Jahres, denn er ist ein Pyrenäenberghund, und ich schätze, wenn man nicht an ihn gewöhnt ist, wirkt er riesig, möglicherweise sogar tödlich. Es hat keinen Zweck, ihnen zu versichern, dass er sich hinter mir versteckt, wenn er es donnern hört, und dass er sich für einen Schoßhund hält.

»Würde es Ihnen etwas ausmachen, einfach zum nächsten Hotel an der Schnellstraße zu fahren und zu schauen, ob es dort ein Zimmer gibt? Wenn ja, dann können wir hinlaufen.«

»Okay«, sage ich. Und drei Hotels und drei Nachtportiers später versuche ich immer noch herauszufinden, wo es freie Zimmer gibt und was sie kosten. Mein Mann ruft mich an. »Sie wollen nicht einsteigen wegen Titan. Er macht ihnen Angst.« Wenn das überhaupt möglich ist, ist mein Mann noch müder als ich. »Ich drehe um«, sagt er, und das ist einer der Gründe, warum ich ihn liebe. Er war schon fast daheim, aber er erklärt: »Ich habe den Mann gesehen. Er kann kaum zur Bushaltestelle laufen, geschweige denn meilenweit die Straße entlang.« Dann dreht er um, um sie abzuholen.

Es gibt Situationen, in denen ich jemandem einfach sagen kann, dass ich für ihn bete, und zur Tagesordnung zurückkehre. Dann gibt es Situationen, in denen es mehr darum geht, etwas zu tun. Dieses Mal hieß es, meinen Gefühlen zum Trotz umzukehren und anzupacken. Es ging darum, nicht einfach von vorneherein auszuschließen, dass es mal kompliziert und unannehmlich werden könnte, auch wenn ich nicht gerade erfreut darüber war.

Ich finde ein Hotel, das noch ein Zimmer frei hat; mein Mann holt das Ehepaar ab, auch wenn es aufgrund der Behinderung des Mannes lange dauert, ihn ins Auto zu befördern. Wir treffen uns in der Empfangshalle und warten, bis sie eingecheckt haben. Wir steuern noch ein paar Dollar für das Zimmer bei und ich versuche, dem Mann die Hand zu schütteln, auch wenn er es körperlich nicht kann. Ich strecke die Hand aus und drücke behutsam seine Finger. »Passen Sie gut auf den großen Hund auf«, sagt er.

Dann schaut mich seine Frau Gloria an und sagt: »Gott segne Sie, und nochmals danke.« Es folgt eine lange Umarmung, und als sie mich loslässt, schaut sie mir in die Augen. Sie will mich nicht gehen lassen. Sie will mir Dinge erzählen, ihre Geschichte erzählen. Doch es ist spät, ich bin müde und mein Mann wartet gleich hinter der Glastür auf mich.

»Passen Sie gut auf sich auf, Miss Gloria«, sage ich. Auf dem Heimweg rufe ich das Hotel an, um mich zu vergewissern, dass die beiden tatsächlich eingecheckt haben und in ihrem Zimmer gelandet sind. Und dabei habe ich das Gefühl, ich hätte mehr tun sollen. Ich hätte am nächsten Morgen anrufen und fragen können, ob sie eine Mitfahrgelegenheit brauchen, und dann – was? Ein Taxi schicken, weil ich einen Termin beim Radiosender hatte? Versuchen herauszufinden, ob sie genügend Geld für ihre Rückreise nach Memphis haben? Ihnen zureden sollen, Freunde oder Verwandte anzurufen und sich per Schnellüberweisung ein paar Dollar schicken zu lassen, damit sie die Tickets kaufen können? Ich weiß nicht, ob ich das alles hätte tun sollen – oder ob mein Barmherziger-Samariter-Konto noch vom Abend vorher ausreichend gefüllt war. Allerdings habe ich für sie gebetet, unter anderem auch dafür, dass ein anderer Fremder kommt und noch einer und noch einer, bis sie ankommen, wo sie hinmüssen. Ich betete dafür, dass eine Kettenreaktion von Fremden ihnen helfen würde. Vielleicht kann ein Einzelner von uns nicht die Gesamtlösung bieten. Vielleicht lassen es die Umstände unseres eigenen Lebens nicht zu. Doch wenn ein Fremder im Beten und Handeln wie bei einem Wettrennen den Staffelstab an einen anderen weiterreicht, besteht Hoffnung, dass sich viele Situationen und Umstände bessern. Es besteht Hoffnung.

Edward

Niemand, der eine einzigartige Gebetserfahrung gemacht hat, hat das Recht, anderen das Gebet vorzuenthalten.

Soong Mei-Ling

Was ich auf dem Weg mit diesem Neujahrsvorsatz gelernt habe, ist nicht so sehr, ob meine Gebete vielleicht Vollmacht haben oder den Lauf der Dinge ändern – sondern dass sie mich verändern. Die introvertierte, kopflastige Autorin, die sich in einer Schlange am Büfett am liebsten umdrehen und sagen würde: »Verfolgt mich nicht alle!«, fängt an, die ganze Menschheit mit einem offenen und erwartungsvollen Herzen zu betrachten. Wer sind diese Menschen aus jedem Hintergrund und jeder Ecke unserer Gesellschaft, unseres Landes und des gesamten Planeten – wer teilt sich meine Zeit auf der Erde mit mir? Manche sind gerade erst angekommen, haben vielleicht erst vor einer Minute ihren ersten Atemzug getan, und andere können sich zum Rhythmus ihres Herzens, das seit drei Generationen schlägt, kaum noch bewegen, doch unsere Zeit auf der Oberfläche dieser Erde hat sich überschnitten. Wir sind zusammen hier. Wir alle. Und dann ist es vielleicht doch nicht so, dass die Frau hinter mir in der Schlange am Büfett oder der Taxifahrer oder der Arzt sich in meinen Lebensraum drängen wollen. Wir alle sind Seelen hier auf diesem Planeten, voller Träume und Kummer und großer Liebe. Doch in vielerlei Hinsicht bewegen wir uns durchs Leben, ohne einander zu berühren oder Verbindung zueinander aufzunehmen.

Die Erfahrung, diesen Neujahrsvorsatz auszuleben, zeigt mir etwas ganz Entgegengesetztes: dass wir trotz allem, was wir in unseren isolierten Welten, Wohnzimmern und Nachbarschaften denken mögen, auf bemerkenswerte, unsichtbare Art und Weise miteinander verbunden sind. Mein Gebetsdiagramm sieht aus wie ein großes »Malen nach Zahlen«. Die Frau, die fürchtete, ihr Haus zu verlieren, und die Frau, die ihr Haus bereits verloren hatte und in einen Wohnwagen gezogen war. Der alte Mann, der zusammengesunken, mit einer riesigen Last auf den Schultern, hinterm Lenkrad saß. Das Mädchen, das für seine Mutter betete, die an einer bipolaren Störung leidet. Das kleine misshandelte Kind. Wir alle sind so miteinander verbunden und in unserem Schicksal verknüpft wie die Sterne am Himmel. Alles scheint so zufällig zu sein, und doch, wenn wir die Natur studieren, wie der Wald und die Tiere sich ergänzen, wie Waldbrände den Wald reinigen, ist die Verbindung konkret und unbestreitbar. Wenn ich heute die Gesichter anschaue, die mir begegnet sind, sind die Verbindungen durch unsere gemeinsame Menschlichkeit für mich deutlich sichtbar. Die scheinbare Zufälligkeit unserer Kontakte kommt mir gar nicht mehr so zufällig vor, sondern vielmehr wie Begegnungen, die wir aufgrund eines größeren Plans miteinander haben.

Ich bin im Imbissladen und in Eile. Ich muss nach Hause und mich für eine besondere literarische Veranstaltung umziehen. Also stehe ich an der Feinkosttheke und bestelle für meinen Mann sein Lieblingssandwich zum Abendessen. Ich gebe meine Bestellung auf und warte. Dabei schaue ich mich im Laden um, doch ich spüre, wie jemand mich beobachtet. Ist das nicht eine Art universelle Sensibilität, zu wissen, wann wir beobachtet werden? So geht es mir gerade, und da ist er auch. Dieser Mann, der mich beobachtet, sitzt in dem kleinen Imbissladen mit einem Bleistift in der Hand und einem Notizblock vor sich. Er hat leuchtend rotes Haar und einen roten Bart. Ein wenig müde sieht er aus, doch er lächelt mich an, und etwas an ihm fällt mir auf. Er wirkt ... ja, wie? Sehr jenseitig. Das ist das einzig treffende Wort dafür. Ich lächele und drehe mich wieder um, versuche, mich auf das Sandwich meines Mannes zu konzentrieren, das gerade zubereitet wird, doch ich spüre jenes vertraute Drängen. An dieser Stelle beginnt wieder mein innerer Dialog, dass ich keine Zeit habe, mit einem Fremden zu reden, dass ich ohnehin schon spät dran bin – wie immer. Weiter komme ich nie. Doch die Andersartigkeit dieses Mannes hat sich in meinen Gedanken greifbar festgesetzt. Stellen Sie sich eine Figur aus *Herr der Ringe* vor, in einer anderen Zeit, an einem anderen Ort, nicht im Film, sondern hier in dem Imbissladen, und Sie werden mich verstehen. Also denke ich: *Ich werde für ihn beten, aber ich muss es ihm nicht sagen.* Dann drehe ich mich um und gehe zu seinem Tisch.

Wenn ich Ihnen immer erzählen würde, wie ich ein Gespräch eröffne, würde es Sie zu Tode langweilen. Es ist immer ungefähr das Gleiche: »Wie heißen Sie? ... Ich mache jeden Tag etwas ... Dieses Jahr war mein Neujahrsvorsatz ... Heute sind Sie mein Fremder.« Dieser Teil mag Routine sein, doch das Beten für die Menschen ist es nicht. Die Menschen sind nie die gleichen.

»Edward heiße ich«, sagt er.

Ich sage ihm, dass ich für ihn beten werde, dass er Gottes besonderen Segen erfährt und dass seine Bedürfnisse gestillt werden, worin auch immer sie bestehen.

»Sie haben ja keine Ahnung, wie sehr ich das gebraucht habe«, sagt er und beginnt, etwas in sein Notizbuch zu schreiben. Ich gehe schon weg, doch dann fühle ich mich veranlasst, ihm etwas zu erklären. Ich kehre zurück und stelle mich an seinen Tisch.

»Hören Sie, Sie haben keine Ahnung, was *mir* das bedeutet hat. Dieses Jahr sind meine beiden Söhne als Soldaten im Auslandseinsatz; einer im Irak, der andere in Afghanistan. Ich glaube, dieser Neujahrsvorsatz hat irgendwie mein Leben gerettet.« Er lächelt, während ich weiterspreche. »Dieser Vorsatz zwingt mich jeden Tag dazu, mit offenen Augen durch die Welt zu gehen, die Bedürfnisse anderer zu erkennen und mich nicht nur auf meine eigenen Ängste zu konzentrieren. Ich hätte mich einfach in mich selbst zurückziehen und nur auf das schauen können, was ich brauche, nur für meine eigene Familie beten, wissen Sie? Wirklich, dieses Beten für alle anderen hilft mir genauso wie Ihnen. Das wollte ich Ihnen nur sagen.« Und dann wende ich mich wieder zum Gehen, und er ruft mich zurück. Als ich mich umdrehe, schaut er mir in die Augen und sagt: »Hören Sie gut zu.« Er hebt einen Finger, um seine Worte zu unterstreichen. »Ihren Söhnen geht es gut. Sie werden nach Hause kommen, und sie werden überleben.«

Da sitzt er, dieser kleine rothaarige Mann mit dem kleinen Notizbuch, in das er schreibt, und diesem jenseitigen Ausdruck in den Augen.

»Wissen Sie was?«, sage ich. »Ich glaube Ihnen.«

Es gibt Augenblicke im Leben, in denen wir der Führung unseres Geistes folgen. Von dem Moment an, in dem ich ihn sah, wusste ich, dass in einer Welt, wo andere Dimensionen existieren und deren Bewohner gelegentlich die Grenzen überschreiten, er vielleicht ein Engel im Dienst auf Beobachtungsposten war. Stellen Sie sich einfach einen gutmütigen, leicht heruntergekommenen Engel à la *Ist das Leben nicht schön* vor. Oder vielleicht einfach einen ganz normalen, leicht heruntergekommenen rothaarigen Mann, der eine erstaunlich gute Nachricht hat. So oder so – ich habe nichts dagegen einzuwenden.

Letzte Worte

Betrachte alles, als würdest du es zum ersten oder letzten Mal sehen. Dann wird deine Zeit auf Erden mit Herrlichkeit erfüllt sein.

Betty Smith

In letzter Zeit denke ich viel über letzte Worte nach. Darüber, dass wir den ganzen Tag an Fremden vorbeikommen und Worte wechseln – aus reiner Höflichkeit oder allgemeiner Gereiztheit. Ich denke darüber nach, dass alle diese Worte unsere letzten sein könnten. Dann denke ich natürlich an Ehemänner und Ehefrauen und Mütter und Väter und Freunde, die Menschen in unserem Leben, mit denen wir jeden Tag leben, denen wir aber trotzdem nicht die Dinge sagen, die so viel bedeuten. Wir sind trotzdem nur höflich oder gereizt.

Da war ich also und dachte über letzte Worte nach. Die letzte Gelegenheit, die wir haben, eine Spur im Herzen eines Menschen zu hinterlassen. Was ist die perfekte Formulierung, die alles aussagt?

Dann hörte ich sie. Die *perfekten letzten Worte.* Sie wurden mir von einem Freund hinterlassen, als ich ihn das letzte Mal lebend sah. Und bevor ich wusste, was geschah, lag er einige Tage später im Koma, und dann war er tot. Ein Opfer dessen, was ein Verwandter einmal *jene alte Krankheit, für die es keine Heilung gibt,* nannte. Das Seltsame war, ich wusste, dass es ihm schlechter ging, doch ich hatte nicht erwartet, dass er sterben könnte. Nicht so bald. Sonst hätte ich noch einiges zu ihm gesagt. Etwas *anderes*. Doch ich denke an seine Worte mir gegenüber und die Art und Weise, *wie* er sie sagte. Er kam gleich zur Sache, legte alle Masken ab und ließ alle Nettigkeiten beiseite, die sogar zwischen sehr guten Freunden existieren. Er sprach nicht einmal über *sich selbst*, was er in gesünderen Zeiten durchaus tat – und zwar *oft*. (Das war eines der Dinge, über das wir unsere Witze machten.) Doch er war ein Visionär und ein Künstler und ein talentierter Mann. Er hatte viel zu sagen, vieles, was er weitergeben wollte. Am Ende hatte er aber nur noch eines: die Worte, die er hinterließ. Die letzten Worte, die er denen schenkte, die sich ihm zu nähern wagten.

Im Lauf der Jahre habe ich diese Worte immer wieder wie Edelsteine gedreht und gewendet und mir ins Bewusstsein gerufen. Er hatte sie mit jener Ehrlichkeit gesagt, die sich einstellt, wenn jener dünne Vorhang zwischen sterblich und unsterblich sich in Licht auflöst. »Ich habe dich *so* lieb«, sagte er. Man musste ihn hören, um zu wissen, wie aus tiefstem Herzen er diese Worte meinte. Wie sehr er sie fühlte. Wie sehr ich sie noch fühle.

Jetzt bete ich für Fremde an allen Orten. Am Tag spreche ich mit ihnen, in der Nacht erinnere ich mich an sie, und ich frage mich, was wäre, wenn diese Worte, diese wenigen ausgesprochenen Worte, meine letzten Worte auf dieser Erde wären oder die letzten Worte, die sie zu hören bekamen. Was, wenn dieser Fremde, dieser eine, der hier und heute vor mir steht, einer der wichtigsten Menschen in meinem Leben ist, oder wenn ich der letzte Kontakt bin, den er in diesem Leben hat? Ich bin nicht krankhaft düster, nur sachlich neugierig. Es kommt vor. Unsere letzten zufälligen Begegnungen. Wenn das der Fall ist, vielleicht ist es doch gar kein so langer, schrecklicher, furchterregender Schritt, sich vorzubeugen, einen Moment innezuhalten und jemandem zuzuflüstern: *Heute sind Sie mein besonderer Fremder. Ich bete um Gottes Segen für Sie.*

Mögen all unsere letzten Worte, an Freunde, Feinde und Fremde, samt und sonders so göttlich sein.

Das Geheimnis des Gebets

Gebet ist mehr als Meditation. In der Meditation ist die Kraftquelle das eigene Ich. Wer betet, geht zu einer Kraftquelle, die größer ist als er selbst.

Chiang Kai-Shek

Was genau ist diese Kraft, diese Sache, die wir Gebet nennen?

Heute Abend denke ich über alle Gebete nach, die in stillen Zimmern und hinter verschlossenen Türen gesprochen werden. Über alte, abgearbeitete Knie auf kalten Fußböden. Über Gebete, die in vielen Nationen für Kinder, für die Sorgen und Belange dieser Welt, für alte Hunde und neue Träume gesprochen werden. Gebete, die überall die ganze Nacht über geflüstert werden. Was tue ich eigentlich dieses Jahr? Wie bizarr, mir etwas aufzuladen, das so unsichtbar und wenig greifbar ist.

Ich weiß nicht einmal, wie ich dieses Buch schreiben soll. Ehrlich. Ganz ehrlich. Ich bin in erster Linie Romanautorin. Dies ist kein Roman. Die Geschichten in diesem Buch sind wahr, obwohl mein Mann, wenn ich nach Hause komme und ihm von meiner neuesten Begegnung mit einem Fremden erzähle, oft sagt: »Keiner wird glauben, dass diese Dinge wirklich passiert sind.« Er hat unrecht. Die Menschen, mit denen ich auf Flughäfen, in Restaurants und in Nachbarschaften in vielen Bundesstaaten gesprochen habe, wissen, dass sie wahr sind.

Heute, an diesem Abend Ende Oktober, an dem die Welt draußen immer kälter wird, frage ich mich, was wäre, wenn wir alle so etwas lächerlich Kleines tun würden wie jeden Tag für einen Fremden zu beten. Könnten wir die Welt mit unseren guten Gedanken füreinander nachhaltig prägen? Könnte die Welt heil oder zumindest besser werden? Ich bitte Sie, versuchen Sie es.

Ich weiß, das ist eine persönliche Sache, aber ich meine es ernst. Es muss ja kein Neujahrsvorsatz oder eine tägliche Disziplin sein. Ich bitte Sie einfach, sich der unzähligen Menschen auf dieser Welt bewusst zu sein – immer einer Person auf einmal. In Ihrem Alltag, wenn Sie im Fernsehen von einem Kanal zum anderen umschalten, wenn Sie auf Facebook einen neuen Freund hinzufügen, wenn Sie besorgten Seelen begegnen. Verzweifelten Menschen. Menschen, die mit gesenktem Kopf gehen, weil sie weinen und nicht wollen, dass Sie es sehen. Wie verwundbar und ausgeliefert wir uns doch fühlen, wenn jemand unseren Schmerz sieht! Doch nach fast einem Jahr mit diesem verrückten Unterfangen habe ich begriffen, dass wir alle hin und wieder auf die eine oder andere Weise leiden.

Noch einmal: Ich weiß nicht, warum Menschen beten. Ich weiß nur, warum *ich* bete. Gerade heute Morgen sieht sich eine gute Freundin und Autorenkollegin von mir mit ernsten gesundheitlichen Gefahren und Problemen konfrontiert. Ich habe an sie gedacht und gebetet – irgendwie. Damit meine ich, dass ich in etwa betete: *Lieber Gott, mach Sally gesund.* Und dann dachte ich weiter an sie. Danach betete ich wirklich. Manchmal kann ich beim Beten mein Herz spüren, manchmal meinen Verstand und in anderen Momenten tatsächlich eine Art bewegende Kraft. Als ob meine Gebete Gewicht hätten. Wenn das geschieht, habe ich das Gefühl, in der natürlichen Welt etwas bewegt zu haben.

In mancherlei Hinsicht geht es bei diesem Buch also darum, dass ich bete, und um die Frage, ob irgendetwas davon wirklich von Bedeutung ist. Ich sage Ihnen: Es *ist* von Bedeutung. Ganz gleich, was falsch gelaufen ist, ganz gleich, welche Ihrer Gebete nicht beantwortet wurden, es ist trotzdem von Bedeutung. Dass Sie und ich für andere und füreinander beten, ist von Bedeutung.

Manchmal denke ich, ich lasse diesen Unsinn irgendwann bleiben. Oder diese Gewohnheit oder diesen Vorsatz. Ganz gleich, wie Sie es bezeichnen wollen, ich werde jetzt nicht damit aufhören.

Diese Sache macht mich viel aufmerksamer für die Menschen um mich herum. An vielen Tagen will ich einfach, dass dieses Licht ausgeht. Ich will anonym und ungesehen über das Wasser meines Alltags gleiten. Dann schaut mich ein fieberndes Baby aus einem Einkaufswagen an, und sofort prägt sich mir sein Gesicht wie ein Standbild ein, und ich weiß, dass dieses Baby mein Fremder des Tages ist. Ich bete einfach für das Kind, für sein Leben, für sein Schicksal. Und das Allerseltsamste ist, dass dieses Gesicht mir im Gedächtnis bleibt, denn Sie müssen eines über mich wissen: Ich bin eine Verliererin. Damit meine ich, dass ich Dinge verliere – Papiere, Schlüssel, Brillen, Namen. Ich verliere einen Namen in dem Moment aus dem Gedächtnis, in dem er ausgesprochen wird. Selbst wenn ich meine, ich werde mich daran erinnern, ist fünf Minuten, nachdem ich die betreffende Person hinter mir gelassen habe, der Name verschwunden. Es sei denn, ich schreibe ihn mir zusammen mit einer Erklärung auf: Chicago, Buchclub, Restaurant, diese Person hat das Gorgonzolahühnchen gegessen und einen Witz über Federn erzählt.

Dieses Jahr sind mir keine Gesichter verloren gegangen; ich habe sie nicht vergessen. Es ist, als würde mein Geist einen Schnappschuss machen, und auch wenn ihre Namen mit der Zeit verblassen, wenn ich sie mir nicht in mein Tagebuch schreibe, verblassen ihre Gesichter nie. Nicht die Babys, nicht die alten Menschen, nicht die Menschen, denen ich von meinem Projekt erzähle oder nicht erzähle. Und ich habe meine Gründe. Manchmal würde es sie in Verlegenheit bringen, wenn ich es ihnen erzählte. Manchmal sind sie so niedergeschlagen, dass sie wohl – was noch schlimmer wäre – das Gefühl hätten, ich würde sie bemitleiden, und das ist nie der Fall.

Und noch etwas anderes möchte ich klarstellen: Ich weiß nicht, was ich da tue. Es ist keine Wissenschaft, und ich bin nichts Besonderes. Ich versuche nur mein Bestes, einen Entschluss durchzuhalten.

Ein bleibender Eindruck

Wer aus dem Beten eine Gewohnheit macht, dessen Gebet ist nicht aufrichtig.

Aus dem Talmud

Jetzt kann ich mir vorstellen, wie es sein wird. Ich werde eine uralte Frau sein, die ihre letzten Tage damit verbringt, die Vögel beim Fressen zu beobachten und sich eingehend auf die Farben an ihren Kehlen und versteckt in ihren Flügeln zu konzentrieren – und dann wird es geschehen. Ein Gesicht von vor ungefähr dreißig Jahren wird wie ein Blitz aufleuchten. Ein Moment, in dem zwei Fremde aneinander vorübergehen und eine Verbindung knüpfen. Unzählige Gesichter sind in meinen Geist eingraviert. In stillen Momenten tauchen sie ungebeten wieder auf. Eine Frau aus der Empfangshalle eines Hotels, eine Kellnerin aus einem Restaurant, ein Mann in einer Werkstatt – ihre Gesichter, ihre Bitten, ihre Herzenswünsche steigen und treiben in mir wie die Gezeiten. Irgendwie bin ich auf eine ganz neue Art und Weise in die Menschheit eingebunden.

Ich hatte gedacht, die Gesichter würden über die vergangenen Tage und Monate nach und nach verblassen, unter einem Erinnerungshorizont versinken, und ich würde nie wieder an sie denken. Das war ein Irrtum. Ich dachte, dies wäre ein netter kleiner Vorsatz für ein Jahr, etwas, das ich anziehe wie einen Mantel und ablege wie eine alte Haut, sobald das neue Jahr eingeläutet wird. So wird es aber nicht sein. Es wird zu einem Lebensstil, diese Sensibilität, dieses Anderssein.

Früher habe ich immer eifrig nach nur einem Gesicht, einer Person gesucht, die mir auffiel. Und obwohl ich das immer noch tue, nehme ich auch wahr, was den Tag über um mich herum passiert; und was mir vor so langer Zeit als Erkenntnis kam, ist mir heute noch viel klarer: Die Welt braucht Gebet. Besser gesagt, sie braucht mehr Menschen, die mit einem mitfühlenden, besorgten Herzen beten.

Wäre es vorstellbar, dass ein Mann oder eine Frau – oder sogar ein Kind – ein Volk oder einen guten Zweck voranbringen könnte? Ist es wirklich von Bedeutung, wenn ein Mensch im Vorbeigehen für einen anderen Menschen betet? Wenn hundert Menschen beten? Oder eine Million? Würden sich bei uns allen die Erinnerungen an Gesichter von Fremden einprägen, von lustigen Momenten und Ereignissen, in denen wir eine menschliche Verbindung geknüpft haben, die aus irgendeinem unerfindlichen Grund über jeden logischen Grund hinaus andauert?

Wenn auf dem Weg nach Paris ein Flugzeug abstürzt und es keine Überlebenden gibt, ist das für mich kein Dreißig-Sekunden-Beitrag in den Fünf-Uhr-Nachrichten mehr. Es ist ein Flugzeug voller Fremder mit Familien und Freunden, die am Flughafen auf sie warteten. Wenn bei Tragödien aller Art die Namen der Toten verlesen werden, überlege ich, was für ein Leben sie hatten und wie sie wohl waren. Ich meine das nicht auf eine düstere, besorgniserregende Art und Weise. Doch wenn mir dieses Jahr etwas gezeigt hat, dann, dass wir nicht allein sind. Wir sind gemeinsam hierher gereist, und wir alle werden mehr oder weniger auf die gleiche Art wieder gehen. Nur wenige kleine Details werden uns dabei unterscheiden. Diese Zeit, dieser Moment, den wir auf der Straße, im Restaurant, im Zug miteinander verbringen, ist irgendwie perfekt, weil er uns Hoffnung und Chance gibt, besser miteinander umzugehen. Jeweils eine Person, jeweils ein Fremder, jeweils ein Gebet.

Wahrheit und Geheimnis

Gott steht nicht weitab, während ich um Worte ringe. Ich bin ihm wichtig genug, um mir mit mehr als beiläufiger Aufmerksamkeit zuzuhören. Er übersetzt meine kümmerlichen Worte und hört, was wirklich in mir ist. Er hört mein Seufzen und meine unsicher tastenden Versuche, als wäre es feinste Prosa.

Timothy Jones

Es gab viele Gründe, weshalb ich dieses Buch nicht schreiben wollte. Der einzige wichtige, der einzige, auf den ich immer wieder zurückkomme, ist, dass ich trotz meines öffentlichen Lebens, trotz meines Autorendaseins, trotz aller Witze auf der Bühne oder Ausgelassenheit unter Freunden, einer der zurückgezogensten Menschen bin, den Sie je kennenlernen werden. Mein Mann begreift es manchmal immer noch nicht, wenn ich nicht will, dass er Freunden bestimmte Einzelheiten oder Geschichten erzählt. *Wen kümmert's?*, fragt er dann. Mich. Die lustigen Geschichten, die ich erzähle, drehen sich normalerweise um Dinge, die unterwegs passiert sind, oder sind Familiengeschichten. Und der persönlichste, privateste Teil meines Lebens ist, für immer und wahrhaftig, meine persönliche Beziehung zu Gott und mein Gebetsleben. Und hier lege ich meine Seele auf dem Papier offen und decke auf, was ich als intimsten Teil meines Daseins betrachte.

Im College habe ich einmal einen Philosophiekurs bei einem fantastischen Professor belegt. Wir hatten die Aufgabe, Tagebuch über unser Leben zu führen und dabei auch ziemlich persönliche Dinge aufzuschreiben, doch immer unter dem Gesichtspunkt der analytischen Selbsteinschätzung und Verarbeitung dessen, was wir dabei gelernt hatten. Für mein erstes Tagebuch bekam ich eine Eins plus. Dann kam die nächste Bewertung und ich bekam eine Eins minus. Ein handschriftlicher Vermerk oben auf der Seite stellte die Frage: *Wo ist Gott?*

Pardon? Ich war entsetzt. Ich musste einen Gesprächstermin mit dem Professor ausmachen. »Gott«, erklärte ich ihm, »ist Privatsache.« Ich würde im Zweifelsfall lieber über mein Liebesleben sprechen. Gott war für mich etwas so Persönliches, dass ich es nicht wagte, diese Intimität jemals einer Psychoanalyse zu unterwerfen, auseinanderzunehmen und darüber zu diskutieren, wie Gott in mein Leben passte!

Und doch schreibe ich dieses Buch, das als stiller Neujahrsvorsatz begonnen hat. Etwas zwischen mir und Gott und, ähm, ja, dem Rest der Welt. Doch auf dem Weg seither ist etwas geschehen. Einerseits gab es immer mehr Geschichten, und ich stopfte sie in meine Tasche, nur um sie später wieder hervorzuholen und meinem Mann zu erzählen. Doch er fragte immer wieder: »Schreibst du die Geschichten auf? Du musst sie einfach aufschreiben!«

Wie die meisten guten Autoren bin ich manchmal fleißig und manchmal nicht. Manchmal schreibe ich, aber manchmal bin ich müde und verschiebe es auf den nächsten Tag. Doch es wurden immer mehr Geschichten. Und manche davon sind, denke ich, Beispiele dafür, was draußen in der Welt vor sich geht.

Ich besuche Gott gern zu seiner Zeit und zu meiner Zeit, solange die beiden hübsch übereinstimmen. Doch diese Sache mit dem Neujahrsvorsatz war chaotisch. Ich war gezwungen, unter dem Gesichtspunkt eines größeren Plans nachzudenken und andere Menschen wahrzunehmen. Lassen Sie mich gleich etwas klarstellen: Wenn Gottes Rettungsplan für die Menschheit darin bestanden hätte, mich an eine Straßenecke zu stellen und die Menschen zu fragen, ob sie Gott kennen, hätten wir alle ein Problem. Ich würde eher sagen: »Einen schönen Hund haben Sie da. Und hören Sie gerade Lyle Lovett auf Ihrem iPod? Haben Sie in letzter Zeit ein gutes Buch gelesen? Schöner Tag heute, finden Sie nicht?« Ich glaube, Gott wäre gar nicht zur Sprache gekommen. Nicht, wenn es nach mir ginge. Und nicht einmal auf eine allgemeine, flüchtige Art und Weise. Doch am Ende bin ich eine Überbringerin der verborgenen Wahrheit, des Geheimnisses und des Göttlichen. Und ich bin eine Geschichtenerzählerin. Wenn Sie also zu mir sagen würden: *River, erzähl mir eine Geschichte über Gott*, würde ich mir einen Stuhl heranziehen und am Anfang beginnen. Genau das habe ich versucht, hier zu tun.

Die Geschichtenerzählerin in mir ist mehr als nur ein wenig erstaunt und überwältigt von den Geschichten, die mir anvertraut wurden. Davon, wie unkompliziert ich eingeladen wurde, Teil der Geschichte eines anderen Menschen zu werden. Das war eine demütig machende Erfahrung. Statt zu entdecken, wie sehr die Welt mich braucht, habe ich entdeckt, wie sehr ich diejenige war, die die Welt brauchte.

Ich glaube, Worte haben Schicksale, so wie Menschen, und diese hier haben aus einem guten Grund den Weg in Ihre Hände gefunden. Hier lege ich also meine Seele offen und sage die Wahrheit. Und es geht dabei nicht einmal um eine Note.

Mein Glaube hat sich in vielerlei Hinsicht entwickelt und ist gereift. Dabei gab es einige seltsame Begebenheiten. Doch im Rückblick auf mein Leben entgeht es mir nicht, dass ich schon seit langer Zeit für dies oder jenes gebetet habe – sogar schon als kleines Kind, wenn ich aus meinem Fenster mit so etwas wie stillen Gebeten auf den Lippen in den Nachthimmel hinaufblickte. Ich glaube, es waren einfach Gebete des Staunens über die Sterne.

Manchmal fragen mich Leute vertraulich bei einem Glas Wein: »Verraten Sie mir einmal, wie religiös sind Sie eigentlich?«

»Nicht sehr«, sage ich, und das ist die Wahrheit. Religion und ich kommen nicht besonders gut miteinander aus. Ich und das Geheimnisvolle? Das ist schon etwas ganz anderes!

Manchmal finde ich, ich bin so ähnlich wie die Figur, die Sidney Poitier in dem Film *Lilien auf dem Felde* spielte. Die Mutter Oberin erklärt: »Gott hat mir einen großen, starken Mann geschickt, ... um eine Kapelle zu bauen!« Worauf Poitiers Figur antwortet: »Ich hab keine Ahnung von einer Kapelle.«

Ich bin einfach eine gewöhnliche, kulturell etwas gebildete, introvertierte Schriftstellerin. Zu einem großen Teil bin ich ein Produkt meiner Generation. An den meisten Tagen habe ich auch »keine Ahnung von einer Kapelle«. Ich gehe einfach Tag für Tag meinen Weg, wie jeder andere auch. Doch was ich lerne, wenn ich für Fremde bete, ist, dass ich absolut erwarte, dass diese Gebete erhört werden – aus dem einfachen Grund, dass ich sie ohne persönliche Hintergedanken bete, einfach nur von einer Seele zur anderen. Der Glaube, der hinter diesen Gebeten steht, ist greifbar, manchmal mehr, manchmal weniger. Wenn ich für die Menschen bete, die mir am nächsten sind, entspringen all diese Gebete teilweise meinem egoistischen Herzen. Ja, ich bete aus Liebe zu ihnen, doch auch aus meinem eigenen Bedürfnis heraus, dass diese Liebe weiterbesteht. Dass es ihnen gut geht, dass sie glücklich und erfolgreich sind. Dass sie in ihrem Leben wachsen und gedeihen, damit ich glücklich darüber sein kann.

Ich beginne zu erkennen, dass der Teil von mir, der sich nach den Obdachlosen und den Reichen, den Jungen und den Alten, den Gebrochenen und Verlorenen ausstreckt, der wichtigste Teil ist. Mein Herz hat sich viel weiter geöffnet, als ich es je für möglich gehalten hätte. Diese Fremden, dieses Abenteuer, machen mich mir selbst zum Trotz zu einem besseren Menschen. Früher war ich innerlich eine Einsiedlerin; heute bin ich offener dafür, Menschen nicht nur kennenzulernen, sondern mich auch einem echten Interesse daran zu öffnen, was in ihrem Leben geschieht. An den besseren Tagen kann ich geduldiger zuhören. Und irgendwie muss das wohl nach außen sichtbar sein. Denn sie finden mich auf der Straße, in der Bibliothek und an der Straßenecke. Sie finden mich sogar in meinen Träumen. Gerade letzte Nacht tauchte plötzlich wieder das Gesicht einer Frau auf, das ich lange vergessen geglaubt hatte, und sprach ihre leisen, einfachen Bitten aus. Eine kleine Erinnerung an ihre Existenz. Als ich aufwachte, lag ich eine Minute lang da und zog sie aus meinem Schlaf und der Vergangenheit heraus und in den gegenwärtigen Moment hinein. Und ich betete erneut für sie – ein weiterer hoffnungsvoller Segen für eine Seele, der ich vor vielen, vielen Monaten begegnet war.

So ist es heute: Diese Menschen und ihre Geschichten sind keine schattenhaften Charaktere mehr, keine Statisten, die sich am Rand meines Lebens bewegen. Ihre Geschichten sind nun mit meiner eigenen verwoben. Vielleicht hatten die Poeten und Propheten doch recht: Wir kommen nicht isoliert auf diese Welt; wir gehören nicht zu einer kleinen Schar Auserwählter, sondern zur ganzen Menschheit. Alle von uns sind erstaunlich gleich, trotz unserer Unterschiede. Das ist die Realität. Wir gehören zueinander. So war es schon immer. Und während ich dies immer mehr verstehe und meinen Vorsatz auslebe, sehe ich das nicht mehr mit Bedauern. Stattdessen habe ich es immer stärker als Verlust betrachtet, wenn ich ein Leben nicht berührt, wenn ich dem anderen kein Lächeln, kein Gebet, kein Innehalten geschenkt habe. Also mache ich tagtäglich mit dieser einen kleinen Sache weiter – dieser einen, kleinen, unglaublichen Sache.

Inhalt

Tony Kriz

Die Weisheit des Barkeepers

Gott erfahren an ungewöhnlichen Orten

Gebunden, 13,5 x 20,5 cm, 256 Seiten
Nr. 395.468,
ISBN 978-3-7751-5468-0

Die muslimische Großmutter in Albanien oder der alte Barkeeper im verrauchten Pub: Menschen, durch die Tony Kriz Gott begegnete. Als Missionar in Osteuropa hatte er fast seinen Glauben verloren, doch er fand auf seine Fragen erstaunliche Antworten an ungewöhnlichen Orten, denn: Jesus spricht auch durch Menschen, von denen wir das nicht erwarten würden. Ein erfrischender Bericht, der uns einlädt, über Gott und unsere Beziehungen – auch zu nicht gläubigen Menschen – anders zu denken.

Bitte fragen Sie in Ihrer Buchhandlung nach diesem Buch!
Oder schreiben Sie an: SCM Hänssler, D-71087 Holzgerlingen;
E-Mail: info@scm-haenssler.de; Internet: www.scm-haenssler.de